Frank Zimmer   Bismarcks Kampf gegen Kaiser Franz Joseph

Frank Zimmer

Bismarcks Kampf gegen Kaiser Franz Joseph

Königgrätz und seine Folgen

VERLAG STYRIA

Bildnachweis

Bildarchiv der Österreichischen Nationalbibliothek, Wien (Seiten 17, 25 links, 28, 31, 35 links, 43 rechts, 59, 62 rechts, 73 links, 95, 97 links, 103, 105, 108, 109 links, 113, 115, 119, 131 links, 139 links, 140 links, 143 und 172 rechts). Stadtarchiv Mainz (Seite 43 links). Mitteldeutscher Kulturrat, Bonn (Seiten 25 rechts, 35 rechts, 109 rechts und 144). Bildarchiv Stadt Graz (Seiten 62 links und 169). Bildarchiv Römisch-Germanisches Nationalmuseum, Nürnberg (Seiten 73 rechts, 97 rechts und 104). Staatsarchiv Darmstadt (Seite 131). Archiv Verlag Styria (Seiten 127, 134 rechts, 139 rechts, 147 und 172 links). Stadtarchiv Darmstadt (Seite 134 links). Heeresgeschichtliches Museum (Seiten 96, 136 und das Bild des Schutzumschlag: Dieses zeigt die Attacke der k. k. 3. schweren Kavallerie-Division unter FML Karl Graf Coudenhove bei der Schlacht von Königgrätz). Die Zeichnungen auf den Seiten 69, 98, 110, 116, 120, 121 und 122 stammen von Gottfried Pils, Graz, und sind entnommen dem Buch: Herbert V. Patera, Unter Österreichs Fahnen, Graz (Verlag Styria), 1960.

Die Deutsche Bibliothek – CIP-Einheitsaufnahme

Zimmer, Frank:
Bismarcks Kampf gegen Kaiser Franz Joseph :
Königgrätz und seine Folgen / Frank Zimmer. –
Graz ; Wien ; Köln : Verl. Styria, 1996
ISBN 3-222-12377-2

© 1996 Verlag Styria Graz Wien Köln
Alle Rechte vorbehalten
Umschlaggestaltung: Hermann Masser
Printed in Germany
Gesamtherstellung:
Bercker Graphischer Betrieb GmbH, Kevelaer
ISBN 3-222-12377-2

Inhaltsverzeichnis

Vorwort

Wenn man – schulbuchmäßig – die für die deutsche und österreichische Geschichte wichtigsten Jahre zwischen 1800 und 1900 aufzählen müßte, dann gehörten dazu: 1806 – Ende des Heiligen Römischen Reiches deutscher Nation und Durchsetzung der napoleonischen Herrschaft, 1815 – Wiener Kongreß und Heilige Allianz, 1848 – Revolution, 1871 – Gründung des Deutschen Reiches. In Österreich würde man ergänzen: 1867 – Ausgleich mit Ungarn, und anderswo vielleicht noch: 1890 – Entlassung Bismarcks. Aber keines dieser historischen Großereignisse – ob am Anfang oder am Ende des 19. Jahrhunderts – ist begreifbar ohne den epochalen Umbruch von 1866. Hier konzentrierte und verknotete sich: die chronische Rivalität zwischen Österreich und Preußen, die Frage nach der nationalen Einheit – nicht nur Deutschlands –, der liberale Ehrgeiz des deutschen Bürgertums. Und hier nahm seinen Ausgang: der Verfall des alten Österreich, der preußisch-deutsche Nationalstaat, die dauerhafte Störung des europäischen Gleichgewichts, die Spaltung des deutschen Liberalismus, übrigens auch der Mythos Bismarck.

Der Krieg von 1866, die Schlacht von Königgrätz, ihre Ursachen und Folgen, gehören nicht eben zu den Lieblingsmotiven der Geschichtsschreibung. Der militärische Aspekt ist von Historikern wie Heinrich Friedjung, Oskar von Lettow-Vorbeck und – in neuerer Zeit – von Gordon A. Craig zwar erschöpfend behandelt worden, auch wurden die politischen Hintergründe durch einschlägige Quelleneditionen und verschiedenartig ausgerichtete Einzelarbeiten gleichsam im Vorbeigehen beleuchtet – genannt seien nur die großen Bismarck-Biographien von Erich Eyck, Lothar Gall und Ernst Engelberg. Konzentrierte Gesamtdarstellungen sind jedoch rar; die letzten erschienen vor rund dreißig Jahren.

Zugegeben: Das Thema 1866 ist heikel, und zwar beiderseits der deutsch-österreichischen Grenze. Denn es geht nicht nur um ein alpenländisches Trauma (das gelegentlich noch im Fußballstadion abgearbeitet wird), es betrifft ebenso die blutige Gründungsgeschichte des augenblicklichen deutschen Nationalstaates, es handelt auch von einem düsteren Kapitel in der Karriere des Otto von Bismarck. Und es paßt nicht zu der klischeehaft verbreiteten Idylle vom vorwilhelminischen Preußen.

Man hat oft versucht – zuallererst Bismarck selbst –, die Ereignisse von 1866 als unausweichliche Etappe eines vorherbestimmten historischen Entwicklunsprozesses darzustellen. Das ist eine ebenso bequeme wie unbefriedigende Rückschau, die weniger fachlichen als politischen Zwecken dient. Ich habe mich bemüht, kein besserwisserischer Nacherzähler zu sein, sondern eine historische Gegenwart zu beschreiben, die ihre eigene Zukunft noch nicht kannte. Es ist meiner Meinung nach die beste Möglichkeit, um den Personen und ihrer Zeit gerecht zu werden.

Einige Personen haben mich beim Schreiben dieses Buches in besonderer Weise unterstützt. Ich danke meiner Frau Anja und meiner Tochter Laura für ihr Verständnis bei so manchem einsamen Abendessen, meinem Freund Dipl.-Kfm. Arne Kühmstädt (Reil/Mosel) für seine zuverlässige Hilfe im Kampf mit dem Computer, Frau Ingrid Rempel (Bacharach) für die unermüdliche Durchsicht des Manuskriptes, Herrn Dr. Gerhard Hartmann für die verlegerische Betreuung, den Mitarbeitern der Stadtbibliothek Mainz für ihre schnelle und unbürokratische Hilfe bei der Literaturbeschaffung, und für ihre detaillierten Auskünfte in Einzelfragen Herrn Oberarchivrat Dr. Schwarz vom Landesarchiv Schleswig-Holstein (Schleswig) und Herrn Rheinfurth vom Institut für Stadtgeschichte Frankfurt a. M. Herr Professor Dr. Eckhart G. Franz (Staatsarchiv Darmstadt) war bei der Bildauswahl ebenso sehr behilflich wie Herr Brumby vom Stadtarchiv Mainz.

Bacharach am Rhein   Frank Zimmer
im November 1995

Die Szenerie: Deutschland 1866

Zu Beginn des Jahres 1866 war Deutschland kein Staat, sondern eine Idee. Die Deutschen waren preußische, bremische oder nassauische, österreichische oder anhaltinische, manchmal auch russische Staatsangehörige. Sechsunddreißig europäische Staaten galten als deutsche, weil sie ganz oder teilweise dem Deutschen Bund angehörten, einer Schöpfung des Wiener Kongresses von 1815. Eine lose Konföderation, weiter nichts. Der einheitliche Nationalstaat war also eine Fiktion, deren Verwirklichung teils erhofft, teils auch gefürchtet wurde. Ein Kaiserreich, fünf Königreiche, sieben Großherzogtümer, ein Kurfürstentum, neun Herzogtümer, eine Landgrafschaft, acht Fürstentümer und vier republikanische Stadtstaaten, das war die Realität. Das Regionale, Landsmannschaftliche, Partikularistische wirkte um so stärker, als die individuelle Mobilität vielfach eingeschränkt war. Sicher: Es gab immer mehr Eisenbahnen und Dampfschiffe; das Verkehrsnetz wurde von Jahr zu Jahr enger, moderner, besser. Aber den Großteil der Bevölkerung interessierte das nur ausnahmsweise. Wer seine engere Heimat verließ, tat es meist unfreiwillig, als Industrie- oder Saisonarbeiter, als wandernder Handwerksgeselle oder als wehrpflichtiger Rekrut. Erholungs- oder gar Vergnügungsreisen kamen nur für eine wohlhabende Minderheit in Frage. In einem zeitgenössischen Konversationslexikon heißt es über die „Bewohner der nördlichen Moorgegenden" im heutigen Niedersachsen, viele von ihnen hätten „nie einem Fremden, noch weniger eine Stadt gesehen."[1] Man wird diesen Untertanen des Königs von Hannover nachsagen dürfen, daß sie nicht zu den feurigsten Verfechtern der Nationalidee gehörten. Dafür war im wesentlichen das liberale Bürgertum zuständig, das dabei an die wirtschaftliche und politische Potenz des Einheitsstaates dachte. Aber ganz gleich, ob man zu Beginn des Jahres 1866 mit der Selbständigkeit der deutschen Länder zufrieden war oder deren Eigenleben kritisierte: Man mußte in ihnen leben.

Die deutschen Staaten waren Faktoren der internationalen Politik. Das galt natürlich vor allem für die beiden Großmächte Österreich und Preußen, aber auch die mittleren und kleineren Staaten nahmen am allgemeinen diplomatischen Verkehr so selbstverständlich teil wie Belgien oder der Heilige Stuhl. Gesandte und Konsuln der Freien und Hansestadt Hamburg waren in Großbritannien und Spanien ebenso akkreditiert wie in den Vereinigten Staaten und in der Türkei. Das Großherzogtum Hessen, seiner Größe nach gerade noch ein Mittelstaat, beschäftigte einen Gesandten in Paris (der auch gleich noch für Brüssel und Den

Haag zuständig war) und insgesamt 32 konsularische Vertreter in Europa, Afrika und auf dem amerikanischen Kontinent – größtenteils ehrenamtliche natürlich. Die sechsunddreißig deutschen Staaten waren also die Einheiten, mit denen die Deutschen und ihre Nachbarn rechneten. Aber wie sah diese Staatenwelt eigentlich aus?

Zunächst muß man wissen, daß die Souveränität einiger weniger Länder nur auf dem Papier bestand, so im Fall des Herzogtums Limburg, das infolge einer Personalunion mit dem Königshaus der Oranier eigentlich eine niederländische Provinz war. Zwei Jahre zuvor hatten auch die „Elbherzogtümer" Schleswig, Holstein und Lauenburg noch einen nichtdeutschen Herrscher gehabt: den König von Dänemark. Aber seit das kleine Dänemark einen Krieg gegen die Großmächte Österreich und Preußen geführt hatte, waren die Dinge im Fluß. Schleswig-Holstein bildete vorläufig einen preußisch-österreichischen Gemeinschaftsbesitz, der allerdings getrennt verwaltet wurde, Schleswig von Preußen und Holstein von Österreich. Aber der überwiegende Teil der Bevölkerung wollte sich weder von Dänemark noch von Preußen noch von Österreich, sondern von einem eigenen Landesherrn regieren lassen. Genauer gesagt von einem einheimischen Verwandten des Dänenkönigs, dem Herzog Friedrich von Schleswig-Holstein-Sonderburg-Augustenburg. Von ihm, dem „Augustenburger", wird noch zu sprechen sein. Das Herzogtum Lauenburg, ein Ländchen mit weniger als 50.000 Einwohnern, auch ein Beutestück aus dem dänischen Krieg, gehörte dem König von Preußen neuerdings allein, er hatte die Österreicher herausgekauft. Lauenburg blieb nur formal eigenständig.

Zwischen Lauenburg und Preußen lagen die Großherzogtümer Mecklenburg-Schwerin und Mecklenburg-Strelitz, die auf eigenartiger Weise miteinander verbunden waren. Es gab zwei Territorien, zwei Hauptstädte, zwei Monarchen und zwei Regierungen, natürlich auch zwei Armeen, aber ein gemeinsames Parlament. Zyniker verbreiteten die schwer zu verifizierende, aber nicht ganz abwegige Behauptung, daß man den Weltuntergang ruhig in Mecklenburg verbringen könne, weil dort alles hundert Jahre später passieren würde. Jedenfalls hatte ein Aufenthalt in Mecklenburg etwas von einer Zeitreise ins Spätmittelalter an sich. Der fürstliche Absolutismus des 17. und 18. Jahrhunderts war hier noch unbekannt, von der konstitutionellen Monarchie modernen Zuschnitts ganz zu schweigen. Manches Altertümliche erinnerte an die Verfassungsrituale in Großbritannien, nur mit dem Unterschied, daß dort das mittelalterlich-feudale Gepränge nur noch malerische Staffage war, in Mecklenburg aber Ausdruck des real existierenden Anachronismus.

Noch vor zwei Generationen hatte man ausführlich darüber diskutiert, ob die Prügelstrafe weiterhin mit der Lederpeitsche oder vielleicht nur mit einem „kleinen Röhrchen auf das bloße Hemd" verabreicht werden sollte.[2] Alte Mecklenburger konnten sich noch gut an die Leibeigenschaft erinnern. Sie war erst 1824 aufgehoben worden, im selben Jahr, als in Europa erstmalig ein Tierschutzverein gegründet wurde. Staat und Gesellschaft hatten sich seitdem wenig verändert. Das antiliberale Zunftwesen behinderte jede wirtschaftliche Entwicklung. Es gab zwar ein Parlament, die Landstände, aber keine Wahlen dazu. Das städtische Bürgertum wurde einfach vom jeweiligen Bürgermeister vertreten, die Bauern und Tagelöhner auf dem flachen Land vom örtlichen Rittergutsbesitzer. Das galt jedoch nicht für die Einwohner des mecklenburg-strelitz'schen Landesteils Ratzeburg, für die Bürger von Wismar und für die Neustrelitzer – für sie waren nämlich überhaupt keine Abgeordneten vorgesehen.

Mit der Erbschaft oder dem Kauf eines Rittergutes war übrigens nicht nur ein Landtagsmandat verbunden, sondern auch eine Reihe von Feudalrechten, etwa das örtliche Monopol, Bier zu brauen und Schnaps zu brennen (beides steuerfrei), Mühlen zu betreiben und zu jagen. Die Rittergutsbesitzer übten auch die lokale Gerichts- und Polizeigewalt aus, weshalb es in Mecklenburg überhaupt keine Landgemeinden im kommunalrechtlichen Sinn gab, sondern nur Gutsbezirke mit dem Schloß oder Herrenhaus als Mittelpunkt. Dort wurde in der Regel auch über die Besetzung der Pfarrstellen entschieden.

Auch im Nachbarland Preußen spielte der zumeist adelige Großgrundbesitz, das „Junkertum", eine tragende Rolle, auch hier genoß der Gutsherr bestimmte Privilegien – wenngleich nicht so weitreichende wie in Mecklenburg – , und seine Söhne gaben im Offizierskorps, bei Hofe und in der Beamtenschaft den Ton an. Aber Preußen war längst kein ostelbischer Feudalstaat mehr. Dazu war das Land mit beinahe 20 Millionen Einwohnern zwischen Memel und Saar schon zu groß, die Bevölkerungsstruktur zu vielschichtig, die hohenzollerische Monarchie zu effizient und zu selbstbewußt.

In den östlichen Provinzen, in den sandigen Agrarlandschaften von Pommern oder Posen, gingen natürlich die Uhren noch langsamer, aber in den großen Städten und an immer mehr Orten im Westen und Süden breitete sich unaufhaltsam die Industrialisierung aus, wurden Fabrikhallen gebaut, Maschinen in Gang gesetzt, Schienenstränge gelegt, Kanäle gegraben, Altes abgerissen und Neues ausprobiert, Geld investiert, Geld verbraucht, Geld verdient. Und mit dem Geld kam Selbstbewußtsein, Anspruch, Bildung; es verwandelte Untertanen in Bürger, manchmal sogar Unternehmer in Aristokraten. Berlin war nicht allein Preußens alte Haupt-, Residenz- und Beamtenstadt, sondern zugleich eine junge europäische Industriemetropole mit moderner Gas- und Wasserversorgung, mit Berufsfeuerwehren, Bebauungsplänen, Bahnhöfen und Litfaßsäulenreklame. In der Markgrafenstraße 94 arbeitete ein ehemaliger Artillerieoffizier namens Werner Siemens an eine neuen Erfindung, dem Dynamomotor. Bei Borsig in Moabit lief die Produktion auf Hochtouren: Aus der Lokomotivfabrik war längst ein Montankonzern geworden, dem Kohlegruben in Schlesien und seit dem Vorjahr auch ein Hüttenbetrieb mit zwei Hochöfen gehörten. Im oberschlesischen Regierungsbezirk Oppeln – von Berlin aus kam man mit der Eisenbahn über Frankfurt/Oder und Breslau dorthin – lag das traditionelle Zentrum der preußischen

Schwerindustrie, der „goldene Dreifuß" aus Zink-, Steinkohle- und Eisengewinnung. Die westlichen Provinzen Rheinland und Westfalen, wo mehr als ein Viertel der preußischen Gesamtbevölkerung lebte, standen schon ganz im Bann ihrer industriellen Ballungsgebiete an Rhein, Ruhr und Saar.

Genauso vielfältig wie das Land war seine Verfassung. Auch hier gab es verschiedenartige Elemente, die nicht immer zueinander passen wollten. König Wilhelm I., der am 22. März 1866 seinen 69. Geburtstag feierte – für damalige Verhältnisse ein Greis – berief die Regierung und beherrschte das Militär nach eigenem Willen, hatte durch seinen Verfassungseid aber das Mitwirkungsrecht des Parlaments bei Gesetzgebung und Haushaltpolitik anerkannt. Dieses Recht energisch einzuklagen war nicht gerade die Sache der adelig-konservativen 1. Kammer, des Herrenhauses. Im großen und ganzen war das Abgeordnetenhaus dafür zuständig, die aktivere der beiden Kammern, die eigentliche Landesvertretung. Um keine Mißverständnisse aufkommen zu lassen: Das preußische Abgeordnetenhaus war nicht aus allgemeinen, gleichen und geheimen Wahlen hervorgegangen, sondern beruhte auf dem Dreiklassenwahlrecht, das die Ärmeren benachteiligte – oder sogar ganz ausschloß – und die größten Steuerzahler am meisten bevorzugte. Solche und ähnliche Regelungen waren im damaligen Europa gang und gäbe, in England ebenso wie in den Niederlanden. Die Politik war eben kein allgemeines Thema, auch keine Männersache, sondern eine Angelegenheit für Herren.

Die hanseatischen Stadtstaaten Hamburg, Bremen und Lübeck waren Republiken, aber keine Demokratien. Hier regierten Tradition und Geld, nicht das Volk. Was anderswo in Europa Fürsten und Minister besorgten, lag in Hamburg, Bremen und Lübeck in den Händen von großbürgerlichen Senatoren. Wer sich der Hoffnung hingab, einmal in einen hanseatischen Senat aufgenommen zu werden, mußte schon ein renommierter Jurist sein oder ein Kaufmann großen Stils, wie zum Beispiel der junge Konsul Thomas Johann Heinrich Mann, Erbe der seit 1790 bestehenden Firma „Johann Siegmund Mann, Getreidehandlung, Kommissions- und Speditionsgeschäfte" in Lübeck, Mengstraße 4. Einige Jahresbilanzen später sollte dem Konsul Mann diese Krönung seiner Laufbahn auch tatsächlich gelingen, was seinem hochbegabten Sohn Heinrich zufolge „damals noch nicht Parteifrage war und von keinen öffentlichen Wahlen abhing. Es kam einfach auf die Familie an. Man war es oder man war es nicht – und behielt, einmal in den Senat gelangt, lebenslang die Befugnisse eines absolutistischen Ministers."[3]

Nicht selten wurde in den Republiken noch konservativere Politik gemacht als in den benachbarten Monarchien. Die allgemeine Gewerbefreiheit bestand in der Welthandelsstadt Hamburg erst seit zwei Jahren, in Lübeck noch gar nicht. In Bremen war die Niederlassung von Juden erst seit 1854 möglich, hing aber immer noch von einer speziellen Genehmigung des Senats ab. Im Gegensatz zu häuslicher Engherzigkeit stand der Unternehmungsgeist, der im Handelsverkehr mit fremden Nationen an den Tag gelegt wurde. Die Geltung der Hansestädte war eine weltweite, in allen Häfen der Erde sichtbare, der Patriotismus ihrer Bürger dementsprechend ausgeprägt. Daß die berühmte hamburgische Handelsflagge mit der weißen Burg auf rotem Grund einmal eingeholt und durch „nationale", „deutsche" Farben ersetzt werden könne, war nicht auszudenken. Als es dann doch geschah, sollen hamburgische Kauffahrer in Südamerika gefragt worden sein, ob Deutschland denn in Hamburg liege.

Für die übrigen Küstenstaaten Hannover und Oldenburg war das Meeresufer Peripherie. Zum Großherzogtum Oldenburg gehörte die Insel Wangeroog und vier kleine Hafenorte am Jadebusen, von wo aus alljährlich Schiffe zum Walfisch- und Robbenfang nach Grönland ausliefen. Wilhelmshaven existierte noch nicht. An seiner Stelle gab es seit einiger Zeit einen preußischen Marinestützpunkt, der Jadehafen genannt wurde; Oldenburg hatte das Gelände samt Souveränitätsrechten 1853 für 500.000 Taler – etwa ein Achtel seines jährlichen Staatshaushaltes – an Preußen verkauft. Ungeachtet dieser merkwürdigen Transaktion und obgleich es der ländlich-agrarische Charakter des Großherzogtums nicht vermuten ließ, erfreute Oldenburg sich einer der fortschrittlichsten Verfassungen Europas.

Anders lagen die Verhältnisse im benachbarten Königreich Hannover, das den größten Teil des heutigen Niedersachsen einnahm. In der Region war Hannover der einzige Mittelstaat, also der einzige Staat in Norddeutschland, dessen politisches und militärisches Gewicht dem übermächtigen Nachbarn Preußen nicht gerade gefährlich, aber doch unangenehm werden konnte. Die mehr als hundertjährige Personalunion mit England hatte die politische und wirtschaftliche Entwicklung des Landes kaum belebt. Der Welfe Georg V., „von Gottes Gnaden König von Hannover, königlicher Prinz von Großbritannien und Irland, Herzog von Cumberland, Herzog zu Braunschweig und Lüneburg", war ein Mitglied des britischen Königshauses und residierte nur deshalb nicht in Buckingham Palace, weil die in England zulässige weibliche Thronfolge 1837 seiner gleichaltrigen Cousine Viktoria den Vorzug gegeben hatte. Georgs engerer Familie war der pragmatisch-tolerante Geist der britischen Monarchie allerdings vollständig abhanden gekommen. Über seinen Vater, der seine Regierung in Hannover mit dem Staatsstreich einer Verfassungsannulierung begonnen hatte, ging der Spruch um, Selbstmord sei das einzige Verbrechen gewesen, daß er nicht begangen habe. Georg selbst, seit seinem vierzehnten Lebensjahr vollständig erblindet, hatte eine gefährliche Vorstellung von der Unantastbarkeit seiner königlichen Stellung entwickelt und verfocht seine konservativen Prinzipien bis zum Starrsinn. Das Land galt als rückständig. In einem damaligen Konversationslexikon konnte man lesen: „Kastengeist findet sich beim Adel wie beim Bauer[n]. Die Gesinnung des bevorrechteten stolzen Adels ist im allgemeinen nicht eine, wie sie sich bei erleuchteten Geist gestaltet."[4]

Im kleineren und wohlhabenderen Herzogtum Braunschweig regierte die ältere, aber nichtkönigliche Linie des Welfenhauses. Sechsunddreißig Jahre zuvor war Herzog Karl II., ein gemeingefährlicher Despot, durch einen Volksaufstand vertrieben und mit Billigung der benachbarten Souveräne durch seinen jüngeren Bruder ersetzt worden – ein in der deutschen Staatenwelt einzigartiger Fall, der dem konstitutionellen Verständnis des neuen Landesherrn außerordentlich zugute gekommen war.

Die übrigen Länder der norddeutschen Tiefebene waren politisch gänzlich unbedeutende Kleinststaaten mit weniger als 200.000 Einwohnern: das Herzogtum Anhalt, fast ganz von preußischem Gebiet umschlossen und weitgehend auf Berlin fixiert. Ferner das winzige Fürstentum Schaumburg-Lippe, dessen geographische Lage einmal von Hermann Löns beschrieben wurde: „Wenn man von Köln nach Berlin fährt, dann erblickt man kurz hinter Minden plötzlich blau, weiß und rot angestrichene Grenzpfähle, und wenn man seine Reisegefährten fragt: ‚Was ist denn das?‘ so erhält man die Antwort: ‚Ach, das war eben Schaumburg-Lippe.‘"5 Eigentlich handelte es sich eher um einen gepflegten fürstlichen Grundbesitz als um einen Staat. Weiter südlich schloß sich das größere Fürstentum Lippe (Lippe-Detmold) an, und schon an der Grenze zu Hessen lag Waldeck, ein im Gegensatz zu den vorigen dünn besiedeltes und ärmliches Ländchen, das die finanziellen Lasten seiner Souveränität kaum tragen konnte.

Ganz Thüringen, von den großen Flurbereinigungen der napoleonischen Epoche wenig berührt, war zur Freude der Operettendichter ein kleinstaatliches Biotop geblieben. Neben preußischen (Erfurt, Suhl, Ziegenrück) und kurhessischen (Schmalkalden) Gebietssplittern drängten sich auf engem Raum acht Staaten, die wiederum in zahllose unterschiedliche Landesteile und Exklaven aufgespalten waren, eine kartographische Herausforderung ersten Ranges. Goethes Großherzogtum Sachsen-Weimar-Eisenach, bestehend aus den drei getrennten Hauptgebieten um Weimar, Eisenach und Neustadt/Orla sowie dreiundzwanzig Exklaven, war mit gut 280.000 Einwohnern am bedeutendsten. Das wesentlich kleinere Herzogtum Sachsen-Coburg und Gotha konnte demgegenüber mit einer interessanten Exportware aufwarten: Die herzogliche Familie hatte zwei europäische Königinnen mit Ehemännern und die Belgier mit einem Monarchen versorgt. Infolgedessen waren die Königshäuser von England, Portugal und Belgien Zweige des Hauses Sachsen-Coburg und Gotha geworden. Politisches Format besaß auch der im Lande verbliebene Herzog Ernst II., der Bruder des britischen Prinzgemahls Albert. Als unermüdlicher Förderer der deutschen Nationalbewegung war er im liberalen Bürgertum bekannt und beliebt, in den Augen vieler seiner Standeskollegen berüchtigt. Der Anschluß seines Militärs – 2 Infanteriebataillone – an die preußische Armee sollte wie eine Vorwegnahme der „kleindeutschen Lösung", also der Einheit unter Preußens Führung, wirken. Herzog Ernsts zahlreiche konservative Gegner stellten allerdings nicht ohne Schadenfreude fest, daß er an der Vereinheitlichung seines eigenen Ländchens immer noch vergeblich laborierte: Sachsen-Coburg und Gotha bildete nämlich eine Doppelmonarchie en miniature, deren Gebietsteile nicht nur geographisch, sondern auch administrativ und verfassungsrechtlich voneinander getrennt waren.

Auf politische Sehenswürdigkeiten stieß man in Thüringen überall. Das Landstädtchen Kranichfeld war zwischen Sachsen-Meiningen und Sachsen-Weimar-Eisenach geteilt; an jedem Haus kennzeichnete die Farbe des Hausnummernschildes die Staatsangehörigkeit der Bewohner. Die knapp 74.000 Einwohner des Fürstentums Schwarzburg-Rudolstadt lebten in neun zusammenhanglosen Gebietsteilen und rechneten in zwei unterschiedlichen Währungen und Maßen.

Die meisten Thüringer lebten noch von Landwirtschaft und Kleingewerbe. Aber die Böden gaben nicht viel her, und das Wirtschaftsleben war unterentwickelt. Der Thüringer Wald war abseits romantischer Gebirgsidyllen auch für damalige Verhältnisse ein außergewöhnlich armer Landstrich. Bäuerlichen Wohlstand gab es nur in den Randgebieten: in der fruchtbaren „Unterherrschaft" des Fürstentums Schwarzburg-Sondershausen und vor allem im Ostteil des Herzogtums Sachsen-Altenburg. Hier, im Dunstkreis der reichen Gewerbelandschaften Sachsens, machte auch die Industrialisierung Fortschritte. In den benachbarten Fürstentümern Reuß älterer und jüngerer Linie (Greiz und Gera) blühte die Textilindustrie. Ungeachtet mancher kleinstaatlicher Skurrilitäten war das Wirtschaftspotential der beiden Ländchen beachtlich, ihre Staatshaushalte wiesen in jedem Jahr Überschüsse auf.

Noch weiter östlich befand man sich schon in einem Industrieland großen Stils, im Königreich Sachsen. Seiner Fläche nach stand es nur an siebter Stelle der deutschen Staaten, seiner Einwohnerzahl nach an vierter und seiner Bevölkerungs- und Industriedichte nach an der Spitze. Die Industrie hatte die Landwirtschaft längst an Bedeutung überholt, ihr verdankte das Land den größten Teil seines Wohlstandes. Ihr weitaus bedeutendster Zweig, die Textilverarbeitung, konzentrierte sich im Raum Chemnitz. Die Messestadt Leipzig war die Handelsmetropole für ganz Mitteldeutschland und wetteiferte als kulturelles Zentrum mit der kunstvollen Residenzstadt Dresden. König Johann von Sachsen, ein namhafter Übersetzer Dantes, galt als der gelehrteste Monarch seiner Zeit. Sicher war er auch einer der klügsten, er hatte in seinem Land die Abschaffung der Todesstrafe durchgesetzt.

So geachtet wie der Monarch, so umstritten war der Ministerpräsident, der rührige Friedrich Ferdinand Frhr. von Beust. Sein preußischer Kollege Bismarck haßte ihn aus tiefster Seele. Nicht nur, weil Beust den nationalen Führungsanspuch Preußens bekämpfte, sondern vor allem, weil er sich dabei zielstrebiger und geschickter anstellte, als in der mittelstaatlichen Politik sonst üblich. Die Gegensätze zwischen den beiden deutschen Großmächte ausnutzend, begriff er Österreich als natürlichen Bundesgenossen und fungierte als eine Art Spiritus rector der kleineren Kabinette.

Im fernen Großherzogtum Hessen, seiner Hauptstadt wegen gemeinhin „Hessen-Darmstadt" genannt, fand Beust zu allen Zeiten einen unermüdlichen Mitstreiter. Der dortige Ministerpräsident Reinhard Frhr. von Dalwigk war ein Bruder in der Gesinnung, obwohl den Möglichkeiten nach eher ein armer Verwandter. Was ihm an Raffinesse noch fehlte, ersetzte er durch Fanatismus. Daß auch er auf der Liste von Bismarcks Intimfeinden stand, verstand sich von selbst. Das Land, das Dalwigk für seinen apathischer Monarchen beherrschte, florierte. Mainz und Offenbach waren geschäftige Handels- und Industriestädte und damit einhergehend, liberale Hochburgen. Ebenfalls in der hessischen Rhein-Main-Gegend, in Rüsselsheim, hatte vier Jahre zuvor ein gewisser Adam Opel eine Nähmaschinenfabrik gegründet, einen kleinen Betrieb, von dem man noch nicht wußte, ob er sich am Markt behaupten würde. Die meisten Unternehmer fühlten sich vom Staat schlecht behandelt. Das war überall so und hat sich bekanntlich bis heute nicht geändert, allerdings gab es damals einen triftigen Grund: Die überwiegend konservativen Regierungen schätzten gute Steuerzahler, aber keine selbstbewußten Staatsbürger. Männer wie der Minister Frhr. von Dalwigk betrachteten die Folgen des wirtschaftlichen Wachstums mit geradezu ökologischer Skepsis, sie sorgten sich sozusagen um die natürlichen Lebensgrundlagen des monarchischen Obrigkeitsstaates.

Im Frühjahr 1866 konnte Hessen-Darmstadt noch einen Gebietserwerb von wahrhaft liechtensteinischen Ausmaßen verbuchen: Am 24. März dieses Jahres starb der alte Landgraf Ferdinand von Hessen-Homburg ohne erbberechtigte Nachkommen und hinterließ die Souveränität über knapp 27.000 Einwohner, 366 Soldaten und eine lukrative Spielbank seinem großherzoglichen Vetter in Darmstadt.

Der dritte hessische Staat war ursprünglich der bedeutendste gewesen, mittlerweile aber ein wenig ins Hintertreffen geraten: das Kurfürstentum Hessen. Der Name war so anachronistisch wie das Regierungssystem. Daß Kurhessens Staatsoberhaupt immer noch an einem Titel des ehemaligen Heiligen Römischen Reiches Deutscher Nation festhielt, besagte alles. Das kurfürstliche Militär war noch bis in die zwanziger Jahre hinein in Uniformen á la Friedericus Rex gesteckt worden und hatte gepuderte Zopffrisuren tragen müssen. Die konstitutionelle Verfassung von 1831 hatte die vielfach mißbrauchten Machtbefugnisse der Kurfürsten nur zeitweilig einschränken können. Seit ihrer Verabschiedung, also seit fünfunddreißig Jahren, gab es praktisch einen Dauerkonflikt zwischen Regierung und Parlament, zwischen Monarchie und Volk, und dieser Streit hatte das Ansehen des Herrscherhauses auf einen in Deutschland einmaligen Tiefstand gebracht. Im Schatten der innenpolitischen Kämpfe und von der Regierung eher geduldet als gefördert, entwickelte sich die kurhessische Industrie. In der Hauptstadt Kassel bildete die Lokomotivfabrik Henschel den dröhnenden Kontrast zur abgeschiedenen Parklandschaft des Residenzschlosses Wilhelmshöhe. Ein noch bedeutenderer Industriestandort war Hanau, das dem Kurfürstentum den Zugang zum Rhein-Main-Gebiet verschaffte.

Frankfurt, das wirtschaftliche Zentrum der Region, war eine selbständige Republik mit durchaus demokratischen Zügen. Für die Mitgliedschaft in der gesetz-

Die Souveräne Europas Ende der fünfziger Jahre des 19. Jahrhunderts. Die Könige deutscher Länder erscheinen gleichrangig im Kreis ihrer europäischen Kollegen. In der Mitte wird Papst Pius IX. links von Kaiser Franz Joseph und rechts von Zar Alexander II. von Rußland flankiert. In der obersten Reihe ganz rechts König Johann von Sachsen, links neben ihm König Georg V. von Hannover. Ganz rechts unten Viktor Emanuel II. von Piemont bzw. Italien. Unterhalb von Franz Joseph ist Kaiser Napoleon III. abgebildet. Die 1866 agierenden Könige Wilhelm I. von Preußen, Ludwig II. von Bayern und Karl von Württemberg regierten damals noch nicht.

gebenden Versammlung spielte das Steueraufkommen keine Rolle, sie galt daher als „das belebende und erfrischende Element im Staatsleben".[6] Der Senat war nicht wie in den Hansestädten eine Auslese der Oberschicht, sondern stand ausdrücklich auch der Handwerkerschaft offen. Und dennoch gab es auch in dieser Verfassung dunkle Flecken. Die jüdische Minderheit wurde immer noch diskriminiert. Es war ihr nach wie vor verwehrt, öffentliche Ämter auszuüben – den Beruf des Notars zum Beispiel – und in bestimmten Handelsgeschäften tätig zu werden. Dabei leistete das jüdische Bürgertum in seiner traditionellen Domäne, dem Bankwesen, außerordentliches. Die Firma Rothschild war aus dem alten Frankfurter Judenghetto heraus zu einem internationalen Finanzimperium emporgewachsen, allein ihr verdankte die Stadt einen wesentlichen Teil ihres Renommees als Bankenplatz. Der Frankfurter Geldmarkt war der wichtigste in Deutschland, etwa einhundert unterschiedliche Bankgeschäfte versorgten dort Handel und Industrie mit Nahrung. Wie eine internationale Finanzmetropole wirkte Frankfurt aber nicht gerade. Am linken Mainufer, in Sachsenhausen, bebauten Obst- und Weinbauern noch ihre Äcker, während ihre Nachbarn dem Fischfang nachgingen. In einer zeitgenössischen Beschreibung heißt es: „Das ganze Gebiet ist wie ein Garten angebaut und um die Stadt mit mehr als 300 Land- und Gartenhäuschen bedeckt."[7] Frankfurts heutige Vororte waren vereinzelte Dörfer, die größtenteils schon außerhalb der Staatsgrenzen lagen.

Das Herzogtum Nassau war der letzte Staat, der Anteil am Rhein-Main-Gebiet hatte. Höchst, Schwanheim und Griesheim, wo sich die chemische Industrie auszubreiten begann, gehörten bereits dazu. Nassau war ein Land extremer Gegensätze. Neben lebhaften Gewerbegebieten und fruchtbaren Bauernlandschaften, wie etwa dem Rheingau, gab es arme Waldgegenden, in denen gelegentlich ein ganzes Dorf von der Landkarte verschwunden war, weil seine Bewohner dort nicht mehr existieren konnten. Die herzogliche Regierung hatte ihre Auswanderung nach Amerika in der berechtigten Hoffnung unterstützt, die lästigen Armen damit endgültig los zu sein. Nicht weit davon, aber in einer anderen Welt, lag Bad Ems, die „Sommerhauptstadt Europas", über die eine Pariser Zeitschrift drei Jahre zuvor geschrieben hatte: „Hier trifft sich die Aristokratie aus ganz Europa... Ems ist die Perle der Thermalbäder und der Vergnügungsturm zu Babel."[8] Ähnlich sah es in der Landeshauptstadt Wiesbaden aus. Auch hier zog ein mondäner Kurbetrieb von überall her Unternehmungslustige und Gelangweilte an, manchmal auch Kranke. Die Spielbank war wie in Dostojewskijs „Roulettenburg" („Der Spieler" wurde im Sommer 1866 geschrieben) ein unwiderstehlicher Magnet für Währungen aller Art, namentlich für russische Rubel. Aber ungeachtet seiner gesellschaftlichen Glanzstücke blieb Nassau immer ein politisches Leichtgewicht, das sich von Österreich oder dem emsigen Nachbarn Hessen-Darmstadt in Schlepptau nehmen ließ.

Die drei süddeutschen Mittelstaaten Bayern, Württemberg und Baden waren dagegen Größen, mit denen gerechnet werden mußte. Im Großherzogtum Baden, dem „schönsten volkreichsten und bekanntesten Teile von Süddeutschland",[9] zählte man mehr als 1,4 Millionen Einwohner, die Kriegsstärke der Armee betrug fast 17.000 Mann. Es war ein Agrarland, wenngleich ein wohlhabendes. Die Industrialisierung machte zwar Fortschritte, in Mannheim etwa, aber die große Mehrheit der arbeitenden Bevölkerung war immer noch in der Landwirtschaft beschäftigt, auf den oberrheinischen Getreidefeldern oder auf den Obstwiesen der Ortenau, in den Weinbergen des Markgräflerlandes oder in den

Forstrevieren des Schwarzwaldes. Der in Baden vorherrschende Geist war allerdings kein bäuerlich-konservativer, sondern ein bürgerlicher und liberaler. Hannoversche oder gar mecklenburgische Verhältnisse waren hier, in der unmittelbaren Nachbarschaft Frankreichs und der Schweiz, nicht mehr vorstellbar. Die revolutionären Kämpfe der Jahre 1848/49, der vollständige Zusammenbruch der monarchischen Autorität und die Ausrufung der Republik waren hingegen noch in guter Erinnerung. Also hatte das Herrscherhaus nach seiner Rückkehr gut daran getan, den Weg vom Gottesgnadentum zur Bürgermonarchie einzuschlagen. Jetzt galt in Baden „der Liberalismus als regierende Partei."[10] Großherzog Friedrich I. hatte seinen fürstlichen Kollegen die eindrucksvolle Jugenderfahrung voraus, einem Haufen meutender Soldaten durch einen Sprung aus dem Fenster entkommen zu sein. Als Landesherr gab er sich betont fortschrittlich und national, genoß dadurch weitreichende Sympathien und war wie der Coburger Herzog Ernst – jedoch diskreter und einflußreicher als dieser – ein überzeugter Freund Preußens.

Im benachbarten Königreich Württemberg wurde das Zwillingspaar Liberalismus und Nationalismus mit wesentlich gemischteren Gefühlen betrachtet. Bei einigen maßgeblichen Stellen herrschte noch die Meinung vor, daß es sich zumindest bei letzterem um eine Mißgeburt handele. Also war der österreichische Kaiserstaat Württembergs natürlicher Verbündeter und Baden ein unangenehmer Nachbar. Die konservativ-partikularistische Rolle, die Württemberg in der Außenpolitik spielte, war jedoch nicht gleichbedeutend mit innerer Rückständigkeit. Es gab die üblichen Spannungen zwischen Krone und Parlament, aber die verfassungsmäßige Beschränkung der monarchischen Gewalt war unangefochten und beruhte auf einer bis ins 18. Jahrhundert zurückreichenden Tradition. Die württembergische Gesetzgebung entsprach einer Reihe liberaler Forderungen: Es gab die Gleichheit vor dem Gesetz, Gewerbefreiheit und Geschworenengerichte; die Todesstrafe war abgeschafft. Die Industrialisierung wurde nicht geduldet, sondern auf einzigartige Weise gefördert. In Stuttgart gab es eine staatliche „Zentralstelle für Gewerbe und Handel", in der Verwaltungs- und technische Beamte mit Vertretern der Privatwirtschaft zusammenarbeiteten. Man „besuchte Industrieausstellungen in aller Welt, kaufte Spezialmaschinen, führte diese im Betrieb vor, lieh sie auch an Interessenten aus, entsandte junge, begabte Techniker und Kaufleute in musterhafte ausländische Werke als Volontäre, schulte den Nachwuchs in gewerblichen Fachschulen und Lehrwerkstätten und organisierte die Teilnahme der geschlossen bei Industrieausstellungen auftretenden Fabrikanten".[11] Der württembergische Außenminister Friedrich Frhr. von Varnbüler war selbst ein Mann der Wirtschaft, er hatte vor seinem Eintritt in die Politik eine Maschinenfarik in Wien geleitet.

Der mit Abstand größte und bedeutendste deutsche Mittelstaat war das Königreich Bayern. Um einen Vergleich zu erhalten: Es übetraf der Fläche nach Belgien oder die Niederlande um das Doppelte. Die bayerische Industrie steckte allerdings noch in den Kinderschuhen; sie wurde durch altertümliche Zunft- und Konzessionsordnungen an allen Ecken und Enden gehemmt. Gewerbefreiheit gab es nur in der französisch geprägten Rheinpfalz. München, reizvoll in die bäuerliche Landschaft der oberbayerische Hochebene eingebettet, galt schon damals als „Stadt der Kunst, der Sinnlichkeit und der Bierfreunde".[12] Größere Fabrikanlagen fand man kaum. Es war die Hauptstadt eines dünn besiedelten Agrarlandes, keineswegs die Metropole des „Dritten Deutschland" und nicht im entferntesten mit Berlin oder Wien vergleichbar. Innerhalb der deutschen Staatenwelt spielte Bayern eine unglückliche Rolle, für die Gruppe der Mittelstaaten eigentlich schon zu groß, aber nicht groß genug, um als wirkliche Autorität akzeptiert zu werden, geschweige denn von Österreich oder Preußen als vollwertiger Partner. Die bayerische Politik lag in den ungeschickten Händen des Ministerpräsidenten Ludwig Frhr. von der Pfordten, eines rechthaberischen Universitätsprofessors, der sich mehr von launischem Eigensinn als von politischem Instinkt leiten ließ. Unglücklicherweise gab es in Bayern keinen Monarchen, der ihn hätte beraten, warnen oder ermutigen können und erst recht niemanden, der die Energie besaß, ihn durch einen Besseren zu ersetzen. Denn König Ludwig II. war ein psychisch kranker junger Mann, der seinem Amt in keiner Weise gewachsen war. Seine Wagner-Schwärmerei hatte längst den Charakter eines öffentlichen Skandals angenommen. Der Maestro selbst urteilte zu Beginn des Jahres 1866 in einem Brief an den Publizisten Konstantin Frantz: „Einer unbegreiflich sinnlosen Erziehung ist es gelungen, in dem Jünglinge einen tiefgehenden, bis jetzt noch ganz überwindlich sich zeigenden Widerwillen gegen ernsthafte Beschäftigung mit den Staatsinteressen zu erwecken, welche er, verachtungsvoll gegen alle hierbei Beteiligten, ganz nur nach der vorgefundenen Routine durch die vorgefundenen Beamten, wie mit Ekel, abtun läßt. Seine Familie, der ganze Hof ist ihm widerwärtig, das Armee- und Soldatenwesen verhaßt, der Adel lächerlich, die Volksmasse verächtlich."[13] Schon damals, zwei Jahre nach seiner Thronbesteigung, war der König häufig von München abwesend und verbrachte einen großen Teil seiner Zeit in der Einsamkeit der Bergwelt.

Die absolute Stellung der Monarchie, von der König Ludwig träumte, und die in seinen Schloßbauten noch Ausdruck finden sollte, war im österreichischen Kaiserstaat eben noch prosaische Wirklichkeit gewesen. Kaiser Franz Joseph hatte sich noch bis vor sechs Jahren eines neo-absolutistischen Regierungssystems bedient und schließlich erkennen müssen, daß die Ansprüche eines modernen Großstaates mit einem Auslaufmodell nicht mehr zu befriedigen waren. Seitdem experimentierte er ohne rechten Erfolg mit verschiedenen Verfassungen. Wie sich die verfassungsrechtlichen Verhältnisse der Monarchie nun endgültig gestalten würden, war noch nicht abzusehen, nur eines konnte als sicher vorausgesetzt werden: Eine Parlamentsregierung würde es hier ebensowenig geben wie in den sonstigen deutschen Staaten. So weit war man noch lange nicht.

Bei der österreichischen Monarchie handelte sich um ein Konglomerat verschiedenartiger Kronländer, die das habsburgische Kaiserhaus in einer jahrhundertelangen Kette von Heiraten, Erbschaften, Verhandlungen und Kriegen unter sich vereinigt hatte. Sie zusammen bildeten ein Reich, das vom Bodensee bis zum Dnjestr reichte und von den Gipfeln des Erzgebirges bis vor die Tore Belgrads: den größten rein europäischen Staat. Man schätzte seine Gesamtbevölkerung auf etwa 37 Millionen. Die ethnische Vielfalt sprengte alle politischen und geographischen Raster. Das Reichsgesetzblatt erschien in zehn Sprachen. Deutsch war die Sprache der Hauptstadt, des Kaisers und der Armee. Die deutschsprachigen Österreicher, insgesamt etwa 9 Millionen, beschränkten sich nicht nur auf Wien und die Alpenländer; teils in zusammenhängenden Siedlungsgebieten, teils in vereinzelten Sprachinseln lebten sie neben Tschechen in Böhmen und Mähren, neben Polen und Ukrainern in Galizien und der Bukowina, neben Magyaren und Rumänen in Ungarn und Siebenbürgen, neben Italienern, Friaulern, Slowenen, Kroaten und Serben im „Küstenland" um Triest. Im Grunde genommen war Österreich nicht ein Vielvölkerstaat, sondern die Summe mehrer. Genau das machte auch die sich abzeichnende Aussöhnung mit Ungarn so kompliziert.

Wirtschaftlich und kulturell gab es ein deutliches Gefälle. Zwar hatte die Industrialisierung im Norden und Westen Fuß gefaßt, namentlich in Österreichisch-Schlesien, in Böhmen, Mähren, Niederösterreich und Vorarlberg, aber die Rückständigkeit der anderen Kronländer war eine andauernde Hypothek. In der Bukowina, Österreichs entlegendster Provinz – sie zählt mittlerweile zur Ukraine – , kamen nur zehn Prozent der Kinder ihrer Schulpflicht nach, in Galizien sechzehn und in Dalmatien achzehn Prozent. Nur in Ober- und Niederösterreich, in Böhmen, Mähren, Tirol und Voralberg wurden annährend vollständige Werte erreicht, also noch nicht einmal in Kärnten und der Steiermark. Im Durchschnitt der gesamten Monarchie erhielten von hundert Kindern nur vierundsechzig eine geregelte Schulbildung.[14]

Dringende staatliche Aufgaben, wie der Ausbau des Bildungswesens oder des Verkehrsnetzes, konnten nur unzureichend erfüllt werden. Österreichs Finanzlage war katastrophal. Seit fünfundsiebzig Jahren war es nicht gelungen, das Staatsdefizit in den Griff zu bekommen. Allgemein wurde über die Möglichkeit eines Staatsbankrotts spekuliert. In Sack und Asche wollte deshalb aber niemand gehen, schon gar nicht im aristokratischen Magnetfeld der Wiener Hofburg. Österreich galt immer noch als Deutschlands erste Macht und Kaiser Franz Joseph als der vornehmste Monarch Europas. Der Krieg 1859 gegen Frankreich mochte unglücklich verlaufen und die Lombardei verlorengegangen sein, aber das war schon sieben Jahre her. Der siegreiche dänische Feldzug hatte die Erinnerung daran verdrängt. Jetzt wehten die schwarz-gelben Fahnen über Holstein, und niemand durfte ernsthaft daran denken, sie kampflos wieder einzuholen.

Das hohe Alter deutschen Monarchien, ihre kulturelle Anziehungskraft und die ästhetische Ausstrahlung ihrer Residenzen verleitete schnell zum Trugschluß unerschütterlicher Beständigkeit. Es ist daher nicht ohne Ironie, wenngleich geopolitisch erklärbar, daß nur jene beiden Fürstentaaten ihre Souveränität und ihre Staatsform bis in die Gegenwart behaupteten konnten, denen es sowohl an monarchischer Tradition als auch an höfischer Attraktivität fehlte: Luxemburg und Liechtenstein. Beim Fürstentum Liechtenstein, dem kleinsten deutschen Staat überhaupt, handelte es sich um den entlegenen Besitz eines österreichischen Hocharistokraten, der sich dort so gut wie nie aufhielt. Es war ein kurioser Überrest des Heiligen Römisches Reiches Deutscher Nation, durch kaiserliche Gnade im 18. Jahrhundert geschaffen, von allen Gebietsreformen übersehen und von seinen eigenen Landesherren kaum beachtet. Noch jünger, nämlich ein Geschöpf des Wiener Kongresses, war das oranische Großherzogtum Luxemburg, das damals in Personalunion mit der niederländischen Krone verbunden war, also von Den Haag aus regiert wurde.

Das waren die deutschen Staaten. Von geringfügigen Änderungen abgesehen, entsprach ihre äußere Gestalt noch ganz den Ergebnissen des Jahres 1815, in dem die gewaltigen Umwälzungen der napoleonischen Ära zum Stillstand gebracht worden waren. Seitdem garantierte ein konföderatives Sicherheitssystem ihre Unabhängigkeit und ihre territoriale Integrität: der Deutsche Bund.

Zweierlei wurde dem Deutschen Bund vorgeworfen. Zunächst, in der Ära Metternichs zwischen 1815 und 1848, sah man ihn als eine Interessengemeinschaft reaktionärer Polizeistaaten. Mit Recht. Die bundesweite Unterdrückung bürgerlicher Freiheiten, die in den berüchtigten Karlsbader Beschlüssen ihren schärfsten Ausdruck fand, prägte sein Bild in der damaligen Öffentlichkeit. Dann kam die Revolution von 1848. Sie befriedigte einige liberale Grundbedürfnisse, hinterließ aber den schwerer zu stillenden Hunger nach nationaler Einheit. Metternichs altmodischer Staatenbund, der zu Beginn der fünfziger Jahre wiederbelebt wurde, genügte diesem Bedürfnis natürlich nicht. Seine Verfassung, die Bundesakte, war die verachtete und bekämpfte Antithese aller bundesstaatlichen Reformkonzepte. Daß sie einer gründlichen Überarbeitung bedurfte, war selbst in den konservativen Kabinetten unbestritten, also nur noch eine Frage der Zeit.

Die Zentralinstanz des Deutschen Bundes war die in der Freien Stadt Frankfurt tagende Bundesversammlung, gemeinhin und auch hier Bundestag genannt. Dort stimmten die diplomatischen Vertreter der Einzelstaaten, den Instruktionen ihrer Regierung entsprechend, über eine Reihe von gemeinsamen Fragen ab. Die großen und mittleren Staaten führten je eine ganze Stimme, während die kleinstaatlichen Voten in mehreren „Kuriatstimmen" gebündelt wurden. Als eine Hommage an Habsburgs Kaiserwürde führte der österreichische Bevollmächtigte den Vorsitz, er war der „Präsidialgesandte". Ausdruck des antinationalen und antiliberalen Charakters der Bundesakte war das Fehlen sowohl einer Exekutivbehörde als auch einer parlamentarischen Volksvertretung. Hier würde nach allgemeiner Auffassung eine durchgreifende Reform Abhilfe schaffen. Doch wie dies im einzelnen geschehen sollte, also in welchem Ausmaß zentralistische und liberale Elemente eine Rolle spielen und die individuellen Rechte der Vertragsstaaten beschneiden durften, war ein immer noch ungelöstes Problem, groß genug für einen Krieg. Denn was man der Zentralgewalt geben wollte, mußte den Einzelstaaten genommen werden. Im Fall der kleineren Staaten mochte das noch angehen. Aber wenn die beiden Großmächte Österreich und Preußen teilen wollten, dann nur, um zu herrschen.

Neben den Deutschen Bund war seit den zwanziger Jahren ein zweites, moderneres, bürgerlicheres Integrastionssystem getreten: der Zollverein. Ursprünglich als bilaterale Zollunion zwischen Preußen und Hessen-Darmstadt gegründet, umfaßte er mittlerweile die Mehrzahl der deutschen Staaten. Als kleindeutsche Wirtschaftsgemeinschaft wirkte er wie eine Vorwegnahme politischer Einigung, und das sollte nach Preußens Willen auch so sein. Es war eine Vorentscheidung von kaum zu überschätzender Bedeutung, daß Österreich von dieser Wirtschaftsgemeinschaft ausgeschlossen blieb. Die nationale Vormachtstellung, die der Deutsche Bund nur beiden Großmächten gemeinsam gestattete, genoß Preußen im Zollverein allein.

Zwei Krisenherde

Am Montag, dem 15. Januar 1866 fand im Weißen Saal des Berliner Stadtschlosses die Eröffnung des preußischen Landtages statt. Die Abgeordneten beider Kammern versammelten sich, und die Thronrede des Königs leitete eine neue Sitzungsperiode ein. So war es in den konstitutionellen Monarchien üblich, und also auch in Preußen. Nur hier vollzog sich die feierliche Zeremonie vor zahlreichen leeren Plätzen. Natürlich war das Herrenhaus fast komplett erschienen, auch die konservativen Mitglieder des Abgeordnetenhauses, ostelbische Landadelige zumeist, aber von der liberalen Mehrheit hatte der Einladung kaum jemand Folge geleistet. Und wie der gekränkte Hauptdarsteller in einem verrissenen Theaterstück blieb Wilhelm I. selbst der Veranstaltung in seinem Hause fern. Die Thronrede mußte der Ministerpräsident verlesen, Otto Graf von Bismarck-Schönhausen.

Das preußische Verfassungsleben war allerdings zur Schaustellung auch wenig geeignet. Seit vier Jahren herrschte zwischen Krone und Parlament ein erbitterter Streit. Er hatte sich an der Heeresreform entzündet, die staatliche Haushalts- und Finanzpolitik ergriffen und sich zum umfassenden Verfassungskonflikt ausgeweitet. Es war eine Machtprobe, bei der die eine Seite ihr verfassungsmäßiges Recht und die andere ihre exekutive Gewalt in Anspruch nahm. Die Volksvertretung lehnte das Regierungsbudget ab, und die Regierung kümmerte sich nicht darum. Wenn das Parlament Gelder für die Bildung neuer Regimenter verweigerte, stellte die Regierung sie trotzdem auf. Der Ministerpräsident war auf diese Weise der bestgehaßte Mann Preußens geworden. Anfangs hatte nur Bismarcks reaktionäre Pose gereizt, mittlerweile provozierte auch sein Erfolg. Daß dieser baumlange Junker aber einmal als der überlebensgroße Reichsgründer in die Geschichtsbücher eingehen würde, das glaubte damals niemand. Seine Gegner – sie waren im Januar 1866 kaum zu zählen – sahen in ihm eher den verkrachten Rechtsreferendar, der als reaktionärer Parlamentsredner auf sich aufmerksam gemacht und es schließlich in den Krisen der preußischen Politik zu etwas gebracht hatte, sie wollten einen „Abenteurer vom allergewöhnlichsten Schnitt" erkennen.[15] Aber sie mußten sich auch eingestehen, daß er im vierten Jahr seiner Eigenmächtigkeit weder eine außenpolitischen Unfall angerichtet, noch die Staatsfinanzen ruiniert hatte.

Das von Bismarcks charakteristischer Fistelstimme vorgetragene Redemanuskript offenbarte stattdessen, „daß unsere Finanzen sich fortdauernd in günstiger

*König Wilhelm I. von Preußen und seine Gemahlin Augusta von
Sachsen-Weimar-Eisenach (links). Otto von Bismarck, damals (1865) noch Graf
und seit 1862 preußischer Ministerpräsident (rechts)*

Lage befinden. Bei den meisten Verwaltungszweigen ist nach den bisherigen
Erfahrungen eine Erhöhung der Einnahme-Ansätze zulässig gewesen, welche die
Mittel geboten hat, im Etat die Befriedigung zahlreicher Mehrbedürfnisse vorzu-
sehen."[16] Geld ermöglicht manches, vor allem, wenn es dem Konkurrenten fehlt.
So hatte Preußen im Vorjahr von der chronisch defizitären österreichischen
Monarchie die Rechte am Herzogtum Lauenburg kaufen können, eine Transak-
tion, die König Wilhelms Landhunger geweckt und Bismarck den Grafentitel
eingebracht hatte.

Neben dem preußischen Verfassungskampf war das Schicksal der von
Dänemark losgelösten Elbherzogtümer das zweite große Thema, das die öffent-
liche Meinung beschäftigte. Jeder im Weißen Saal horchte daher auf, als
Bismarck auf den mit dem österreichischen Waffengefährten geschlossenen
Konvention von Gastein zu sprechen kam, der die gemeinschaftliche Souveräni-
tät über die Kriegsbeute Schleswig-Holstein zwar formal bestätigt, die definitive
Entscheidung aber weiter verzögert und Preußen den günstigeren Ausgangs-

punkt eingeräumt hatte. Bismarck sagte: „Preußen aber hat in dem Besitz Schleswigs und der in Holstein gewonnenen Stellung ein ausreichendes Pfand dafür erhalten, daß diese Entscheidung nur in einer der deutschen National-interessen und den berechtigten Ansprüchen Preußens entsprechender Weise erfolgen werde. Gestützt auf die eigene, durch das Gutachten der Kronsyndici bestärkte rechtliche Überzeugung ist Seine Majestät der König entschlossen, dieses Pfand bis zur Erreichung des angedeuteten Ziels unter allen Umständen festzuhalten.“[17]

Das war eine deutliche Absage an die in Schleswig-Holstein selbst und in weiten Teilen der deutschen Öffentlichkeit gewünschte „augustenburgische Lö-sung“, also eine Absage an die Selbständigkeit Schleswig-Holsteins unter der Regierung des Augustenburger Herzogs. Was preußisch war, sollte preußisch bleiben – und Deutschland zugute kommen, was immer sich Bismarck darunter auch vorstellen wollte.

Der oppositionellen Fortschrittspartei bereitete das Unbehagen, denn gegen einen Verfassungsbruch kämpfte es sich leichter, als gegen einen handfesten außenpolitischen Erfolg. Konnte man sich von idealistischen Motiven leiten las-sen, wenn es um Gebietsgewinne und nationales Prestige ging? Bürgerliches Rechtsempfinden und liberale Sympathien standen da gegen preußischen Staats-patriotismus. Nur wenige dachten diesen Konflikt so rigoros zu Ende, wie der westfälische Abgeordnete Julius Frese, der einige Monate zuvor erklärt hatte: „Wenn es wahr wäre, daß die Unterstützung der gewaltsamen Annexionspolitik die ‚Macht und die Zukunft‘ des preußischen Staates bedingte, so wäre es nach meiner Überzeugung besser, dieser preußische Staat ginge heute als morgen; denn diese Politik widerspricht allen Grundsätzen des Volksrechtes und der Volksfreiheit... Wenn es wahr wäre, daß die Unterstützung jener Politik Pflicht der preußischen Volksvertretung ist, so wäre unser Verfassungskampf fortan eine Unmöglichkeit; man macht nicht Rechtspolitik in Preußen und Unrechtspolitik in Deutschland, eins schließt das andere aus.“[18]

Der prominente Regierungskritiker Karl Twesten hatte hingegen öffentlich erklärt, die Mehrheit der preußischen Abgeordneten werde niemals Beschlüssen zustimmen, „welche gegen die Macht und die Zukunft des preußischen Staates in die Schranken treten“.[19] Das wollte Bismarck auch hoffen. Aber was Frese sei-nem Parteifreund Twesten entgegenhielt, dürfte ihm noch besser gefallen haben. Damals klang es noch sarkastisch, ein Jahr später war es prophetisch: „Man setze den – hoffentlich unmöglichen – Fall, daß das Haus der Abgeordneten in Sachen Schleswig-Holstein seine eigenen Worte und Erklärungen und Rechtsverwah-rungen in sich hineinfräße und vor dem Erfolge der Politik Bismarcks reumütig sich beugte, so wäre doch die einfache Folge, daß auch der Kriegsminister sich erhöbe und dem Hause den sehr berechtigten Vorschlag machte, es möge nun gleich in einem Atem auch alle die Rechtsverwahrungen zurücknehmen, die es in der Militärfrage beschlossen hat; das hieße denn reinen Tisch machen.“[20] Der

Abgeordnete Frese sprach wie ein intelligenter und integrer Mann. In der Politik kam er nicht weit.

Im Kampf zwischen Krone und Parlament war Bismarck an die Spitze der preußischen Regierung gelangt. Als erstes hatte er mit dem Spruch schockiert, die großen Fragen der Zeit würden nicht durch „Reden und Majoritätsbeschlüsse" entschieden, sondern durch „Eisen und Blut".[21] In Wahrheit war Bismarck viel zu klug, um sich allein auf das Bajonett zu verlassen; er ignorierte die öffentliche Meinung nur als moralische Instanz, nicht als politische Kraft. Im Umgang mit der Volksstimmung war er ein vollendeter Meister: immer in der Lage, kaltblütig über sie hinwegzugehen und zugleich jederzeit bereit, in sie hineinzuhorchen und sie für seine Zwecke auszunutzen.

Seine österreichischen Kollegen taten sich mit den Zusammenhängen zwischen innerer und äußerer Politik, zwischen Diplomatie, Krieg und Presse schwer. Wenn sie sich mit der schleswig-holsteinischen Frage beschäftigten, sahen sie statt einer Antwort nur zwei Ideologien. Zuerst die konservative Lehre, daß Österreich und Preußen die Elbherzogtümer von Dänemark kriegs- und siegrechtlich erworben hatten und infolgedessen über sie herrschen durften, das war ihre Welt. Dann hatten sie noch von dem liberalen, ja revolutionären Standpunkt gehört, daß die Bevölkerung Schleswig-Holsteins oder zumindest die schleswig-holsteinischen Stände über die Zukunft ihres Landes selbst bestimmen sollten. An dem Ausgang eines solchen Votums war nicht zu zweifeln: Es würde den Herzog von Augustenburg auf den Thron bringen.

Die dynastischen Rechte des Augustenburgers waren übrigens so umstritten, daß sie praktisch keine Rolle mehr spielten. „Kronsyndici", wie die von Bismarck erwähnten, konnte jede Seite in Gang setzen, ohne daß damit irgend jemandem geholfen worden wäre. Der britische Premierminister Viscount Palmerston bemerkte einmal, es habe nur drei Personen gegeben, die die schleswig-holsteinische Frage wirklich verstanden hätten: der Prinzgemahl Albert, der leider schon verstorben sei, ein deutscher Professor, der über dem Studium dieser Frage den Verstand verloren habe, und schließlich er selbst, doch er habe die Zusammenhänge wieder vergessen.[22]

Inmitten des Problems und zwischen allen Stühlen saß Österreich. Seiner Geschichte und Struktur nach ein Bollwerk des Konservatismus war es eigentlich der letzte deutsche Staat, der für demokratische Prinzipien in die Schranken treten konnte. Aber wie sah die Alternative aus? Auf Dauer konnte und wollte Österreich sich in Norddeutschland nicht engagieren. Ein habsburgisches Kronland an der Waterkant, das war selbst für Wiener Verhältnisse eine zu exotische Vorstellung. Aber es schien ebenso unmöglich, sich für die blutig erkämpften Souveränitätsrechte einfach abkaufen zu lassen, auch wenn Bismarck in der ihm eigenen Kaltschnäuzigkeit behauptete, der österreichisch-preußische Waffenbund sei „keine Erwerbsgenossenschaft, welche den Ertrag nach Prozenten verteile, er gleiche vielmehr einer Jagdgesellschaft, bei welcher jeder Teil seine Beute nach Hause trage".[23] Daß Österreich bei dieser Jagd dann eigentlich nur den preußischen Treiber abgegeben hätte, war für die meisten Wiener Staatsmänner zu unangenehm, um erwogen zu werden.

In Kiel residierte als österreichischer Statthalter von Holstein FML Ludwig Frhr. von Gablenz, ein hochdekorierter Truppenführer, der sich im dänischen Feldzug hervorgetan hatte und in ganz Deutschland bekannt und beliebt war. Er stand vor der Aufgabe, die augustenburgische Volksbewegung zu tolerieren, ohne Preußen zu provozieren. Ein unlösbares Problem, denn Bismarck wünschte, provoziert zu werden. Wenn Gablenz der holsteinischen Presse verbot, den Thronprätendenten „Herzog Friedrich VIII." zu nennen, beschwerte sich Bismarck noch über Ersatzbezeichnungen wie „Hoheit" und „Herzog", obwohl zumindest der Adelstitel des Augustenburgers unmöglich zu beanstanden war. Ärger gab es auch, als dessen Ehefrau auf der Reise von Altona nach Kiel von einigen Turnvereinen und Dorffeuerwehren als Herzogin und Landesmutter begrüßt wurde.

Alexander Graf Mensdorff-Pouilly (links), ein ehemaliger Kavalleriegeneral, war 1865 für kurze Zeit österreichischer Ministerpräsident und danach Außenminister. Moritz Graf Esterházy (rechts), Minister ohne Portefeuille, galt als „Graue Eminenz" der österreichischen Regierung

Im Januar 1866 organisierten die Anhänger des Augustenburgers eine Volksversammlung, bei der die nicht sehr gewagte Resolution verabschiedet werden
sollte, „daß uns wie jedem anderen Staate eine rechtmäßige Vertretung werde in
den Ständen unseres Landes, um den Wünschen und dem Willen der Bevölkerung einen gesetzlichen Ausdruck zu jeder Zeit geben zu können".[24] Die Kund-
gebung wurde für Dienstag, den 23. Januar nach Altona einberufen, damals noch
vor den Toren von Hamburg gelegen und eine holsteinische Stadt. Die Österreicher, um ihr Einvernehmen mit Preußen besorgt, ermutigten die Augustenburger
durchaus nicht. Gablenz hatte bereits öffentlich erklärt, daß er die Einberufung
der Stände nicht unterstützen könne, und zwei Tage vor der geplanten Versammlung sprach die österreichische Landesregierung in Kiel in einem Erlaß „die
bestimmte Erwartung aus, daß die in der Presse, in Vereinen und Volksversammlungen auftretende Agitation . . . aufgegeben werde, welche im gegenwärtigen
Augenblicke, von ihrer Erfolglosigkeit abgesehen, nur neue Gefahren heraufzu-
beschwören geeignet ist".[25] Tags darauf folgte ein Versammlungsverbot durch
die Altonaer Polizei, das erst gegen die verbindliche Zusage der Veranstalter
zurückgenommen wurde, keine Resolutionen zu verabschieden. Was am Ende
stattfand, war eine Versammlung von etwa 3500 schleswig-holsteinischen Bür-
gern und Bauern, die ein dreimaliges Hoch auf den „rechtmäßigen, geliebten
Fürsten Herzog Friedrich" ausbrachten[26] und sich verschiedene Grußworte und
Reden anhörten, darunter die des hessen-darmstädtischen Landtagsabgeordneten
Metz, der als führender Vertreter des kleindeutsch orientierten „Nationalvereins" alles andere als ein Gegner Preußens war, sondern die antipreußische (und
proösterreichische) Politik seiner eigenen Regierung auf das Schärfste bekämpfte.

Gleichwohl übermittelte Bismarck schon drei Tage später die Anklage nach
Wien, Österreich verhalte sich in Holstein aggressiv, es leiste revolutionären,
antipreußischen Umtrieben Vorschub und riskiere dadurch den Bruch des bestehenden Bündnisses. Die Absurdität dieser Vorwürfe, gerichtet an eine bekannter-
maßen konservative und konfliktscheue Regierung, war offenkundig geworden,
und ebenso Bismarcks Absicht, Streit zu suchen.

Der österreichische Ministerrat, der damit fertig werden mußte, war eine trau-
rige Versammlung. Mit dem Titel eines Staatsministers hervorgehoben, aber nicht
mit den notwendigen Kompetenzen eines Vorsitzenden ausgestattet, war Richard Graf Belcredi, ein tüchtiger Jurist und effizienter Verwaltungsbeamter,
aber in konservativen Vorurteilen befangen. Der Kavalleriegeneral Alexander
Graf Mensdorff-Pouilly, ein Vetter des Herzogs von Sachsen-Coburg und Gotha, bekleidete das Amt des Außenministers. Intelligent genug, um die Schwierig-
keit seiner Aufgabe zu erkennen, fehlte ihm die Energie, sie zu bewältigen.
Heinrich Friedjung schrieb über ihn: „Sein Auftreten übte . . . den Zauber jener
schlaffen Anmut, die in Österreich und besonders in der Aristokratie als das
Ideal der Lebens- und Umgangsformen gilt."[27] Das stärkste Element in dieser
unheilvollen Regierung war nicht der begabteste Staatsmann der Monarchie,

sondern der geschickteste Günstling des Kaisers, der erzkonservative Moritz Graf Esterházy, der an die Tage Metternichs wie eine Trockenblume erinnerte, „ein Fremder in der Zeit, in der er lebte, ein Fremder in dem Lande, welches er regieren half".[28] Mit seinen Ministerkollegen verkehrte er am liebsten französisch; das Deutsche und selbst seine ungarische Muttersprache beherrschte er nur unvollkommen. Die Verantwortung und die Arbeitslast eines eigenen Ressorts scheuend, operierte er als Minister ohne Portefeuille aus dem Hintergrund. Sein Einfluß durchtränkte alles. Der sächsische Ministerpräsident Beust erinnerte sich einmal: „Wenn ich . . . mich bei Graf Mensdorff einfand und ich ihm gegenüber, der am Schreibtisch saß, Platz genommen hatte, tat sich die Tür auf, der kleine Graf Esterházy trat ein, rückte sich einen Sessel neben den des Ministers und setzte sich zu ihm, gerade so wie ein Klavierlehrer sich zu seinem Zögling ans Klavier setzt."[29]

Der volkstümliche Ausdruck „Grafenministerium" war nur eine milde Umschreibung für ein bizarres Adelsregiment, das am ehesten Initiative entwickelte, wenn es der Bereicherung des eigenen Standes galt. Der Finanzminister Johann Graf Larisch zeichnete für eine Steuerpolitik verantwortlich, die den Großgrundbesitz nur mit Fingerspitzen anfaßte. Larisch sorgte auch dafür, daß seinem Kollegen Esterházy ein beträchtlicher Teil seiner Steuerschuld erlassen wurde, die durch die Erbschaft von 50.000 Hektar Land entstanden und durch jahrelangen leichtfertigen Zahlungsverzug angewachsen waren. So sah Österreichs Führung aus. Und an ihrer Spitze stand Kaiser Franz Joseph, damals noch nicht der ehrwürdige Greis der Münzen und Briefmarken und nicht mehr der Phönix aus der Asche von 1848, sondern ein müder Mittdreißiger, der die konstitutionelle Wandlung von Reich und Herrscheramt noch nicht verinnerlicht hatte, weder ein strenger Herr noch ein vertrauensvoller Mentor.

Schleswig-Holstein war auch nur eine von vielen habsburgischen Sorgen. Zunächst drängte der Ausgleich mit Ungarn, die Versöhnung mit den Magyaren und die Neuordnung ihrer Verfassung. In der Woche, die auf die Altonaer Versammlung und Bismarcks harten Protest folgte, ging der Kaiser deshalb nach Budapest, wohin ihm die zahlreichen Probleme seiner Völker auf dem Fuß folgten. Aus Tirol erreichte ihn eine Resolution des dortigen Landtages gegen die Erlaubnis zur Niederlassung von Nichtkatholiken und für „das hohe Glück der Glaubenseinheit".[30] In Krain gab es leidenschaftliche Auseinandersetzungen über den Gebrauch des Slowenischen als Unterrichtssprache. In Venedig traten der Bürgermeister und der gesamte Gemeinderat aus Protest gegen die österreichische Herrschaft zurück. Vom kroatischen Landtag kam eine Beschwerde über Rekrutierungen ohne klare Rechtsgrundlage. In der Budapester Ministerratssitzung, die am 21. Februar stattfand, war die Aussprache über das „Verhalten wegen der drohenden Haltung Preußens in der schleswig-holsteinischen Frage"[31] nur ein Punkt auf der Tagesordnung, behandelt zwischen kroatischen Wirtschaftsangelegenheiten und dem Eisenbahnbau in Ungarn.

Kaiser Franz Joseph (rechts) in einer Darstellung um 1865. FML Ludwig Frhr. von Gablenz (links) war der erfolgreiche österreichische Heerführer im Krieg 1864 gegen Dänemark und danach Statthalter in Holstein. Als Kommandant des X. Korps erkämpfte er 1866 bei Trautenau den einzigen Sieg der Österreicher gegen Preußen

Kaiser Franz Joseph wollte wissen, ob angesichts der Spannungen mit Preußen militärische Vorkehrungen zu treffen seien. Aus rein militärischen Gesichtspunkten – und diese beschäftigten ihn immer – war eine frühzeitige Mobilisierung ratsam, denn allein schon das dichtere Eisenbahnnetz gab der preußischen Armee im Ernstfall einen gefährlichen Vorsprung. Aber durfte dieser Fall überhaupt eintreten? Der Kaiser wünschte den Krieg nicht und schon gar nicht Mensdorff. War er denn zu vermeiden? Mensdorff wollte es gerne glauben und setzte vage Hoffnungen auf Bismarcks innenpolitische Schwierigkeiten. Der Finanz- und der Handelsminister rieten dringend zu einer friedlichen Lösung, weil „der Rückschlag auf die Finanzen und auf die ganze Gewerbstätigkeit der Monarchie bei einer kriegerischen Gestaltung der Ereignisse von unabsehbaren nachteiligen Folgen sein würde".[32]

Wenig ermutigend fiel auch ein Blick auf die europäische Mächtekonstellation aus. Während Preußen von keinem seiner Nachbarn bedroht wurde, wartete an

Österreichs Südwestflanke das junge Italien nur auf die passende Gelegenheit zum Kampf um Venetien. Und in einem möglichen Zweifrontenkrieg konnte Habsburg nur auf die deutschen Mittelstaaten rechnen, seine alte Klientel. Nur dort hatten die leitenden Staatsmänner vom ersten Tag der schleswig-holsteinischen Krise an begriffen, worauf es ankam: auf den liberalen Zug aufzuspringen, Schleswig-Holsteins Recht auf Eigenständigkeit zu verteidigen, Deutschlands Öffentlichkeit für sich einzunehmen und Preußens Ambitionen konsequent zurückzuweisen. Eine solche Linie, von dem Sachsen Beust und dem Hessen Dalwigk oft genug vorgezeichnet, machte den österreichischen Ministerrat pikiert. Auch noch im Februar 1866 glaubte Belcredi warnen zu müssen, „daß namentlich in dieser Frage hinter den deutschen Regierungen die Demokratie stecke".[33] Bauern und Bürger, die auf Volksversammlungen politische Resolutionen verabschieden wollten – ein solches Publikum schien für den k. k. Staatsminister Graf Belcredi kaum der richtige Umgang zu sein. Und Moritz Graf Esterházy meinte, die Elbherzogtümer würden früher oder später ohendies preußisch.

Für diese österreichische Regierung gab es also genügend Gründe, jedem Streit mit Preußen tunlichst aus dem Weg zu gehen. Vorkehrungen für den Kriegsfall wurden daher nicht getroffen. Aber was taten Kaiser Franz Joseph und seine Minister stattdessen? Gaben sie jetzt als die Klügeren nach? Gingen sie auf Bismarcks Annexionswünsche ein und formulierten sie Kompensationsforderungen? Schickten sie einen Emissär nach Berlin, um Übergabe- und Entschädigungsverhandlungen einzuleiten? Oder bereiteten sie eine internationale Konferenz vor? Nichts davon. Man verdrängte lieber. Irgendwie und irgendwann, so hoffte man, würden sich die Dinge schon noch regeln.

Eine Lösung

Wie ernst die Lage wirklich war, das zeigte schon am 22. Februar ein österreichischer Bericht aus Berlin. Die preußische Führung, so meldete der k. k. Gesandte Aloys Graf Károlyi, sei jetzt bereit, für eine außenpolitische Attraktion alles aufs Spiel zu setzen: „Die Annexion der Herzogtümer oder ein derselben sich annäherndes Resultat betrachtet Graf Bismarck als Lebensfrage für seine politische Existenz, und er ist bestrebt, sie auch als solche für Preußen erscheinen zu lassen. Nach einem solchen Erfolge, zumal wenn er durch einen glücklichen Krieg erreicht worden wäre, würde die Regierung leichter des inneren Zerwürfnisses Herr werden . . . Durch solche Gesichtspunkte wird die Bismarcksche Politik geleitet.“[34]

Die „inneren Zerwürfnisse“, von denen Károlyi sprach, trieben damals auf einen neuen Höhepunkt zu. Denn mit dem Zuckerbrot der Nationalpolitik zu locken, hinderte Bismarck nicht daran, die Peitsche der Justiz zu schwingen. Die liberalen Abgeordneten Twesten und Frentzel wurden wegen kritischer Äußerungen im Parlament strafrechtlich verfolgt, ihr verfassungsmäßiges Recht der Redefreiheit nicht etwa verletzt, sondern ganz in Frage gestellt. Das konnte nur geschehen, weil das Ministerium massiven Druck auf das Berliner Obertribunal ausgeübt hatte. Es war, wie Bismarcks großer Biograph Erich Eyck schrieb, „ein Schandfleck in den Annalen der preußischen Justiz“.[35] Die damalige öffentliche Meinung empfand nicht anders. Bismarcks Bankier Bleichröder stellte nüchtern fest: „Unsere inneren Angelegenheiten liegen schlecht, und die Kluft der beiden Faktoren Regierung und Landtag wird immer größer.“[36]

Das Abgeordnetenhaus stellte sich mit überwältigender Mehrheit hinter seine beiden Mitglieder. Am 7. und 8. Februar erlebte die Regierung einige der heftigsten Parlamentsdebatten der ganzen Konfliktzeit. Twesten rief dem Justizminister zu: „Mögen Sie Ihre Richter mit allen Orden des preußischen Staates behängen, Ihre Sterne decken die Wunden nicht, die diese Männer ihrer Ehre vor Mit- und Nachwelt geschlagen haben; leider aber nicht nur ihrer Ehre, sondern auch der Ehre ihres Vaterlandes.“[37] In Berlin waren die gedruckten Sitzungsprotokolle rasch vergriffen, und die Plätze auf der Zuhörertribüne des Abgeordnetenhauses waren begehrter als Theaterkarten. In mehreren großen Städten kam es zu Kundgebungen gegen die Regierung: in Königsberg ebenso wie in Breslau, Köln und Stettin. In Magdeburg und in Berlin wurden Demonstrationen von der Polizei aufgelöst. Bismarck wußte sich nicht mehr anders zu helfen, als den Landtag ein weiteres Mal nach Hause zu schicken – am 22. Februar erklärte eine königliche Botschaft die Sitzungsperiode für beendet.

Die förmliche Verabschiedung vollzog sich anderntags im Berliner Stadtschloß unter noch unangenehmeren Umständen als die Eröffnung fünf Wochen zuvor. Kein liberaler Abgeordneter und weder der Präsident noch seine Vertreter nahmen an der Veranstaltung teil. Niemand von ihnen legte Wert darauf, sich die Rechtfertigungen der Regierung anzuhören, niemand konnte sie noch ernst nehmen. Bismarck blieb natürlich auch nichts schuldig. Er brachte es fertig, das Abgeordnetenhaus selbst der Verfassungsfeindlichkeit zu bezichtigen und nannte dessen feierlichen Protest gegen die Strafverfolgung Twestens und Frentzels einen „Angriff auf die durch § 86 der Verfassungsurkunde verbürgte Unabhängigkeit der Gerichte, verbunden mit dem Versuche, das wohlbegründete Ansehen der preußischen Rechtspflege zu erschüttern und die Ehre eines Richterstandes öffentlich anzutasten, dessen Unparteilichkeit noch heute wie seit Jahrhunderten dem Vaterlande zum Ruhme gereicht".[38] Mit solcher Polemik konnte man in der kleinen konservativen Fraktion die Köpfe zum Nicken bringen konnte, mehr aber auch nicht.

„Mit gesuchter Rücksichtslosigkeit"[39] – die Veranstaltung im Weißen Saal war kaum beendet – nahm die Regierung die Räumlichkeiten des Abgeordnetenhauses in Beschlag, als ob sie einen lästigen Untermieter loswerden wollte. Aber was nützte das? Einmal mußte das Parlament ja doch wieder einberufen werden, und dann würde alles wieder von vorne anfangen. Sicher, der König konnte auch Neuwahlen ausschreiben, aber über deren Ausgang konnte nicht der geringste Zweifel bestehen. Wenn sich Bismarck das alles durch den Kopf gehen ließ, sah er sich und sein ganzes Ministerium mit dem Rücken zur Wand. Einige Konservative, wie der General Edwin von Manteuffel, wußten noch einen abenteuerlichen Ausweg: die gewaltsame Außerkraftsetzung der Verfassung, den Staatsstreich. Die Idee vom Leutnant und den zehn Mann, mit denen ein preußischer König angeblich jedes Parlament auseinandersprengen könnte, war noch nicht öffentlich ausgesprochen, geisterte aber schon durch Offizierskasinos und ostelbische Herrenzimmer. Sie war allerdings nichts als eine elitäre Stammtischparole. Jeder konnte sich denken, was ein Coup d'etat bedeutete: die betrügerische Bankrotterklärung des konstitutionellen Königtums, die Umwandlung von innenpolitischen Spannungen in Todfeindschaften, den Ruin des preußischen Ansehens in Deutschland. Ein Blick nach Österreich genügte überdies, um die Zwecklosigkeit von neoabsolutistischen Wiederbelebungsversuchen und unpopulären Verfassungsexperimenten zu erkennen. Und selbst wenn sich Bismarck zu einer derartigen Verzweifelungstat entschließen würde – es müßten dann immer noch die Skrupel des alten Königs Wilhelm niedergekämpft werden, der immerhin einen Eid auf die Verfassung abgelegt hatte. Vordergründig gab es nur noch eine Lösung, den Konflikt beizulegen: der Rücktritt Bismarcks und die Berufung eines neuen, eines unverbrauchten, nicht diskreditierten und konzes-

Aloys Graf Károly, der österreichische Gesandte in Berlin (links). Wilhelm I. in einer späteren Darstellung als Deutscher Kaiser (rechts)

sionsbereiten Ministeriums. Befürworter gab es genug: die Königin, das Kronprinzenpaar, den einflußreichen Hausminister Alexander Frhr. von Schleinitz. Sie alle hätten Bismarcks Auszug aus der Wilhelmstraße lieber heute als morgen gesehen. Es gab auch schon Nachfolgekandidaten, Robert Graf von der Goltz zum Beispiel, den preußischen Botschafter in Paris. Er war zwei Jahre jünger als Bismarck, besaß unbestreitbar politisches Format und galt wenn nicht als liberal, so doch als ein Mann des Ausgleichs. Noch hielt König Wilhelm zwar an seinem Ministerpräsidenten fest, aber man brauchte nicht viel Phantasie, um sich vorzustellen, wie er dem enormen Druck der Öffentlichkeit irgendwann doch nachgeben mußte. Nicht wenige sahen Bismarck schon auf einem diplomatischen Posten kaltgestellt, als gescheiterte Existenz auf seinem mageren Landbesitz oder, noch besser, als kriminalisierten Verfassungsfeind auf der Anklagebank. Der österreichische Gesandte Károlyi hatte eine einfache Wahrheit ausgesprochen: Nur ein großer außenpolitischer Erfolg konnte Bismarck noch retten, ein Erfolg auf Kosten Österreichs, und das konnte nach allen Regeln der Zeit nur eines bedeuten: Krieg.

Ein Blick auf die europäische Mächtekonstellation machte aus der innenpolitischen Notwendigkeit eine außenpolitischen Chance. Die Gelegenheit war günstig: Rußland, dessen mächtiges Herrscherhaus mit dem preußischen eng verwandt war, stand seit dem Krimkrieg nicht mehr auf Österreichs Seite; es würde für den Rivalen auf dem Balkan keinen Finger rühren. England war mit der Erweiterung und dem Umbau seines Weltreiches beschäftigt. Daß es sich 1866 in mitteleuropäische Konflikte einmischen würde, nachdem es schon 1864 neutral geblieben war, galt als äußerst unwahrscheinlich. Unangenehm konnte höchstens Frankreich werden, das nach einer Reihe von außenpolitischen Erfolgen wieder als stärkste Kontinentalmacht galt und durch eine Verschiebung der europäischen Kräfteverhältnisse mehr zu verlieren als zu gewinnen hatte. Ein stabiles preußisch-deutsches Machtsystem am Rhein war an sich das letzte was die Grande Nation brauchen konnte. Aber die Art, mit der in Paris Außenpolitik betrieben wurde, war überheblich und träge. Man unterschätzte die Möglichkeiten Bismarcks und nahm die Dynamik der kleindeutschen Nationalbewegung nicht ernst genug. Und statt sich an den nimmermüden Erwerbssinn eines Richelieu oder eines Napoleon I. zu erinnern, statt dem preußischen Nachbarn Knüppel zwischen die Beine zu werfen oder ihm wenigstens einige Grenzgebiete aus der Tasche zu ziehen, lehnte man sich zurück und gab sich mit vagen Versprechungen zufrieden, in dem naiven Glauben, daß ohne einen Schiedsspruch Frankreichs in Mitteleuropa ohnedies nichts wesentliches passieren könne.

Die Bequemlichkeit der alten Großmacht Frankreich kam Bismarck so gelegen wie die Aggressivität des jungen Italien. Hier war in kurzer Zeit geschehen, was sich deutsche Liberale nur in ihren kühnsten Träumen vorstellen konnten, ein Szenarium der nationalen Einigung mit allen möglichen heroischen Auftritten: siegreiche Feldzüge, verwegene Freikorpsaktionen, mächtige Volksaufstände und überwältigende Plebiszite – natürlich gab das Großbürgertum den Ton an – zugunsten eines populären Königshauses. Eine solche Nationalbewegung ließ sich kaum in ein Korsett internationaler Verträge zwingen. Daß Italien mit jedem gehen würde, der auch noch bei der Eroberung Venetiens und der vollständigen Vertreibung der Österreicher behilflich sein würde, kam einem Naturgesetz gleich. Eine Achse zwischen Berlin und der provisorischen Hauptstadt Florenz herzustellen, gehörte daher zu Bismarcks leichtesten Übungen. Das Problem lag vielmehr darin, Italiens Angriffslust nicht zu lange zu zügeln und womöglich abzuwürgen. Die Italiener waren ungeduldig. Diplomatische Berichte aus Florenz warnten Bismarck immer häufiger, daß an der Kriegsbereitschaft Preußens gezweifelt und erwogen werde, die Provinz Venetien den Österreichern einfach abzukaufen. Bismarck pflegte auf derartige Einwände zwar kaltblütig zu erwidern, daß ein Krieg um mehr als die Hälfte billiger komme,[40] und er konnte sich natürlich auch denken, wie schwer sich Kaiser Franz Joseph mit einem solchen

Handel tun würde. Aber ihm war ebenso klar, daß er den Hund in absehbarer Zeit von der Kette lassen mußte.

Drei Tage nach der Schließung des Landtags, am Montag, dem 26. Februar, fand im preußischen Außenministerium in der Wilhelmstraße das vermutlich entscheidende Gespräch zwischen Bismarck und dem König statt. Hier muß es dem Ministerpräsidenten endgültig gelungen sein, seinen Herrn auf Kriegskurs zu bringen. Der Kronprinz und spätere Kaiser Friedrich III., dessen Antipathie gegen Bismarcks Politik allgemein bekannt war, erfuhr zunächst kein Wort davon. Am Abend traf er mit dem Ministerpräsidenten auf einer Gesellschaft zusammen und bemerkte, Bismarck habe „mit teuflischer Miene triumphierend" ausgesehen.[41] Zu diesem Zeitpunkt ahnte der Kronprinz zwar schon, was im Gange war, aber er glaubte immer noch an die Möglichkeit einer offenen Aussprache. Die Gelegenheit dazu erhoffte er sich von einer Zusammenkunft des Kronrates, zwei Tage später im Palais Unter den Linden.

Über diesen Kronrat ist viel geschrieben worden, meist in dem Sinne einer historischen Entschließung über Krieg und Frieden. Aber im Grunde genommen war es keine Beratung, die der König mit den zivilen und militärischen Spitzen abhielt, sondern die Verkündigung seiner Kriegsbereitschaft. Die Entscheidung war bereits getroffen. Schon die Art und Weise, wie der König die politische Lage erläuterte, ließ keine Zweifel aufkommen. Österreich, so holte er aus, habe Preußen immer auf den Standpunkt vor 1756 herabdrücken wollen. Jetzt mißgönne es ihm den Besitz von Schleswig-Holstein und verhindere, „daß Preußen Sympathien in der Bevölkerung der Elbherzogtümer erwerbe".[42] (Kurz darauf versuchte die preußische Regierung sich dadurch Sympathien zu erwerben, daß sie jedes Eintreten für den Augustenburger Herzog mit Zuchthausstrafe bedrohte.) „Ob Preußen mit Österreich in Frieden werde leben können, oder ob seine Ehre es zum Krieg gegen Österreich nötige?",[43] lautete die anschließende rhetorische Frage. Und um auch den letzten Zweifel über die erwünschte Antwort auszuräumen, fügte er noch hinzu, daß ein Sieg über Österreich endlich auch die Hegemonialstellung über Norddeutschland mit sich bringen werde, worauf Preußen einen „wohlberechtigten Anpruch" habe: „Eine solche Stellung sei die Bestimmung Preußens, zu deren Erreichung die jetzt vorhandene Krisis und ihre Lösung durch die Waffen möglicherweise führen könne."[44]

Bismarck selbst brauchte nichts weiter zu tun, als dem König beizupflichten. Er sprach dann noch von einem chronischen Konflikt, einem „100jährigen Kampf" mit Österreich, der einmal ausgefochten werden müsse, ließ aber auch seine innenpolitischen Motive durchblicken: „Österreich gönne Preußen nicht den ihm gebührenden Einfluß in Deutschland, nicht seine für Preußen und Deutschland gleich notwendige gesicherte Stellung in den Elbherzogtümern, nicht die Frucht seiner Siege. Diese Frucht sich zu erhalten sei für Preußen eine durch politische Motive und ebenso durch die allgemeine Stimmung im Lande und in der Armee begründete Notwendigkeit."[45] Auch von den übrigen Mitgliedern des Staatsministeriums „wurde auf den vorteilhaften Einfluß hingewiesen, welchen ein kräftiges Auftreten nach außen und ein für die Ehre Preußens unternommener Krieg auf die Lösung des inneren Konfliktes ausüben würde".[46]

Es gab keine großen Diskussionen. Gegen den Angriffskrieg sprach sich nur der Kronprinz aus, einmal aus ethischen Gründen und dann mit dem keineswegs abwegigen Einwand, daß Frankreich nicht neutral bleiben und am Ende der lachende Dritte sein werde. In Gegenwart des Königs und des Ministerpräsidenten blieb er mit seiner Meinung natürlich allein. Der ebenfalls anwesende Botschafter in Paris, Graf von der Goltz, mochte auf die Gunst des Thronfolgers spekulieren und mit Bismarcks Posten liebäugeln, er sah auch das große politische und militärische Risiko und hatte darüber hinaus moralische Bedenken. Aber als er im Angesicht des Königs und vor dem versammelten Staatsminmisterium nach seiner Meinung gefragt wurde, konnte er nicht anders, als sich auf den Standpunkt des Fachbeamten zurückzuziehen, daß eine Einigung mit Frankreich grundsätzlich möglich sei.

Bismarck bereitet den Krieg vor

Sobald das Signal gegeben war, setzte auf Preußens diplomatischen Kanälen reger Verkehr ein. Graf von der Goltz wurde mit einem persönlichen Brief König Wilhelms nach Paris zurückgeschickt, um herauszubekommen, welchen Preis Kaiser Napoleon für seine Neutralität fordern würde. Das war tatsächlich der wichtigste Posten in Bismarcks Kalkulation. Napoleon III. hatte ihm zwar mehrfach sein wohlwollendes Interesse an einer Neuordnung Deutschlands signalisiert, aber wie er im Ernstfall reagieren würde, das wußte niemand. Was Bismarck mehr fürchtete, als ausweichende Antworten, waren konkrete Hilfszusagen. Denn dann müßte er den Franzosen ebenso konkrete Entschädigungen in Aussicht stellen. Entweder Land, das er nicht besaß und dessen Annexion eine europäische Krise heraufbeschwören konnte, Belgien und Luxemburg etwa. Oder – und das war der größte anzunehmende Unfall – deutschsprachige Grenzgebiete an Rhein und Saar, an deren Abtretung kein deutscher Staatsmann auch nur denken durfte, ohne einen Sturm der Entrüstung hervorzurufen. Außerdem klammerte sich Wilhelm I., der in Gedanken immer recht freigiebig mit österreichischem Besitz umging, an jede Quadratmeile preußischen Bodens. Es war allerdings sehr gut möglich, daß in Paris auf ein solches Kompensationsgeschäft spekuliert wurde. Sieben Jahre zuvor hatte Frankreich für seine Hilfe bei der Einigung Italiens Savoyen und Nizza (pikanterweise die Heimatstadt des Nationalhelden Garibaldi) ergattert, warum sollte es nun also auf eine Gelegenheit verzichten, die Gebiete um Saarbrücken und Landau zu fordern? Es waren ohnehin Landstriche, auf die Napoleon Ansprüche zu haben glaubte, da sie noch im 1. Pariser Frieden von 1814 Frankreich zuerkannt, dann allerdings bei Waterloo verspielt worden waren.

Als er nun vom Grafen von der Goltz erfuhr, was Bismarck vorhatte: Krieg gegen Österreich, Bündnis mit Italien, Annexion der Elbherzogtümer und dauerhafte Kontrolle über Norddeutschland, eventuell durch die Einverleibung kleinerer Staaten, da nickte der Kaiser der Franzosen freundlich. Ihm sei dies alles ganz recht, versicherte er, und er persönlich sei natürlich vollkommen frei von „engeherzigen Vorurteilen und von kleinlichen Gleichgewichtsrücksichten".[47] Er sei lediglich verpflichtet, „der französischen Nation einen Preis für die Zulassung oder gar Begünstigung einer ansehnlichen Machtvergrößerung Preußens, welche hier mit Eifersucht betrachtet werde, zu zeigen".[48] Wieviel von Preußen zu zahlen sei, darüber wollte er allerdings nichts genaues sagen. Goltz konnte nur vermuten, daß der Kaiser auf deutsches Bundesgebiet aus war, denn er sprach von angeblichen profranzösischen Strömungen in Luxemburg und der Pfalz. Einen dezenten Hinweis auf die französischsprachige Schweiz überhörte er hingegen. Die Aufteilung Belgiens lockte Napoleon ebensowenig – zumal Goltz für diesen Fall schon einmal preußische Ansprüche auf Lüttich anmeldete, wilhelminische Annexionspläne gut fünfzig Jahre vorwegnehmend.

So sprachen der französische Kaiser und der preußische Botschafter über Dinge, welche die Öffentlichkeit Europas in helle Aufregung gestürzt hätte. Im Kern redete man jedoch aneinander vorbei: Napoleon rückte mit seinen Gebietsforderungen nicht heraus, während Goltz weder etwas einräumen noch etwas ausschließen durfte. Für ihn persönlich war die Angelegenheit klar, er wollte lieber seinen Abschied einreichen, als deutschsprachige Gebiete aufzugeben. Bismarck beschwichtigte, daran sei keineswegs zu denken: „Jede Abtretung preußischen und überhaupt deutschen Gebiets scheint Seiner Majestät unmöglich und würde in der Tat die nationale Seite unserer Aktion, auf welche das Hauptgewicht zu legen ist, sofort lähmen."[49] Was im Falle des Falles aber zu tun sei, das wußte er auch nicht. Die Kompensationsfrage blieb also weiterhin ungelöst. Sie schwebte über der preußischen Politik wie ein Damoklesschwert, aber Bismarck war kaltblütig genug, um sich darunter einzurichten.

Zu seinem Glück betrieb Napoleon III. die französische Außenpolitik auf eigene Faust, nicht selten hinter dem Rücken der zuständigen Minister. Bismarck hätte es nicht besser treffen können. Anderswo in Paris überwog nämlich die traditionelle Meinung, daß es gar nicht genug Deutschlands geben könne und folglich jede Kräftekonzentration östlich des Rheins Gift für Frankreichs Machtstellung sei. Napoleons eigener Außenminister, Edouard Drouyn de Lhuys, warnte vor Bismarcks Plänen. Natürlich nicht aus humanitären Erwägungen, sondern im Interesse der Grande Nation sollte der Kaiser nur den einen Satz aussprechen: „Ich will den Krieg in Deutschland nicht!" Hätte er es getan, wäre Bismarcks Karriere vermutlich sehr schnell zu Ende gewesen. Denn ohne Napoleons Duldung hätte er den Krieg gegen Österreich nicht riskieren können. Und ohne den Krieg gegen Österreich wäre seine innenpolitische Stellung unhaltbar geworden. Aber er hatte Glück, wie so oft in seinem Leben: Drouyn de Lhuys setzte sich nicht durch, und Napoleon erklärte seinen skeptischen Beratern: „Der Krieg zwischen Österreich und Preußen ist einer der unerwarteten Zufälle, die anscheinend nie zutreffen sollten; es ist nicht an uns, kriegerischen Absichten entgegenzutreten, die unserer Politik mehr als einen Vorteil eröffnen."[50]

Nun war es für Bismarck an der Zeit, sich mit den Italienern abzusprechen, die von Woche zu Woche ungeduldiger wurden. Der preußische Gesandte in Florenz meldete am 11. März, König Viktor Emanuel II. sei zum Krieg bereit, vorausgesetzt, Preußen mache auch wirklich ernst und einige sich nicht noch in letzter Minute mit Österreich. Das war noch ein heikler Punkt. Bismarck glaubte zwar nicht mehr ernsthaft an eine friedliche Lösung (die angesichts der preußischen Forderungen ja nur als Kniefall Österreichs denkbar war), aber andererseits benötigte er noch ein wenig Zeit für das diplomatische und publizistische Vorgeplänkel, und auf einen bestimmten Angriffstermin wollte er sich schon gar nicht festlegen lassen. Ein hochrangiger Offizier sollte nach Florenz reisen, um es den Italienern schonend beizubringen, aber Viktor Emanuels Ministern brannte die ganze Angelegenheit so unter den Nägeln, daß sie den Besuch gar nicht abwarteten, sondern ihrerseits einen Unterhändler nach Berlin schickten, einen jungen General namens Guiseppe Govone, der auch als Diplomat nicht zu verachten war. Seine Aufgabe gestaltete sich allerdings erheblich schwieriger als man in Florenz zunächst angenommen hatte. Gleich nach seiner Ankunft merkte Govone, daß seine „geheime Mission" in der preußischen Hauptstadt Tagesgespräch war. Die Geheimnisträger am königlichen Hof – berufene oder auch nicht – benahmen sich wie Dorfhonoratioren. Der alte GFM Friedrich Graf Wrangel ging überall mit der Geschichte hausieren, der König von Italien wolle demnächst auf Venetien losgehen und habe einen General geschickt, um sich mit Preußen abzusprechen.[51] Govone und der italienische Gesandte in Berlin fragten sich schon, ob hinter dem Berliner Klatsch ein System steckte. Sollten sie vielleicht nur als Gespenster herhalten, um der österreichische Regierung Angst einzujagen? Auch der Kontakt mit Bismarck brachte eine herbe Enttäuschung. Denn der Ministerpräsident setzte ihnen auseinander, daß Preußen den Krieg nicht von heute auf morgen vom Zaun brechen, sondern erst in eine zündende Verbindung mit der nationalen Frage bringen wolle. Was er daher anbot, war kein Abkommen für einen sofortigen Krieg, sondern ein zeitlich unbestimmtes Offensivbündnis, das erst dann wirksam werden sollte, wenn Preußen es für richtig hielt.

Die Rolle des unmündigen Juniorpartners paßte den Italienern natürlich ganz und gar nicht, und einen Augenblick lang sah bei Govone alles nach einer vorzeitigen Abreise aus. Aber dann holte sich die Regierung in Florenz Rat bei ihrem alten Verbündeten Napoleon. Wiederum stand der französische Kaiser im Mittelpunkt, und wiederum handelte er im Sinne Bismarcks. Napoleons zustimmende Empfehlung – natürlich unter dem Vorbehalt, daß er im Zweifelsfall nichts gesagt haben wollte – gab den Ausschlag.

Preußen kehrte nun immer ungenierter den Aggressor heraus. Als die britischen Regierung einen gutgemeiner Vermittlungsvorschlag unterbreitete, blockte Bismarck ihn sogleich ab. Dem britischen Botschafter sagte er unverblümt, „seiner Meinung nach gäbe es kein anderes Mittel als das Schwert, um die Streitigkeiten mit Österreich zu einem Ende zu führen, und der Augenblick böte die beste Gelegenheit dafür, eine Gelegenheit, die womöglich ein Jahrhundert lang nicht wiederkehren werde".[52] Und als die Frau des sächsischen Gesandten ihn in den ersten Märztagen fragte, ob er denn wirklich kriegerische Absichten verfolge, antwortete er ganz unverfroren: „Natürlich, seit dem ersten Tag meines

Ministeriums habe ich keinen anderen Gedanken gehabt; Sie werden bald sehen, daß wir besser schießen als unsere Gegner." Ob sie dann in Sachsen oder auf ihrem böhmischen Gut sicherer aufgehoben sei, erkundigte sich die nicht minder kaltblütige Dame. Bismarck ging in einem kalkulierten Anfall von Ehrlichkeit auch darauf ein: „Ich kann ihnen nur empfehlen, nicht nach Böhmen zu gehen, denn gerade in der Nähe ihres dortigen Besitzes werden wir die Österreicher schlagen; und da wird es mehr Verwundete geben, als ihre Leute pflegen können."[53] Hinterher wiegelte er die aufgeregten Anfragen einiger Diplomaten mit einem Scherz ab, aber der sächsische Ministerpräsident Beust verstand Bismarck durchaus richtig und schickte eine Warnung nach Wien, verbunden mit der Zusage, daß man sich dort auf die Unterstützung der deutschen Mittelstaaten verlassen könne.

In Wien beriet sich Kaiser Franz Joseph mit den Spitzen seiner Armee. Nicht wenige hohe Offiziere sahen einem möglichen Waffengang mit Sorge entgegen. Das galt vor allem für die Veteranen des dänischen Feldzuges, die das preußische Heer gut beobachtet hatten und dessen Kampfkraft, namentlich das waffentechnische Potential, richtig einschätzen konnten. Preußen hatte zudem den unschätzbaren Vorteil der schnellen Mobilmachung, was nicht allein mit Kompaktheit des Staatsgebietes und der Dichte des Eisenbahnnetzes zusammenhing, sondern auch damit, daß die preußischen Truppenteile ihre Reservisten in der näheren Umgebung ausheben konnten. Das war in Österreich nicht möglich. Fast alle kaiserlichen Soldaten dienten weit weg von ihren Heimatprovinzen, um bei Aufstandbewegungen oder ethnischen Konflikten an Ort und Stelle bedenkenlos eingesetzt werden zu können. Diese Vorsichtsmaßnahme mochte in vielen Fällen zwar unnötig sein, aber andererseits wäre auch kein österreichischer Truppenführer gut beraten gewesen, mit venezianischen Regimentern gegen italienische Nationalisten vorzugehen. So wurden die italienischsprechenden Rekruten auf andere Gebiete der Monarchie verteilt, während Deutsche oder Ungarn in Venedig oder Mantua Dienst taten. Das System galt praktisch überall, sogar bei der Marineinfanterie, die teilweise aus galizischen Polen bestand. Das IV. Korps in Brünn beispielsweise erhielt seine Mannschaften aus sechs unterschiedlichen Kronländern zwischen der russischen Grenze und der Adria, nur nicht aus seiner friedlichen mährischen Umgebung. Folglich setzte jede Generalmobilmachung zunächst einmal eine gewaltige Wanderungsbewegungen in Gang. Die Reservisten fuhren kreuz und quer durch das Vielvölkerreich, wurden in entlegenen Garnisonen eingekleidet und bewaffnet und auf vollkommen überlasteten Verkehrswegen in andere Richtungen transportiert, manchmal genau dorthin, wo sie hergekommen waren. Ein plötzlicher feindlicher Überfall war deshalb der Alptraum jedes österreichischen Generals. Und jeder österreichischer General wußte auch, daß die Preußen schon den Siebenjährigen Krieg mit einem plötzlichen Überfall auf Sachsen und Böhmen eröffnet hatten.

In Wien wurde nun beschlossen, zehn Infanteriebataillone und zehn Eskadro-

Reinhard Frhr. von Dalwigk (links). Der hessen-darmstädtische Ministerpräsident galt als entschiedener Gegner der preußischen Hegemonialpolitik. Kaiser Napoleon III. von Frankreich (rechts) hat durch seine Schaukelpolitik 1866 zu seinem eigenen Sturz 1870 wesentlich beigetragen

nen Kavallerie nach Böhmen zu verlegen. Das waren insgesamt 6700 Mann, keine Zahl, die einem Aggressor das Fürchten lehren konnte. Es handelte sich noch nicht einmal um eine außerordentliche Verstärkung, sondern lediglich um die Vervollständigung des regulär in Böhmen stationierten I. Korps. Aber es war genug, um die Öffentlichkeit zu beunruhigen und Preußen den Vorwand für Gegenmaßnahmen zu liefern. Dort begann die offiziöse Presse sogleich mit dem Säbel zu rasseln. In Berlin versuchten sich Bismarck und Generalstabschef von Moltke mit abenteuerlichen Hochrechnungen gegenseitig zu übertreffen. Bei Moltke wurden aus zehn zusätzlichen Bataillonen zweiundzwanzig, und Bismarck setzte im Gespräch mit dem französischen Botschafter noch einmal elf drauf. Ganz Böhmen schien sich über Nacht in Wallensteins Lager verwandelt zu haben. Der Historiker Heinrich Friedjung meinte ironisch dazu: „Die österreichischen Bataillone vermehrten sich wie die Steifleinenen Fallstaffs."[54] Ende

März kam dann aus Berlin der Befehl, die Festungen Neiße, Glatz, Kosel, Torgau und Wittenberg in Kriegsbereitschaft zu versetzen, die Truppenstärke von fünf Divisionen zu erhöhen und einen Großteil der Artillerie mit der kriegsmäßigen Anzahl von Pferden zu versehen. So begann die Mobilmachung.

König Wilhelm hatte davor zunächst noch zurückgeschreckt. In Berlin kursierten Gerüchte, Bismarck habe ihm die notwendigen Unterschriften fast auf Knien abringen müssen, eine Lesart, welche die ängstlichen Österreicher nur zu gerne glauben wollten. Tatsächlich gab es in den europäischen Kabinetten immer noch viele Fachleute, die dem König von Preußen einen Angriffskrieg schlichtweg nicht zutrauten. Dieser Überzeugung lagen verschiedene Motive zugrunde. Extrem konservative Politiker – und die österreichische Regierung bestand nur aus solchen – hielten es für unschicklich und je nach geistigem Horizont auch für unwahrscheinlich oder sogar für unmöglich, daß eine konservative Regierung wie die preußische ein Bündnis mit Italien einging, einem revolutionären Staatsgebilde. Und gutgläubige Liberale gaben sich der philantrophen Hoffnung hin, daß ein kaltblütig geplanter Kabinettskrieg im Jahre 1866 nicht mehr möglich sei. Ihnen erschien allein Bismarck als Hindernis zum Frieden, als der „böse Mensch",[55] der gegen die Interessen und gegen den eigentlichen Willen des Monarchen handelt. Selbst Kronprinz Friedrich Wilhelm, der als Teilnehmer des Kronrats ja eigentlich gut genug informiert war, notierte noch am 22. März in sein Tagebuch: „Gott segne, aber erbarme sich auch des teuren Königs, denn wir stehen am Vorabend der Entscheidung des Schicksals unseres Vaterlandes und Hauses, denen größere Gefahr droht, solange ein Bismarck Minister ist."[56] Und angesichts der Teilmobilmachung (und des Osterfestes) schrieb er an seinen Vater: „Mein innerstes Gefühl sagt mir, daß Du einen Krieg gern vermeiden würdest, dessen Beschließung gleichzeitig die Entscheidung über das Schicksal Preußens und Deutschlands sowie über Dein eigenes und das Deiner Kinder und Enkel in sich schließt. – Laß mich Dich noch einmal dringend anflehen, kein Mittel unversucht zu lassen, um uns alle vor dem völlig unberechenbaren Ausgange eines Ereignisses zu bewahren, welches ein Vernichtungskampf zwischen uns und Österreich werden muß, der Europa in Brand stecken wird."[57]

Müßig zu erwähnen, daß diese Worte in den Wind gesprochen waren. Die in Preußen verheiratete Schwägerin des österreichischen Außenministers Mensdorff, eine Dame mit realistischer Urteilskraft und treffsicherem Ausdrucksvermögen wußte es besser: „Bismarck hat den König in der Tasche."[58]

Ähnlich realistisch wie in Mensdorffs Verwandtschaft dachte man in den Mittelstaaten, die am Bundestag bereits für die Eigenständigkeit der Elbherzogtümer gestritten hatten, als Österreichs Minister noch wie Lämmer hinter Bismarck hergetrottet waren. Der Sachse Beust sah den Krieg kommen und richtete sich auf eine preußische Invasion ein. Und sein wie immer übereifriger Kollege von Dalwigk von Hessen-Darmstadt war die ewigen Diskussionen um die Deutsche Frage (bei denen niemand auf ihn hörte) und die Verhandlungen zwischen den

Großmächten (aus denen Preußen immer als Gewinner hervorging) schon lange leid. Noch ehe überhaupt ein preußischer Soldat alarmiert war, hatte er bereits mit den Ministerpräsidenten von Baden und Württemberg konferiert, die Modalitäten für eine militärische Unterstützung Österreichs vereinbart und einen Oberbefehlshaber für die südwestdeutschen Bundestruppen ausgesucht.

In Berlin näherten sich die Verhandlungen mit Italien ihrem Abschluß. Der österreichische Botschafter, der von seinem Fenster aus beobachten konnte, wie Bismarck in die italienische Gesandtschaft spazierte, wollte es einfach nicht glauben. Das Wiener Kabinett machte einen lahmen Versuch, den Italienern entgegenzukommen: Es beschnitt einige exterritoriale Sonderrechte der Exilmonarchen von Sizilien, Toskana, Modena und Parma, deren Entthronung offiziell ebensowenig zur Kenntnis genommen worden war, wie die Gründung des italienischen Nationalstaates. Aber in Florenz kümmerte man sich um wichtigere Dinge.

Nachdem Napoleon zugeraten hatte, ging Ministerpräsident Ferrero La Marmora auf die preußischen Bedingungen ein, und am 8. April unterzeichneten Govone und Bismarck den Bündnisvertrag. Italien verpflichtete sich darin, in den Krieg gegen Österreich einzutreten, sobald er von Preußen entfesselt sein würde. Gemeinsames Kriegsziel sollte der Erwerb Venetiens durch Italien und entsprechender deutscher Gebiete durch Preußen sein. Nur mußten die Kampfhandlungen innerhalb von drei Monaten ausbrechen, sonst wurde der Vertrag hinfällig. Diese Befristung – Italien wollte schließlich nicht ewig Verbündeter auf Abruf sein – war durchaus auch in Bismarcks Interesse. Der Termindruck brachte die Zauderer im eigenen Haus unter Zugzwang (vor allem am königlichen Hof), und das Argument von der unwiderbringlichen Gelegenheit war imstande, jede mögliche Kritik zu überrollen. Bis Anfang Juli besaß Preußen nun einen Blankoscheck, und wer wollte ernsthaft verlangen, davon keinen Gebrauch zu machen? Und wen würde dann noch interessieren, daß Bismarck nur zwei Tage vor Vertragsabschluß gegenüber der österreichischen Regierung „in aller Form" erklärt hatte, „daß den Absichten S. M. des Königs nichts ferner liegt, als ein Angriffskrieg gegen Österreich?"[59]

Zwischen den Aktendeckeln der diplomatischen Vertretungen Bayerns in Dresden, Stuttgart, Karlsruhe und Darmstadt verstaubte unterdessen ein Rundschreiben des Ministerpräsidenten Frhr. von der Pfordten, obwohl es erst wenige Wochen alt war. Es hieß darin mit Hinweis auf Artikel XI der Bundesakte: „Nach der Verfassung und dem Rechte des Bundes ist . . . ein Krieg im völkerrechtlichen Sinne zwischen Österreich und Preußen ebenso unmöglich als zwischen anderen Bundesregierungen."[60]

Die Bundesakte kümmerte Bismarck wenig. König Wilhelm I. genierte sich etwas; der Bundesbruch war ihm peinlich. So lange er lebte, durfte der Vertrag mit Italien nicht veröffentlicht werden, und in der offiziellen Kriegsdarstellung des preußischen Generalstabes wurde das Geheimbündnis mit keiner Silbe erwähnt (was dem Mitteilungsbedürfnis der italienischen Seite allerdings keinen Abbruch tat). Aber der König billigte es natürlich, er deckte es, indem er dessen Existenz noch kurz vor Kriegsausbruch mit seinem Ehrenwort ableugnete, und er profitierte nicht schlecht davon. Es war eine Mißachtung elementarer Regeln des Völkerrechts. Und es war das Todesurteil über den Deutschen Bund, dem der König von Preußen nach wie vor angehörte.

Bismarck, den seine Arbeit zeitweilig an den Rand des Nervenzusammenbruchs gebracht hatte, erfüllte die Vertragsunterzeichnung mit tiefer Befriedigung. Damals sagte er dem französischen Botschafter: „Ich habe einen König von Preußen dazu gebracht, die intimen Beziehungen seines Hauses zum Hause Habsburg zu brechen, eine Allianz mit dem revolutionären Italien abzuschließen, Vereinbarungen mit dem kaiserlichen Frankreich eventuell zu akzeptieren und in Frankfurt die Umgestaltung des Bundesvertrages mit Einschluß eines volkstümlichen Parlaments vorzuschlagen. Das ist ein Erfolg, auf den ich stolz bin."[61] Und richtig: Die Bundesreform war Bismarcks nächster Streich.

Eine kleine Revolution

Nur einen Tag nach Abschluß des preußisch-italienischen Bündnisses, am 9. April, beantragte der preußische Gesandte beim Bundestag in Frankfurt, „eine aus direkten Wahlen und allgemeinem Stimmrecht der ganzen Nation hervorgehende Versammlung für einen noch näher zu bestimmenden Tag einzuberufen, um die Vorlagen der deutschen Regierungen über eine Reform der Bundesverfassung entgegenzunehmen und zu beraten".[62] In den deutschen Hauptstädten rieb man sich ungläubig die Augen. Gewiß, der Bund war reformbedürftig, und daß er durch eine Volksvertretung ergänzt werden mußte, wurde grundsätzlich nicht einmal von Österreich bestritten. Aber die Vorstellung, ein solches Parlament direkt und von jedermann wählen zu lassen, vom Arbeiter ebenso wie vom Fabrikherrn, das war, gelinde gesagt, aufsehenerregend. Ein solches Wahlrecht gab es in ganz Deutschland nicht. Es war eine ausgefallene Idee, von der selbst die bürgerliche Mitte gehofft hatte, daß sie mit der Revolution von 1848 begraben worden war. Und jetzt kam sie ausgerechnet über die Berliner Wilhelmstraße zurück, von einem Ministerium, das die Einrichtung eines parlamentarisch-demokratischen System keine halbe Stunde überleben würde. Der preußische Vorstoß könne entweder nur ein revolutionäres oder ein unwürdiges Spiel mit der Reformfrage sein, stellte man in Wien indigniert fest. Und der vielleicht einzige deutsche Minister, der es in puncto Unpopularität mit Bismarck aufnehmen konnte, der Hessen-Darmstädter Dalwigk, meinte verächtlich, das sei „nicht der Schachzug eines Staatsmannes, sondern der Sprung eines politischen Seiltänzers".[63]

Diesem Urteil hätten die meisten Zeitgenossen vermutlich zugestimmt (vorausgesetzt, man hätte sie vor der Schlacht von Königgrätz gefragt). Bismarcks Lage schien ausweglos zu sein. Die Auflösung des widerspenstigen Landtages konnte seine innenpolitischen Probleme ja nicht lösen, eher noch verschlimmern. Seine Unpopularität übertrug sich allmählich auf die gesamte Staatsspitze, auch auf die Krone. Die Geburtstagsfeierlichkeiten für König Wilhelm am 22. März fanden schon beinahe unter dem Ausschluß der Öffentlichkeit statt. In Königsberg weigerte sich die Kaufmannschaft, das Börsengebäude zu beflaggen; ein Affront, der in ganz Preußen beklatscht wurde. Die liberale Opposition schien von Tag zu Tag größer und selbstbewußter zu werden. Bismarck mußte endlich mit ihr fertigwerden, wenn er die nächsten Jahre noch als Ministerpräsident erleben wollte.

Sein Verfassungsentwurf war der Versuch, die Liberalen links zu überholen und dabei möglichst noch in den Graben zu drängen. Bismarck beobachtete seit langem die Herrschaftstechnik Napoleons III.; während seiner Zeit als preußischer Botschafter in Paris hatte er sie an Ort und Stelle studieren können. Nicht, daß er den französischen Kaiser für ein Genie gehalten oder den Bonarpartismus als die vollendete Staatsform angesehen hätte. Aber er fand es höchst interessant, wie Napoleon seine zahlreichen liberalen Kritiker immer wieder in Schach hielt. Dieser seltsame Monarch, der in seiner Laufbahn schon italienischer Revolutionär und französischer Putschist, Gefängnisinsasse und republikanischer Staatspräsident gewesen war, verdankte seine Herrschaft der breiten Masse, die er mit hemmungslosem Populismus für sich einnahm und deren Willensbildung er mit allen möglichen autoritären und demagogischen Mitteln manipulierte. Wenn die Bourgeoisie Geschäfte machen wollte, sorgte er für liberale Handelsgesetze und trieb die Industrialisierung voran. Wenn die Arbeiterschaft unruhig wurde, gründete er soziale Hilfswerke. Wenn die Bauern glaubten, zu kurz zu kommen, richtete er Landwirtschaftskammern, Fachschulen und Mustergüter ein, ließ Sümpfe trockenlegen und Brachland kultivieren. Wenn die Katholiken sich um die Souveränität des Papstes sorgten, stellte er den Kirchenstaat unter französischen Schutz. Und wenn allen zusammen la gloire zu Kopf stieg, verschaffte er ihnen einen Krieg.

Eine Imitation des französischen Systems wollte Bismarck natürlich nicht. Dagegen sträubte sich nicht nur seine altpreußische Junkerseele, sondern auch sein Verstand, der ihm sagte, daß Napoleons abenteuerliches Regime beim ersten größeren Mißerfolg wie ein Kartenhaus zusammenstürzen würde. Was er sich aber zu eigen machte, war die Idee, ein ganzes Volk sei leichter zu lenken, als die bildungs- und besitzbürgerliche Schicht, welche die damaligen Parlamente gewöhnlich beherrschte. In seiner Vorstellung sah er schon Legionen von ostelbischen Landarbeitern unter Führung ihrer Gutsherren zu den Wahlurnen trotten und eine Schar königstreuer Bauern in Begleitung des Dorfpfarrers ihre Kreuze an der rechten Stelle machen. Wie alle Politiker, die mit der öffentlichen Meinung nicht zurecht kommen, glaubte auch Bismarck an die Existenz einer „schweigenden Mehrheit", die man nur in Bewegung setzen muß, um der Wahrheit, oder besser: sich selbst zum Sieg zu verhelfen.

Bundesreform und allgemeines Wahlrecht, das schien die ideale Kombination zu sein: Sie sollte das erzkonservative Österreich provozieren, die liberale Opposition verunsichern, die extreme Linke beeindrucken. Und sie sollte möglichst viele deutsche Patrioten hinter die preußischen Bajonette bringen.

Bismarcks konservative Parteifreunde waren höchst irritiert. „Anrufung der Volkssouveränität!!! Bildung einer Konstituante!!", greinte ein uradeliger Herr von Kleist. „Unsere Alliierten: nur die Revolution in all ihren Nuancen . . . Wir sind hier alle wie vor den Kopf geschlagen. Ich bin in Verzweiflung."[64] In St. Petersburg, wo Zar Alexander II. und sein Außenminister Gortschakow schon

beim Wort Parlament zusammenzuckten, bekam der preußische Militärbevoll-
möchtigte Hans Lothar von Schweinitz „Lust, sein Haupt zu verhüllen und
Asche darauf zu streuen".[65] Und der fromme Oberlandesgerichtspräsident Ernst
Ludwig von Gerlach, der an Bismarck die „priesterliche Haltung"[66] vermißte,
sprach nur noch vom Eingeständnis „des Bankrottes aller soliden politischen
Substanzen Deutschlands".[67]

Daß die altpreußischen Konservativen murrten, war vorauszusehen gewesen,
und folglich hatte Bismarck den Krach mit Freunden und Wegbereitern einkal-
kuliert, in Gottes Namen auch die Trennung. Was nützte ihm der erbauliche
Zuspruch eines Herrn von Gerlach, wenn er selbst wieder auf irgendeinem
dürftigen Landgut saß und ein populärerer Nachfolger den Landtag versöhnte
und sich mit Österreich einigte? Aber es waren nicht nur die Konservativen, die
über seine Vorschläge herfielen. Schlimmer: In Deutschland gab es fast überhaupt
niemanden, der sie begrüßt oder auch nur ernst genommen hätte. Die Redakteure
des Berliner Satireblattes *Kladderadatsch* spotteten, der Ministerpräsident wolle
ihnen Konkurrenz machen. Die bürgerliche Presse malte genüßlich aus, wie
Bismarck und seine besonders verhaßten Ministerkollegen Friedrich Graf Eulenburg und Leopold Graf zur Lippe-Biesterfeld-Weißenfeld mit einer gesamtdeut-
schen Volksvertretung zurecht kommen würden. In der Berliner *Nationalzeitung"* hieß es: „Allgemeines und gleiches Stimmrecht, direkte Wahlen, deutsches
Parlament sind große und erstrebenswerte Ziele; aber was haben die Grafen
Bismarck und Eulenburg, was hat der Bundestag mit ihnen zu schaffen? Gesetzt,
es gelänge ein Wunder und es tagte zwischen heute und einigen Monaten eine
wahre Vertretung des deutschen Volkes . . ., welche konstitutionellen Minister
sollen den Hauptstaat Preußen bei derselben vertreten? Etwa die Grafen Eulenburg und zur Lippe? Wenn das sich machen läßt, so mögen die Herren es doch
zunächst in dem engeren Vaterlande versuchen, da ist das Parlament schon vorhanden." Und die durchaus nachvollziehbare Schlußfolgerung des Kommenta-
tors lautete: „Der innere Zustand Preußens rechtfertigt die kühle Ruhe, mit
welcher der preußische Antrag in Deutschland aufgenommen wird. Ein gleicher
Antrag einer populären preußischen Regierung würde wie ein elektrischer Schlag
nicht bloß die deutschen Lande, sondern ganz Europa durchfliegen."[68]

Ärgerlich für Bismarck war auch, daß sich Österreich und die Mittelstaaten
nicht aus der Reserve locken ließen. Sie schluckten ihre Antipathie herunter und
erwiesen Bismarck nicht den Gefallen, sich in eine öffentliche Auseinanderset-
zung treiben zu lassen. Stattdessen taten sie, was das Berliner Kabinett vorgeschlagen hatte: Sie übergaben die Angelegenheit an einen Ausschuß. Und wenn
es jemals effiziente Ausschüsse gegeben hat, dann sicher nicht beim Deutschen
Bund in Frankfurt.

Österreich in der Zange

Sechs Wochen lang war beinahe alles nach Bismarcks Wünschen verlaufen. Alle, auf die es ankam, hatten sich vor seinen Karren spannen lassen: König Wilhelm I., Kaiser Napoleon, die Minister des Königs von Italien. Aber im Laufe des April, der mit dem preußisch-italienischen Geheimbündnis so vielversprechend begonnen hatte, spürte Bismarck plötzlich gehörigen Gegenwind. Nicht nur, daß sein Reformvorstoß ins Leere ging und die Opposition sich immer noch nicht abschütteln ließ. In Österreich faßte die politische Führung allmählich Tritt; die schwerfällige habsburgische Staatsmaschinerie kam in Gang.

Gleich nachdem am Wiener Ballhausplatz die schon erwähnte preußische Erklärung eintroffen war, König Wilhelm läge nichts ferner als ein Angriffskrieg, erfolgte die treuherzige Antwort, daß sich sämtliche Mobilmachungsmaßnahmen nunmehr ja erledigt hätten. Man sähe der freudigen Nachricht entgegen, daß Preußen seine Rüstungen rückgängig machen werde. Bismarck, der dem kaiserlich-königlichen Ministerium alles andere als Schlagfertigkeit zugetraut hätte, war außer sich. Es verging eine Woche, in der er sich bei den ausländischen Diplomaten über Österreichs Impertinenz beklagte und an einer ätzenden Replik feilte, die alle bisherigen Grobheiten in den Schatten stellen sollte.

Eigenartigerweise wollte der König von Preußen dieses eine Mal nicht mitziehen. Das hing weniger mit der öffentlichen Meinung zusammen als mit einer höflichen aber bestimmten Mahnung des russischen Zaren, Preußen möge den Bogen bitte nicht überspannen. Also mußte sich Bismarck noch einmal zusammennehmen, und am 15. April ging eine verhältnismäßig zahme Depesche nach Wien, wonach die österreichischen Kriegsvorbereitungen zuerst abgebrochen werden müßten, da Österreich damit angefangen habe. Das war zwar streng genommen nicht richtig, denn Österreich hatte am Anfang ja nur seine regulären Truppen vervollständigt, während Preußen damit begonnen hatte, einzelne Einheiten über den Friedensstand hinaus zu verstärken, aber an Spitzfindigkeiten wollte es die kaiserlich-königliche Regierung jetzt nicht scheitern lassen. Kaiser Franz Joseph berief sogleich einen Ministerrat ein, und wenige Tage später erschien die offizielle Erklärung, daß Österreich am 25. April alle militärischen Schritte rückgängig machen werde, wenn Preußen versichere, einen Tag später dasselbe zu tun.

In Deutschland regten sich neue Friedenshoffnungen. Die österreichischen Minister Belcredi und Mensdorff wurden geradezu gelobt, was selten genug vorkam. Es schien so, als hätten sie ein Sicherheitsventil geöffnet, kurz bevor Bismarck soweit war, den Kessel zur Explosion zu bringen. Selbst der bestens informierte Kaiser Napoleon glaubte damals, daß „der Versuch, den Krieg herbeizuführen, mißlungen sei".[69]

Natürlich fand Bismarck einen Ausweg. Am 21. April gab er eine laue Erklärung ab, wonach Preußen die österreichische Abrüstungsinitiative grundsätzlich billige – jedoch ohne auf einen konkreten Termin einzugehen. So blieb ihm ein Hintertürchen, durch das er sich bei nächster Gelegenheit davonmachte. Während nämlich in Deutschland noch über verhältnismäßig geringfügige Truppenbewegungen spitzfindig diskutiert wurde, liefen in Italien die Kriegsvorbereitungen schon auf vollen Touren: Wehrpflichtige wurden plötzlich zu Übungen eingezogen und nicht wieder entlassen, ein ganzer Jahrgang blieb unter Waffen, obwohl seine Dienstzeit eigentlich vorüber war, die Marineinfanterie wurde komplett mobilisiert, seit dem 18. April galt eine allgemeine Urlaubssperre.

Das alles konnte dem Ausland nicht verborgen bleiben. Es war vollkommen klar, gegen wen sich die italienischen Rüstungen richteten. Österreich konnte die Vorgänge im Nachbarland nicht einfach hinnehmen, es durfte einen Mobilmachungsvorsprung Italiens nicht dulden. Es waren militärische Gegenmaßnahmen nötig, Verteidigungsvorbereitungen. Die Truppen und Festungen in Venetien und Tirol mußten in Kriegsbereitschaft versetzt werden. Es war der übliche Automatismus, auf den Außenminister Mensdorff nicht einwirken konnte, obwohl er die politischen Folgen durchaus richtig einschätzte. Ob eine stärkere Persönlichkeit noch in die Mechanik hätte eingreifen können, ist zweifelhaft. Italiens Aggressivität war unübersehbar, und kein Staat des 19. Jahrhunderts wäre in der Lage gewesen, derart deutliche Kriegssymptome zu ignorieren.

Vorsorglich meldete Österreich seine Teilmobilmachung in Berlin an. Der k. k. Gesandte Graf Károlyi erklärte, „seine Regierung habe diese Notifikation für notwendig erachtet, um jedes Mißverständnis zu vermeiden".[70] Da Preußen ja offiziell nicht mit Italien verbündet war, konnte Bismarck kaum etwas einwenden, angesichts der italienischen Provokationen eigentlich überhaupt nichts. Er tat es trotzdem. Er leugnete die Kriegsvorbereitungen der Italiener ganz einfach und gab dann die Parole aus, jede österreichische Truppenbewegung sei eine potentielle Bedrohung Preußens, egal, ob sie nun dies- oder jenseits der Alpen stattfinde. Nun konnte von Abrüstung natürlich keine Rede mehr sein. Und so meldete die offiziöse *Norddeutsche Allgemeine Zeitung* am 26. April nicht die Rückführung der gesamten preußischen Armee auf Friedensfuß, sondern verkündete, daß überhaupt kein Anzeichen einer italienischer Aggression zu erkennen sei, Österreich folglich Streit vom Zaun brechen wolle, Preußen dies nicht zulassen könne und daher gezwungen sei, seine Rüstungen zu verstärken.[71]

Die Österreicher machten sich nun auf den Zweifrontenkrieg gefaßt. An der Wiener Börse brach eine wahre „Panique"[72] aus, die bald auf sämtliche europäischen Handelsplätze übergriff. Das österreichische Oberkommando begann, sich mit der Generalmobilmachung zu beschäftigen. Und die nervösen Diplomaten am Ballhausplatz gaben ihre Verhandlungen mit Preußen endgültig verloren. Am 26. April hatten sie das Angebot, den ersten Abrüstungsschritt zu tun, noch einmal wiederholt. Aber dieses erneute Entgegenkommen wurde noch am gleichen Tag durch eine merklich unfreundlichere Depesche entwertet, die Preußen zu einer definitiven Lösung der schleswig-holsteinischen Frage drängte und für den negativen Fall die Hinzuziehung des Deutschen Bundes ankündigte. Das war genau der Ton, auf den Bismarck schon lange hinauswollte. Um gleich noch ein wenig Öl ins Feuer zu gießen, richtete er eine barsche Anfrage an die Regierung Sachsens, was es mit den dortigen Rüstungsmaßnahmen auf sich habe und drohte, „daß Seine Majestät der König genötigt sein würde, entsprechende militärische Maßregeln Sachsen gegenüber anzuordnen".[73] Die beschwichtigenden Antworten der sächsischen Regierung wiederzugeben erübrigt sich: Bismarck drehte sie so herum, wie es ihm paßte, und ließ am Ende verlauten, Preußen werde durch eine „kombinierte österreichisch-sächsische Politik"[74] bedroht.

Bedroht fühlte sich plötzlich auch die angeblich so friedliebende Regierung Italiens. Die Nachricht von der österreichischen Teilmobilmachung versetzte die Halbinsel in helle Aufregung; die Presse überschlug sich vor Patriotismus, im Parlament gab es plötzlich keine Parteien mehr, und der Ministerpräsident Alfonso Ferrero La Marmora war die von Österreich verfolgte Unschuld. Inmitten der Kriegsbegeisterung bekam es der italienische Regierungschef einen Moment lang mit der Angst zu tun: Was, wenn sich die Österreicher zum Präventivschlag entschlössen? Aber Bismarck hatte schon eine zusätzliche Bündniskonstruktion parat und versicherte ihm, „daß Preußen gegenüber einem Angriff auf Italien nicht gleichgültig bleiben könne, da man Italien zur Erhaltung des europäischen Gleichgewichts notwendig erachte"[75] So fielen die weiteren Entschlüsse leicht. Am 30. April hingen in allen Gemeinden zwischen Aosta und Syrakus Plakate, auf denen die vollständige Mobilmachung der italienischen Armee innerhalb einer Woche befohlen war. Die Einberufung sämtlicher Wehrpflichtigen bis zum 32. Lebensjahr galt – das mußte ausdrücklich vermerkt werden – auch für die, welche noch nie in der italienischen Armee sondern höchstens in den untergegangenen Staaten Sizilien, Toskana, Modena und Parma gedient hatten. Ebenfalls am 30. April gab das Parlament in Florenz der Regierung für die nötige Finanzierung freie Hand, und als mit großer Mehrheit ein Kredit zur Befestigung von Cremona gebilligt wurde, verkündete ein Abgeordneter, er sei mit dieser Maßnahme besonders einverstanden, „weil sie eine Herausforderung Österreichs ist".[76]

Bismarck brachte es fertig, dem Wiener Kabinett am gleichen Tag salbungsvoll zu erklären: „Wir hoffen, daß die Kaiserliche Regierung demnächst durch nähere Ermittlungen die Überzeugung gewinnen werde, daß ihre Nachrichten über die aggressiven Absichten Italiens unbegründet waren, und daß sie alsdann zur effektiven Herstellung des Friedensfußes in der gesamten Kaiserlichen Armee schreiten und uns dadurch zur Genugtuung Seiner Majestät des Königs dasselbe Verfahren ermöglichen werde."[77] Damit war das Abrüstungsprojekt erledigt.

In Wien entstand nun die verzweifelte Idee, Österreich vom Zweifrontenkrieg loszukaufen: Venetien sollte nun doch abgetreten werden. Es war kein leichter Entschluß, den Italienern eine Provinz kampflos zu überlassen, die sie aus eigener Kraft niemals würden erobern können. Das lombardo-venezianische Königreich, so die offizielle Bezeichnung, war eine Schöpfung Metternichs, aber die habsburgische Präsenz in Italien ging bis auf Kaiser Karl V. zurück. Sie bestand seit genau dreihundertfünfzig Jahren. Der Preis, den Österreich zahlen wollte, war also nicht gerade gering. Aber er schien angemessen zu sein, wenn es darum ging, die Südwestgrenze des Reiches zu entlasten und die k. k. Armee in die Lage zu versetzen, mit voller Stärke gegen Preußen aufzumarschieren. Dann, so hoffte man in Wien, würde König Wilhelm die Rechnung präsentiert werden, und was Österreich in Norditalien verlor, sollte es in Schlesien gewinnen.

Es war ein verheerender Plan. Nicht, weil er nach Geheimdiplomatie und Länderschacher roch. Bismarck ließ sich damals ähnliche Geschäfte durch den Kopf gehen. Er mußte zwar nicht mit Angeboten hausieren gehen, rechnete aber durchaus damit, das eine oder andere Grenzgebiet an Frankreich zu übergeben, um sich seinerseits den Rücken freizuhalten. Vorsorglich wollte er im preußischen Saarbrücken schon einmal die Kohlegruben privatisieren, um mit Land und Leuten nicht auch eine Menge Geld zu verlieren. Rechtzeitig vor der Abtretung des Saargebietes sollte ein Teil des dazugehörigen Staatseigentums abgezweigt, oder, um Bismarcks eigenes Wort zu gebrauchen, „metamorphosiert"[78] werden. Schon das zeigt den staatsmännischen Höhenunterschied zwischen Wien und Berlin: hier die ruhig Vorbereitung eines Eingriffs, der unter bestimmten Umständen erforderlich sein könnte, dort die hastige Notoperation.

Der österreichische Plan war schlecht, weil er zum falschen Zeitpunkt kam und selbst dann noch halbherzig in die Tat umgesetzt wurde. Vier Wochen vorher, und die Italiener hätten sich mit der venezianischen Beute zufrieden geben können, ohne Kaiser Franz Josephs Kreise weiterhin zu stören. Jetzt lagen die Dinge anders. Italien war mit Preußen einig, entsprechend anspruchsvoll geworden und spätestens seit Mobilmachungsbeginn auf geradezu kindische Weise kriegslustig. Unter diesen Umständen konnte jedes gutgemeinte Verhandlungsangebot nur als eine Art Kapitulation in Florenz ankommen, mehr noch, als eine Aufmunterung, noch mehr zu fordern und als Rechtfertigung, den Österreichern bei geeigneter Gelegenheit doch noch in den Rücken zu fallen.

Die Vermittlung des ganzen Geschäftes sollte nach dem Willen des Wiener Kabinetts ausgerechnet ein langjähriger Gegner Österreich übernehmen: Napoleon, der Kaiser der Franzosen. Eine wahrhaft tollkühne Idee, deren mutmaßlicher Urheber, Moritz Graf Esterházy, viele Jahre später in eine geschlossene Anstalt eingewiesen wurde. Dieser Minister ohne Portefeuille galt im Frühjahr 1866 als der eigentliche Lenker der österreichischen Außenpolitik. „Niemand hat das schwerer empfunden, als ich", rechtfertigte sich hinterher der zuständige Ressortchef Mensdorff. „Aber was wollen Sie, ich verstand von der Politik gar nichts, hatte es auch dem Kaiser wiederholt gesagt. Ich war jedoch General der Kavallerie, mein Kriegsherr hatte mir befohlen, den Ministerposten zu übernehmen, und so mußte ich mir denn wohl oder übel gefallen lassen, daß mir ein geschulter Diplomat zur Seite gestellt wurde, der den Mut nicht hatte, die Verantwortung selbst zu übernehmen."[79] Das waren also die Staatsmänner, die einem waffenstarrenden und notorisch aggressiven Nachbarn Land gegen Frieden anbieten und sich mit dem dubiosesten Makler Europas einlassen wollten. Bekanntlich waren die verschlungensten Wege zu Napoleons Kabinett auch die besten. So zog es auch die österreichische Regierung vor, den ersten Kontakt nicht durch den k. k. Botschafter in Paris, sondern durch einen Jugendfreund des Kaisers, Jean Fialin de Persigny, herstellen zu lassen. Von Persigny versprach man sich viel, denn er galt nicht nur als einer der ältesten und engsten Vertrauten Napoleons (was unter anderem darauf beruhte, daß die beiden einmal im selben Gefängnis gesessen hatten), sondern auch als aufrichtiger Freund Österreichs. Letzteres stimmte im großen und ganzen, aber mit der Vertraulichkeit des Kaisers war es nicht mehr weit her. Persigny versuchte ihm zu erklären, daß Österreich Venetien abtreten werde, sobald es Schlesien erobert habe. Schon das schien Napoleon ein ziemlich unsicheres Geschäft zu sein. Was, wenn es zu einer Eroberung Schlesiens gar nicht kommen würde? Und was hätte Frankreich davon? Überhaupt empfand er gegenüber Österreich immer ein heftiges Mißtrauen, und er fühlte sich immer noch eher durch Habsburg als durch Hohenzollern bedroht. Deshalb wollte er auch nichts von einem antipreußischen Bündnisprojekt mit Österreich und Italien wissen, obwohl es ihm nach einer Niederlage Preußens einen direkten Zugriff auf das Rheinland ermöglicht hätte. „Dann Sire", sagte Persigny ihm, „mache ich Ihnen mein Kompliment; denn wenn das Angebot Österreichs Eure Majestät nicht ganz befriedigt, so müssen Sie wirklich schöne Karten in Ihrem Spiel haben."[80] Das dachte Napoleon auch, in Wahrheit hatte er die Regeln nicht begriffen.

Das Pariser Desinteresse traf die österreichischen Minister hart. Dabei wußten sie noch nicht einmal, daß sie nicht nur hingehalten, sondern auch betrogen wurden. Die erste Regierung, die Kaiser Napoleon an seinem Wissen teilhaben ließ, war nämlich nicht die italienische, sondern die preußische. Bismarck sollte ein wenig in Aufregung versetzt werden, möglicherweise würde er ja mehr bieten. Was Napoleon dem preußischen Botschafter dann „vertraulich" mitteilte, war zwar nicht alles, aber für einen dringenden Bericht nach Berlin mehr als genug. Dort nahm Bismarck es mit Interesse zur Kenntnis, vielleicht auch mit Unruhe. Nur einschüchtern ließ er sich nicht.

Dafür brachen am Wiener Ballhausplatz bald sämtliche Dämme der Besonnenheit. Venetien wurde angeboten wie aus Angst vor dem Konkursrichter. Das schlesisch-venezianische Junktim ließen die Österreicher unter den Tisch fallen, sobald Napoleon auch nur die Stirn gerunzelt hatte. Schnell wurde das Angebot nachgeschoben, die Provinz sofort und ohne Rücksicht auf den Kriegsverlauf in Deutschland abzutreten; nur eine finanzielle Entschädigung wollte der ständig klamme Kaiserstaat jetzt noch haben, um die zukünftige Südwestgrenze sicher befestigen zu können. Daraufhin (und nachdem er in Berlin keine eigene Geschäfte hatte machen können) ließ sich Napoleon herbei, die Regierung in Florenz zu informieren. Dort wurde trotz des Bündnisvertrages mit Preußen lange und ernsthaft beraten. Wenn Ferrero La Marmora am Ende bedauernd mit dem Kopf schüttelte, dann nicht, weil er Angst vor Bismarck hatte. Natürlich galt der alte völkerrechtliche Grundsatz „Pacta sunt servanda", aber die Lateinkenntnisse italienischen Minister ließen schnell nach, wenn der Sacro egoismo, der „heilige Egoismus" der Nation ins Spiel kam. Bismarcks Nachfolger sollten das auch noch zu spüren bekommen.

Zwei Dinge gaben den Ausschlag: Da war zunächst die allgemeine Kriegsstimmung, die einmal angeheizt, nur noch schwer zu kontrollieren war. Die patriotische Leidenschaft war mit jedem Mobilmachungstag gestiegen, und ebenso die Zahl der Fähnchenstecker, denen es plötzlich nicht mehr nur um Venetien ging, sondern dazu um das Trentino und um Triest, am besten auch noch um Dalmatien. In Italien sind historische Landkarten und moderne Geographiebücher selten so intensiv studiert worden wie in diesen Tagen. Die italienische Trikolore, so die populäre Vorstellung, würde im Sturmlauf zum Isonzo getragen, Habsburgs Herrschaft mit gewaltigen Schlägen zertrümmert und das Werk der Befreiung durch eine großartige Volksabstimmung gekrönt werden. Für einen friedlichen Handel war in diesem Szenarium nicht der rechte Platz; schon gar nicht für ein dubioses Maklergeschäft. Napoleons Vermittlerrolle brachte es nämlich mit sich, daß am Ende nicht Kaiser Franz Joseph, sondern er selbst Venetien übergeben würde, und zwar mit einer schwer zu ertragenden Gönnermiene, wenn nicht mit einer Rechnung in der Tasche. Allein schon deshalb war der ganze Plan – so einfach er auf den ersten Blick auch wirken mochte – eine Zumutung für den italienischen Nationalstolz, und damit ein echtes Problem für Ferrero La Marmoras Regierung. Das hätten die Grafen Esterházy und Mensdorff eigentlich voraussehen müssen. Allerdings hätte dies zumindest geringfügige Kenntnisse über ein parlamentarisch-liberales System wie das italienische vorausgesetzt. Sie aber lebten in einer Welt, in der Ministerposten besetzt wurden wie Divisionskommandos, und wo Politiker auf alle möglichen Meinungen achten mußten, nur nicht auf die öffentliche.

Der zweite Grund, weshalb der Handel nicht zustande kam, war eine ganz einfache, logische Überlegung der Italiener: Heute das venezianische Angebot anzunehmen, konnte morgen heißen, Österreichs Sieg in Deutschland zu ermöglichen. Und was in diesem Fall Italiens schöne neue Grenze übermorgen noch wert sein würde, konnte sich jeder denken, der etwas von Machtpolitik verstand. In Ferrero La Marmoras Regierung taten das einige.

Das Drohpotential

Die österreichischen, preußischen und italienischen Diplomaten, die in den ersten Tagen des Mai miteinander verhandelten, hatten mit dem Frieden abgeschlossen. Auf allen Seiten war mittlerweile der Punkt erreicht, von dem ab das diplomatische Geschäft nur noch ein Wettlauf nach der besten Ausgangsstellung ist. Die Minister gaben immer noch vor, an politische Lösungen zu arbeiten; tatsächlich bereiteten sie das Terrain für ihre Armeen, sie waren sozusagen die Quartiermeister im Frack.

Nachdem das preußische Kabinett sämtliche Abrüstungsvorschläge erfolgreich abgewehrt hatte, schlug die Stunde der preußischen Armee. Als es um die allgemeine Mobilmachung ging, gab es an allerhöchster Stelle das übliche Zaudern und Zetern, und Bismarck machte wieder einmal die Erfahrung, daß sein durchaus machtbewußter Herr immer dann von Skrupeln überfallen wurde, wenn es zum Schwur kam. Aber nach einigen dringenden Vorhaltungen war das königliche Gewissen zum Schweigen gebracht, und vom 3. Mai an unterzeichnete König Wilhelm Zug um Zug die Mobilmachungsbefehle, die bis zur Monatsmitte das gesamte preußische Feldheer zu den Waffen riefen.

Über die Kampfkraft der königlichen Armee gingen die Meinungen weit auseinander. Die im nachhinein getroffene Feststellung des Militärhistorikers Oskar von Lettow-Vorbeck, „Das preußische Heer war im Jahre 1866 . . . das erste der Welt, denn es besaß Vorzüge der Organisation, Bewaffnung und Ausbildung, welche die anderen Armeen nur teilweise oder gar nicht hatten,"[81] ist zwar nicht verkehrt, aber wenn Preußens Überlegenheit schon im Frühjahr 1866 allgemein anerkannt gewesen wäre, hätte der Krieg kaum stattgefunden. Wie sah es also tatsächlich aus?

Den Zeitgenossen fiel als erstes auf, daß Preußen im Gegensatz zu den anderen europäischen Großmächte seit mehr als fünfzig Jahren an keinem größeren Krieg mehr teilgenommen hatte. Als preußischer Offizier mußte man schon so alt sein wie König Wilhelm – also beinahe siebzig – um eine umfassende militärische Operation aus erster Hand zu kennen. Die letzte war der Feldzug von 1815 und die Schlacht von Waterloo gewesen, und bezeichnenderweise dienten 1866 in der preußischen Armee tatsächlich noch Veteranen aus dieser Zeit. Nachher hatte es ja nur noch begrenzte Aktionen gegen einen von vornherein unterlegenen Gegner gegeben, gegen die bunt zusammengewürfelten Revolutionstruppen von 1849 und später gegen das kleine Dänemark. Friedrich Engels meinte im Frühjahr

1866, die preußische Armee sei „im großen und ganzen eine Friedensarmee, mit all der Pedanterie und Schikane, die jeder Friedensarmee anhaftet."[82] Und ein Vertrauter des preußischen Kriegsministers stellte fest, Preußen besitze zur Zeit weder einen „Kriegsfürsten von besonderer Entschiedenheit", noch „einen Feldherren von besonderer Größe."[83]

Mit dem Kriegsfürsten war natürlich der König gemeint, der neun Jahre nach seinem Goldenen Militärjubiläum nicht gerade wie ein jugendlicher Held aussah. Und bei seinen jüngeren Verwandten war auch nicht alles so, wie es die Hofberichterstattung glaubend machen wollte. Viel hing von den Generalstabsoffizieren ab, die ihre dienstliche Ochsentour so gut absolviert hatten, daß sie den Hohenzollern die Schwerthand führen durften. Allerdings genoß der Generalstab keineswegs die Anerkennung, die er eigentlich verdient hätte; er besaß noch nicht einmal direkte Kommandogewalt. Viele Leute sahen in ihm nur eine Art Grundsatzabteilung des Kriegsministeriums, und in dieses Bild paßte auch der damalige Chef, ein kauziger älterer Herr, der Toupets trug und Bücher schrieb. Er hieß Helmuth von Moltke.

Moltke war in der Tat ein merkwürdiger Soldat. Von Hause aus ein verarmter mecklenburgischer Kleinadliger, hatte er seine Laufbahn in der dänischen Armee begonnen und war als zweiundzwanzigjähriger Leutnant in preußische Dienste übergewechselt, „dünn wie ein Bleistift", und überhaupt als eine ziemlich unmilitärische Erscheinung, wie der damalige Prinz Wilhelm von Preußen mokiert hatte.[84] In den dreißiger Jahren war er Militärberater in der Türkei gewesen, später Adjutant des preußischen Thronfolgers am Berliner Hof. Ein intelligenter Theoretiker. Praktische Erfahrungen besaß er so gut wie überhaupt nicht; sein letzter Truppendienst lag achtunddreißig Jahre zurück. In der Öffentlichkeit war er kaum bekannt, obwohl er in der Endphase des Krieges gegen Dänemark hervorragende Arbeit geleistet hatte. Selbst im Offizierskorps konnten nicht alle etwas mit dem Namen Moltke anfangen, und eine Reihe von Generälen nahm ihn nicht ganz ernst. Noch in der Schlacht von Königgrätz quittierte ein Divisionskommandeur einen Befehl aus dem Generalstab mit den Worten: „Das ist alles sehr richtig; wer ist aber der General Moltke?"[85]

Im Mai 1866 hätte Moltke noch nicht einmal einen solchen Befehl geben dürfen, denn bis unmittelbar vor Kriegsausbruch war der Generalstab immer noch dem Kriegsministerium untergeordnet – das nicht für die operative Führung der Armee, sondern lediglich für Rüstung, Organisation und Verwaltung zuständig war – und er besaß weder direkten Zugang zum König noch unmittelbare Verbindung zu den Truppenteilen.

Immediat, also nur dem König unterstellt, waren hingegen die Kommandierenden Generäle der insgesamt neun Armeekops, in die sich der größte Teil der preußischen Armee gliederte. Bis auf das Gardekorps, das sich aus allen Bevölkerungsteilen der Monarchie rekrutierte, stammten die Mannschaften gewöhnlich aus dem Umkreis ihrer Garnisonen. In jeder preußischen Provinz lag ein Armeekorps, in jeder Provinzhauptstadt das entsprechende Generalkommando: das I. in der Provinz Preußen (Königsberg), das II. in Pommern (Stettin), das III. in Brandenburg (Berlin), das IV. in der Provinz Sachsen (Magdeburg), das V. in der Provinz Posen (Posen), das VI. in Schlesien (Breslau), das VII. in Westfalen (Münster), das VIII. in der Rheinprovinz (Koblenz). Ein simples Schema, das die Mobilisierung enorm erleichterte: Die meisten Reservisten wurden schon in der Nähe ihrer Wohnorte bewaffnet und eingekleidet. Auf diese Weise konnten die regulären Armeekorps innerhalb von 14 Tagen auf volle Kriegsstärke gebracht werden, das Gardekorps in 20 Tagen. Keine andere große europäische Armee war so schnell einsatzbereit.

Gewöhnlich bestand ein preußisches Armeekorps aus zwei gemischten Divisionen. Eine Division umfaßte im Kriegsfall etwa 15.000 Mann, 700 Pferde und 24 Geschütze. Bei Bedarf konnte sie aus der Korpsstruktur herausgelöst werden und vollkommen eigenständig operieren. Zur Ergänzung des Feldheeres stand die Landwehr bereit, die aus der Miliz der Befreiungskriege hervorgegangen war. Obwohl sie nach der konservativen Heeresreform der frühen sechziger Jahre viel von ihrer früheren Bedeutung verloren hatte, leistete sie als Hilfs-, Festungs- und Reservetruppe noch wichtige Dienste.

Durch die allgemeinen Wehrpflicht kam die preußische Armee auf eine Kampfstärke von insgesamt 355.000 Mann – bei einer Gesamtbevölkerung von etwa 18 Millionen. Mehr brachte auch Österreich nicht zusammen, trotz einer beinahe doppelt so großen Einwohnerzahl. Das Bildungsniveau der preußischen Soldaten war relativ hoch. Der preußischen Volksschule zu entgehen, war fast so schwer, wie aus der preußischen Armee zu desertieren; dementsprechend gering fiel der Anteil an Analphabeten aus. Da der Wehrdienst praktisch von jedem tauglichen jungen Mann abgeleistet werden mußte, war die preußische Armee auch kein Sammelbecken für bildungs- und besitzlose Außenseiter, sondern ein einigermaßen naturgetreues Abbild von Staat und Gesellschaft. Ganz allgemein war die Wehrpflicht allerdings auch in Preußen nicht: Angehörige der seit 1806 mediatisierten standesherrlichen Häuser waren ausgenommen (eine zu vernachlässigende Größe), und wer die Untersekunda eines Gymnasiums absolviert hatte, konnte es mit einem freiwilligen einjährigen Lehrgang bewenden lassen, der zum Reserveoffizier führte. Im Vergleich zu heute war es natürlich nur ein Bruchteil der männlichen Jugend, der eine höhere Schulbildung und das damit verbundene „Einjährige" in Anspruch nehmen konnte.

Die große Mehrheit diente drei Jahre. Für die meisten war es eine mehr oder weniger unwillkommene Unterbrechung des bäuerlichen, kleinbürgerlichen oder auch proletarischen Berufslebens, für manche aber auch die Flucht vor unsicheren Verhältnissen. Die Ehrgeizigen unter diesen Soldaten peilten den Aufstieg in den Unteroffiziersstand an. Von dort aus konnte man sich später mit einer kleinen Beamtenstelle versorgen lassen, etwa bei der Polizei oder der Justizverwaltung. Nehmen wir zum Beispiel den Bäckersohn Johann Konrad Adenauer,

Stab der österreichischen 1. leichten Kavallerie-Division unter GM Leopold
Frhr. von Edelsheim-Gyulai (Mitte)

damals 33, ledig und noch nicht Vater eines Sohnes namens Konrad, gebürtig aus der kleinen Landgemeinde Meßdorf bei Bonn. In Meßdorf hatte er sich nach dem frühen Tod seiner Eltern als Ziegeleiarbeiter und als Tagelöhner durchschlagen müssen. Die Armee bot ihm etwas Besseres. Nach vierzehneinhalb Jahren Dienstzeit stand er als stattlicher Feldwebel beim Kölner Infanterieregiment Nr. 56 mit der Aussicht, eines Tages in eine gesicherte kleinbürgerliche Existenz überzuwechseln und eine Familie zu gründen. Ein Krieg war ihm bislang erspart geblieben – wie so vielen preußischen Soldaten.

Die Vorgesetzten des Feldwebels Adenauer stammten aus einer anderen Schicht, fast aus einer anderen Welt. Im preußischen Offizierskorps herrschte mehr oder weniger der Adel vor – etwas mehr bei der Infanterie, etwas weniger bei der Artillerie, so gut wie total bei der Kavallerie und bei den Garderegimentern. Der angebliche Querschnittypus „Leutnant von Zitzewitz" ist immer ein Klischee gewesen. Neben den Vertretern der altpreußischen Junkerfamilien gab es viel Brief- und hugenottischen Emigrantenadel, unbemittelte Beamtennobilität und auch Vertreter der Hocharistokratie. Der Offiziersberuf genoß in Preußen großes Prestige, mehr als anderswo in Europa. Eine besondere geistige Reife wurde bei der Einstellung nicht verlangt. Man mußte kein Gymnasium besucht und keine Abiturprüfung abgelegt haben; das Abgangszeugnis einer Kadettenanstalt tat es auch. Allerdings gab es Weiterbildungsmöglichkeiten. In keiner Armee der Welt fand man besser qualifizierte Generalstabsoffiziere, durchweg hochgebildete, wissenschaftlich geschulte Meister ihres Fachs.

Der Dienstbetrieb lief so gut wie reibungslos. Es gab zwar eine größere Anzahl polnischsprachiger Rekruten, vor allem aus der Provinz Posen, aber zu echten Nationalitätskonflikten kam es nie, und das sprachliche Handicap wurde, nach den Worten eines damaligen preußischen Offiziers, „ausgeglichen durch Ausdauer, harte Erziehung und große Anspruchslosigkeit".[86] Schwierigkeiten erwartete man eher noch von den deutschsprachigen Reservisten, deren Loyalität unter den innenpolitischen Spannungen stark gelitten hatte. Zur Überraschung vieler (und zur Enttäuschung mancher) vollzog sich die Mobilmachung aber ohne größere Zwischenfälle. Das Volk murrte zwar, aber es funktionierte.

Die Masse der Rekruten diente bei der Infanterie, die in Preußen als die „Königin der Waffengattungen" galt. Nicht ohne Grund. Von der Ausbildung wie von der Bewaffnung her war sie erstklassig. Sämtliche Linienregimenter verfügten über moderne Zündnadelgewehre, die im Vergleich zu den alten Vorderladern schneller, weiter und genauer schossen. Die Feuergeschwindigkeit lag bei fünf Schuß pro Minute, die Trefferquote betrug bei 225 Metern Entfernung 65 Prozent, bei 525 Metern immer noch 43 Prozent.[87] Das waren Werte, an die keine andere europäische Infanterie herankam. Mit dem Zündnadelgewehr entwickelte nun auch die kleinere Infanterieeinheit eine beachtliche Feuerkraft; der verlustreiche Aufmarsch in großen, geschlossenen, unbeweglichen Blöcken verlor an Bedeutung. Im Krieg gegen Dänemark hatte sich der Hinterlader praktisch bewährt. Wer ihn besaß, lebte zumindest sicherer: Die preußischen Verluste waren deutlich geringer als die österreichischen gewesen. Das Zündnadelgewehr war allerdings keine Wunderwaffe, ja, noch nicht einmal eine Neuheit. Schon 1835 hatte der thüringische Mechaniker Johann Nikolaus Dreyse das System erfunden, und seit 1841 belieferte er die preußische Armee damit. Trotzdem schworen immer noch viele Militärs auf den althergebrachten Vorderlader, nicht nur in Österreich.

Die preußische Kavallerie war malerisch anzusehen, aber nicht immer brauchbar. Die Kürassiere mit ihren martialischen Brustpanzern und Helmen, die lanzentragenden Ulanen, die phantastisch herausgeputzten Husaren und die traditionsreichen preußischen Dragoner: Jeder hielt sie für unverzichtbare Mitglieder des Kriegsensembles, aber kaum einer wußte sie richtig einzusetzen. Die Zeit der großangelegten Attacken war im Grunde genommen vorbei, zumindest auf dem industrialisierten Kriegsschauplatz Europa. Wurden sie trotzdem befohlen, dann fast immer aus Verzweiflung oder aus Dummheit, und nie, ohne damit ein Blutbad in den eigenen Reihen anzurichten. Die Hauptaufgabe der Kavallerie, die Feindaufklärung, war bei der preußischen Reiterei vernachlässigt worden, ebenso das Fußgefecht. Die Kürassiere und die Ulanen hatten keine Gewehre, sondern kämpften noch mit Säbel, Lanze oder Pistole. Außerdem fehlte es überall an trainierten Kavalleriepferden, so daß viele Reiter mit neuen, ungeübten Tieren in den Krieg ziehen mußten.

Auch bei der dritten Waffengattung, der Artillerie, lag manches im argen. Hier gab es vor allem technische Probleme. Ausgerechnet im Lande Alfred Krupps war nämlich die Anschaffung neuer Geschütztypen lange Zeit verschlafen worden. Jede dritte preußische Batterie verfügte nur über altmodische Zwölfpfünderkanonen mit glattem Lauf, die mit einer maximalen Reichweite von 1500 Metern gerade einmal halb so weit schossen, wie die modernen Krupp-Systeme. Aber gegen deren Einführung hatte sich General von Hahn, der langjährige Generalinspekteur der Artillerie, bis zu seiner Pensionierung 1864 mit Händen und Füßen gewehrt. (Die Abneigung ging so weit, daß bei seiner Beerdigung nur glattläufige Kanonen Salut schießen durften.) Im Frühjahr 1866 war die Umstellung auf die neuen Geschütze mit gezogenem Lauf noch in vollem Gange. Die meisten Reservisten hatten noch nie ein solches Geschütz gesehen, und sie konnten sich glücklich schätzen, wenn sie an einem korrekt ausgerüsteten Modell eingesetzt wurden. Denn bei 160 Gußstahlkanonen war die Ladevorrichtung so unzureichend, daß es während des Feldzuges zu schweren Unfällen kam; bei fünf Geschützen explodierte die Granate noch im Lauf. Ein zusätzlicher Mangel der preußischen Artillerie war ihre Unbeweglichkeit. Der Verlust eines Geschützes an den Feind galt als Demütigung, fast so, wie der Verlust der Fahne. Daher wurden die artilleristischen Kostbarkeiten auch am liebsten am Ende der Marschkolonne untergebracht, dort, wo das Risiko der direkten Feindberührung am geringsten war. Kein Wunder, daß ein preußischer Artillerieführer oft das Gefühl hatte, man betrachte seine Truppe mehr als Belastung denn als Gewinn.

Eine solche Einstellung war in der österreichischen Armee unbekannt. Hier wurde von Anfang an und buchstäblich bis zur letzten Granate gefeuert, was das teure Metall hergab. Bei den Kämpfen um das Dorf Lipa nahe Königgrätz schossen die österreichischen Kanonen noch, als ringsherum schon preußische Infanterie kämpfte. Aber auch technisch war die österreichische Artillerie der preußischen überlegen, hatte sie doch die Umstellung auf gezogene Geschütztypen längst vollzogen.

Als exzellent galt auch die österreichische Reiterei. Ausbildung, Ausrüstung, Pferdematerial und Kampfgeist waren in Europa unübertroffen. Der der legendäre *Times*-Korrespondent William H. Russel, der Lord Cardigans Leichte Brigade im Krimkrieg erlebt hatte, beschrieb die k. k. Kavallerie im Sommer 1866 als „die bei weitem beste, die ich jemals sah".[88] Der k. k. Generalmajor Leopold Frhr. von Edelsheim, Kommandant der 1. Leichten Kavalleriedivision, war seit dem Feldzug von 1859 der berühmteste Reiterführer Europas.

Aber die wichtigste und größte Waffengattung blieb nun einmal die Infanterie, und hier gab es erhebliche Mängel. Die Bewaffnung war das Grundübel. 1852, als in Preußen schon lange mit dem Zündnadelgewehr exerziert wurde, hatte der österreichische Ingenieur Lorenz einen neuen Vorderlader entwickelt. Er hätte es besser gelassen. Daß die österreichische Armee auf sein „Lorenz-Gewehr" setzte, und damit auf ein auslaufendes Modell, dürfte jedenfalls zu den folgenschwersten Fehlkäufen der Rüstungsgeschichte zählen; selten hat eine so nutzlose Erfindung soviel bewirkt. In Italien hatte es sich gegenüber dem französischen Infanteriegewehr zwar als das bessere erwiesen, nur: Das preußische war einfach am besten. Eigenartigerweise war gerade dessen größter Vorzug einer der Gründe, weshalb es in der österreichischen Armee nicht übernommen wurde. Kaiser Franz Joseph und viele seiner Offiziere glaubten nämlich, die für damalige Verhältnisse enorme Feuergeschwindigkeit würde den einfachen Soldaten zu Munitionsverschwendung verleiten. Abgesehen davon lag das Lorenzgewehr besser in der Hand, es war einfach robuster. Mittlerweile schielten aber zumindest diejenigen nach dem Zündnadelsystem, die im Krieg gegen Dänemark preußische Infanterie in Aktion gesehen, und vor allem die Verlustlisten verglichen hatten. Aber für eine Umrüstung war es im Mai 1866 natürlich zu spät.

FZM Ludwig von Benedek (links), der unglückliche Feldherr von Königgrätz. Hier noch in Verona als Oberbefehlshaber von Venetien. Fotographie aus dem Jahr 1865. FML Karl Graf Thun-Hohenstein (rechts) bewährte sich nicht als Kommandant des k. k. II. Korps bei Königgrätz

Aus der Qualität der Bewaffnung ergab sich der Stand der Gefechtstaktik. Den österreichischen Infanteristen wurde die sogenannte „Stoßtaktik" eingebleut: der mit Brachialgewalt vorgetragene massive Bajonettenangriff, so, wie ihn die französische Armee bei Magenta und Solferino vorgemacht hatte. In einem mit Vorderladern ausgetragenen Krieg alten Stils mochte das alles seine Richtigkeit haben; gegenüber der überlegenen Feuerkraft des Zündnadelgewehrs war es selbstmörderisch. Der Stabschef der preußischen 1. Armee, Generalmajor Leonhard Graf Blumenthal, meinte kurz vor Kriegsausbruch, die österreichischen Soldaten, die im offenen Gelände angreifen würden, täten ihm „ganz leid", denn: „Da schießen wir die armen Kerle tot."[89]

Zahlenmäßig verfügte Österreich über eine beeindruckende Übermacht – auf dem Papier. Die 850.000 Mann, von denen gern gesprochen wurde, waren für die Finanzkraft wie auch für den Organisationsgrad des Kaiserstaates entschieden zuviel. Der achtjährige Wehrdienst war reine Theorie, die meisten Rekruten erhielten nach drei Jahren ihren Abschied. Anders als in Preußen gab es auch keine allgemeine Wehrpflicht. Wer eine höhere Schulbildung genossen hatte oder einen besonders privilegierten Beruf ausübte, war vom Wehrdienst befreit, wer nicht, konnte sich immer noch freikaufen – eine Möglichkeit, von der einigermaßen gutsituierte Handwerker, Bauern oder Händler gern Gebrauch machten. Entsprechend gering war das Bildungsniveau derjenigen, die am Ende einrücken mußten. Nicht wenige waren Analphabeten. Viele hatten Schwierigkeiten mit der Kommandosprache der Armee, dem Deutschen. Sie verständigten sich im Dienst in einem eigenartigen Militärkauderwelsch, manchmal aber auch nur mit Händen und Füßen. Wie schon erwähnt (s. S. 42), wurden österreichische Rekruten in aller Regel außerhalb ihrer jeweiligen Heimatprovinz kaserniert. Das Nationalitätenproblem erschwerte also nicht nur Rekrutenausbildung und Truppenführung, sondern auch die Mobilmachung.

Das Offizierskorps mußte unter diesen Umständen nicht nur Haupt, sondern auch Rückgrat der Armee sein. Diese Aufgabe erfüllte es unter den schwierigsten Umständen, obwohl die Nationalitäten hier noch bunter gemischt waren, als in den unteren Chargen: Neben Deutschösterreichern, Ungarn, Böhmen, Kroaten und anderen geborenen Untertanen des Kaisers dienten exilierte Prinzen aus Südeuropa neben norddeutschen, protestantischen Landedelleuten. Hier lebte noch der übernationale, universale Reichsgedanke der Habsburgermonarchie. Der wilhelminische Diplomat Hermann von Eckardtstein erzählt in seinen Memoiren, wie er lange nach der Reichsgründung in einem preußischen Kavallerieregiment ausgebildet wurde, dessen Kommandeur, ein gebürtiger Mecklenburger, bei Königgrätz gekämpft hatte – auf österreichischer Seite. Allerdings waren es nicht immer die seriösesten Elemente, die aus den verschiedenen Teilen Europas zur k. k. Armee stießen. Mancher betrachtete sie als eine riesige Fremdenlegion. Draufgänger und Überflieger hatten in Österreich ohnehin größere Chancen als anderswo. In den hohen Kommandostellen gab es zwar viel Hocharistokratie und kaiserliche Verwandtschaft, aber auch ein bürgerlicher Offizier konnte es weit bringen, wenn er sich in einem der häufigen Feldzüge und Kleinkriege einen Namen machte. Die Nobilitierung, meist in Verbindung mit einem Orden, kam dann irgendwann von selbst. FZM Ludwig Ritter von Benedek, der Oberbefehlshaber in Lombardo-Venetien, war des Sohn eines protestantischen Arztes aus Ödenburg (Sopron). Und unter den Divisions- und Brigadekommandanten der „Nordarmee", die sich im Mai 1866 in Böhmen und Mähren versammelte, befanden sich neben einem Prinzen von Thurn und Taxis und einem Herzog von Württemberg ein Oberst Fleischhacker und ein Generalmajor Schulz. An der Spitze des Generalstabes stand der Sohn einer jüdischen Bankiersfamilie aus Wien. Zweifellos war das österreiche Heer für Aufsteiger attraktiver als das preußische. Dieser unkonventionelle Zug förderte im Zusammenspiel mit den Eigentümlichkeiten des österreichischen Ordenswesens allerdings auch den Geltungsdrang derjenigen, die im Ernstfall lieber Jagd auf den begehrte Maria-Theresien-Orden machten, als sich in eine komplexe militärische Operation einzufügen. Disziplinlosigkeit und Heldentum lagen in der k. k. Armee allzu nah beieinander.

Die Kampfkraft der österreichischen Armee stand in hervorragendem Ruf. Dem hatte auch die Schlappe von 1859 keinen Abbruch tun können; die Österreicher hatten sich dort zwar ohne Fortune, aber nie ohne Bravour geschlagen. Der Feldzug gegen Dänemark 1864 war schließlich ein großer Erfolg gewesen (wenn auch ein blutig erkaufter). Wie bieder wirkte dagegen die preußische Armee, wie farblos ihre Kommandeure. Mitreißende Führerpersönlichkeiten, wie den Haudegen Benedek, den schneidigen Kavalleristen Edelsheim oder den in ganz Deutschland verehrten Ludwig von Gablenz suchte man dort vergebens. Was man zu finden glaubte, waren verknöcherte Kriegsbeamte und blutleere Generalstabstheoretiker. Alles das war nicht die Sache der europäischen Öffentlichkeit, und schon gar nicht die des österreichischen Militärs. Der Wiener Generalstabschef FML Alfred Frhr. von Henikstein war eine überaus geistreiche Persönlichkeit, intelligent und witzig, aber zu sagen, er hätte sich mit seinem Beruf weniger auseinandergesetzt als sein preußischer Kollege Moltke, wäre stark untertrieben. Moltke kannte den mutmaßlichen Kriegsschauplatz Böhmen vermutlich besser als die österreichischen Truppenführer vor Ort. Was er nicht selbst gesehen und vermessen hatte, studierte er mit der Systematik eines Geographieprofessors am Schreibtisch. So mancher k. k. Generalstabsoffizier warf in solchen Fällen einfach einen Blick in den Reiseführer.

In Österreich setzten Kaiser, Armee und Presse auf die bewährten Troupiers. Benedek, der seit 1848 alle Feldzüge in Oberitalien mitgemacht und sich bei Solferino besser als jeder andere österreichische Korpskommandant geschlagen hatte, wurde Mitte Mai von seinem Kommando in Lombardo-Venetien entbunden und mit dem wichtigsten Posten der Streitkräfte betraut: dem Oberbefehl über die Nordarmee. Gedrängt hatte er sich nicht danach; in Italien kannte er, wie er selbst sagte, jeden Baum und jeden Strauch, und die Krönung seiner Laufbahn wäre ein Sieg über die verachteten „Piemontesen" gewesen, eine Schlacht á la Radetzky. Das Zeug dazu hatte er. An seine bisherige Stelle trat Erzherzog Albrecht, ein Onkel des Kaisers.

Im ganzen gesehen, war keine der beiden gegnerischen Armeen wesentlich schlechter oder schwächer als die andere. Die Österreicher hatten mit ihrem Lorenzgewehr zwar ein Handicap, aber es gab noch genügende Möglichkeiten, damit fertigzuwerden: Durch eine entsprechende Gefechtstaktik, und überhaupt durch eine einigermaßen geschickte und konsequente Führung. So technisiert war der Krieg noch nicht, daß eine Feinmechanik allein über Sieg oder Niederlage entscheiden konnte. Das galt natürlich ebenso für die zum Teil hoffnungslos veraltete Artillerie der Preußen. Vieles kam auch auf die politischen Umstände an. Österreich mußte sich auf einen Zweifrontenkrieg einlassen, das war mittlerweile allen klar. Aber Preußen konnte etwas ähnliches blühen, wenn die deutschen Mittelstaaten eine neue Front im Westen aufbauten.

Die südwestdeutschen Länder, deren Kontingente nach der Bundesmilitärverfassung ein gemeinsames Armeekorps bildeten, waren sich schon lange einig; sie hatten bereits am 20. März vereinbart, Österreich bei einen preußischen Angriff beizustehen. Auch der Großherzog von Baden, immerhin der Schwiegersohn des preußischen Königs, mußte sich wohl oder übel anschließen. Württemberg wollte bis zu 30.000 Mann auf die Beine stellen, und über die Haltung des Großherzogtums Hessen konnte natürlich nicht der geringste Zweifel bestehen. Die einzige Sorge des dortigen Ministerpräsidenten Frhr. von Dalwigk war, daß Österreich in letzter Minute noch einen „faulen Frieden" abschließen könnte.[90] Auch die Haltung der sächsischen Regierung stand außer Frage. Ihr Land lag praktisch schon im Schußfeld der preußischen Kanonen, und man erinnerte sich noch gut daran, wie Friedrich II. das Land 1756 handstreichartig besetzt und die Armee entwaffnet hatte. Die Sachsen wußten also, worauf es ankam, und aus diesem Grunde hatte man für den Fall einer Invasion beschlossen, mit der gesamten Armee über die böhmische Grenze zu gehen und zum österreichischen Haupttheer zu stoßen.

Die Bayern taten sich schwerer; sie spürten keine unmittelbare Gefahr und machten ohendies lieber ihre eigene Politik. Bei Ministerpräsident Frhr. von der Pfordten kamen immer wieder neutralistische Anwandlungen durch, und sein Dresdner Kollege Beust konnte nur allen, die mit Pfordten zu tun hatten, raten, „man dürfe ihm nicht viel widersprechen, sondern müsse ihn nur unter den Armen zu halten suchen, damit er nicht aus den Reihen der Mittelstaaten laufe".[91] Immerhin verfügte das Königreich Bayern eine Armee von über 90.000 Mann – theoretisch.

Höchst ungewiß war auch das Verhalten der nördlichen Bundesstaaten Hannover und Kurhessen. Besonders die hannoversche Armee konnte mit ihren etwa 20.000 Soldaten eine bedeutende preußischer Truppenzahl binden, hatte aber dann die höchst gefährliche und äußerst undankbare Aufgabe, den ersten Schlag abzubekommen. Beide Großmächte gaben sich jedenfalls die größte Mühe, den blinden König Georg mit Drohungen und Versprechungen auf ihre Seite zu ziehen.

Der größte Unsicherheitsfaktor war allerdings die militärische Kampfkraft der Mittelstaaten überhaupt. Von der Organisation und der Bewaffnung her machten ihre Kontingente keinen besonderen Eindruck. Niemand konnte sagen, ob sich die Bayern, Hannoveraner, Sachsen, Württemberger, Badenser und Hessen so tapfer schlagen würden, wie es ihre Großväter in den napoleonischen Kriegen getan hatten, oder ob mit den „Bundes-Armee-Korps" ein neues Debakel à la Roßbach bevorstand, wo im Jahre 1757 – der beliebten Anekdote zufolge – Soldaten der bunt zusammengewürfelten Reichsarmee empört zu den Preußen hinübergerufen hatten, ob sie nicht wüßten, daß in ihrer Schußrichtung Leute stünden.

Letzte Vermittlungsversuche

„Das seltsamste in dieser gespannten Situation war, daß zur gleichen Zeit, da die Luft bereits vom Lärm der Waffen erfüllt war, gleichwohl noch eine Friedenstaube zwischen Wien und Berlin hin und herflatterte."[92] (Erich Eyck) Das war die legendenumwobene „Mission Gablenz", in der Titelrolle ein preußischer Landtagsabgeordneter, der aus Sachsen stammte, und von dessen Söhnen der eine in der preußischen, der andere in der österreichischen Armee diente; zudem war der k. k. Statthalter in Holstein sein Bruder.

Seit sich das Verhältnis zwischen den deutschen Großmächten verschlechtert hatte, appellierte der Wahlpreuße Anton Frhr. von Gablenz für eine Kompromißlösung, und zwar für die saubere Abgrenzung der Interessensphären: Norddeutschland sollte unter preußische, Süddeutschland unter österreichische Kontrolle gestellt werden. Schleswig-Holstein fiele dann zwar im ganzen an Preußen, jedoch nur indirekt. Die Herzogtümer sollten nämlich in eine hohenzollerische Sekundogenitur umgewandelt und ihre Vereinigung mit der preußischen Krone ausgeschlossen werden. Alles in allem war es erzkonservative Kabinettspolitik: Preußen sollte die kleindeutsche Nationalbewegung brüskieren, Österreich seine mittelstaatliche Klientel fallenlassen und beide gemeinsam den Schleswig-Holsteinern einen völlig fremden Fürsten aufzwingen. Immerhin, es war als Alternative zu einem Krieg gedacht.

Dem österreichischen Gablenz, dem Statthalter, gefiel die Idee, und ebenso dessen preußischem Kollegen Edwin von Manteuffel, der auf der anderen Seite der Eider, in Schleswig, als König Wilhelms Gouverneur residierte. Durch die Gablenzsche Teilung sollte Preußen schließlich die uneingeschränkte militärische Führungsrolle im Norden erhalten, ohne dazu auch nur einen einzigen Soldaten in den Kampf zu schicken. Und Österreich konnte sich ohne allzu großen Gesichtsverlust aus der Schlinge ziehen. FML Ludwig von Gablenz war auf einen Waffengang nicht sehr erpicht; er kannte das preußische Zündnadelgewehr. Gern stellte er für seinen Bruder den Kontakt nach Wien her. Bezeichnenderweise schickte er Anton zuerst zur „Grauen Eminenz" Moritz Graf Esterházy, nicht zum eigentlich zuständigen Außenminister Mensdorff. Esterházy zeigte sich auch durchaus interessiert, und das war schließlich die Hauptsache.

Der Teufel lag natürlich im Detail. Für die Österreicher war eine Teilung der Hegemonialgewalt nur unter zwei Voraussetzung denkbar: Erstens sollte die geltende Bundesverfassung nicht einfach umgestürzt, sondern im Einvernehmen mit allen betroffenen Regierungen reformiert werden. Das glaubte man den übrigen Bundesstaaten schuldig zu sein. Und zweitens wurden Sicherheitsgarantien gegen Italien verlangt, ein Ausgleich für den Rückzug aus Norddeutschland. In Bismarcks Konzept paßte natürlich weder das eine noch das andere. Um so klüger von ihm, daß er den gutwilligen Anton von Gablenz in der Berliner Wilhelmstraße scheinbar offene Türen einrennen ließ. Er empfing ihn überaus entgegenkommend, tat so, als würde er ihn ernst nehmen, heuchelte großes Interesse an einer Friedenslösung und machte auf ihn einen großen Eindruck (was allerdings kein Wunder ist, wenn man bedenkt, mit wem Gablenz es in Wien zu tun gehabt hatte). Aber kaum war der Friedensvermittler zur Tür hinaus, da zückte Bismarck den Rotstift, um dessen Plan gründlich zu überarbeiten: Er strich den Passus, der eine Vereinigung Schleswig-Holsteins mit Preußen ausschloß, er reduzierte eine geplante Geldentschädigung Österreichs um die Hälfte, und die österreichischen Wünsche nach Garantie der Bundesverfassung und Sicherheiten gegen Italien ließ er ganz unter den Tisch fallen. Mit dieser Fassung schickte er Gablenz wieder auf die Reise, nicht ohne ihm noch zum Abschied zuzurufen: „Fliegen Sie als meine Friedenstaube nach Wien."[93]

Die österreichische Regierung tat, was Bismarck von ihr erwartete: Sie lehnte ab. Es handelte sich schließlich um keinen Kompromißvorschlag mehr, es war überhaupt keine konstruktive Idee zur Lösung der deutschen Frage. Österreich sollte zu allererst verzichten: auf seine Rechte in Schleswig-Holstein, de facto auch auf die Eigenständigkeit Schleswig-Holsteins, auf alle seine Interessen nördlich des Mains, auf seine traditionellen Verbindungen zu den dortigen Mittelstaaten. Dies alles im Tausch gegen die Stellung einer rein süddeutschen Hegemonialmacht. Und bei alledem hätte sich Wien noch nicht einmal den Frieden erkauft, denn von einer Sicherheitsgarantie gegen Italien war ja keine Rede. So verbarg sich hinter dem Gablenz-Bismarckschen Friedensplan eigentlich nur ein teurer Separatfrieden in einem Mehrfrontenkrieg, der noch nicht einmal begonnen hatte, geschweige denn entschieden war. Anton von Gablenz kehrte unverrichteter Dinge nach Berlin zurück, nachdem er noch am 25. Mai – der Aufmarsch der gegnerischen Heere war bereits im vollem Gange – von Kaiser Franz Joseph empfangen worden war.

Der einzige, der von der „Mission Gablenz" profitierte, war Bismarck. Kurzfristig, weil er gegen König Wilhelms periodische Skrupel nun noch leichter ankam („Gelingt nichts, so haben Sie zur Gewissensruhe und zum Entschluß des Königs wertvoll beigetragen", hatte er Gablenz gesagt.[94]) Langfristig, indem er bis an sein Lebensende die gern geglaubte Legende pflegte, er habe den Bruderkrieg noch in letzter Minute zu verhindern versucht.

Nicht weniger geschickt zog Bismarck sich aus der Schlinge des Kongreßplanes, die natürlich von Frankreich gelegt worden war. Da die Parteinahme Italiens offensichtlich und an der Neutralität der Großmächte Rußland und Großbritannien kaum zu zweifeln war, blieb das französische Kaiserreich weiterhin der

Dragoner 1866 auf den Marsch in Böhmen

größte, gefährlichste und also auch interessanteste Unsicherheitsfaktor. Von Napoleon III. hing immer noch alles ab; allein schon der Aufmarsch seiner Armee entschied, ob Preußen und Italiener sich mit ganzer Kraft auf Österreich werfen konnten oder nicht. Daß Frankreich sich in irgend einer Form einmischen würde, war angesichts des bonapartistischen Systems mit all seiner obsessiven Effekthascherei keine Thema; es fragte sich nur, inwieweit und vor allem für wen. Napoleon, der es selbst nicht genau wußte, hatte mittlerweile halb Europa mit der Erklärung erschreckt, er „verabscheue" die Verträge von 1815, „die man heute zur einzigen Grundlage unserer auswärtigen Politik machen will".[95] Deutlicher konnte man die bestehenden Grenzen kaum in Frage stellen. Da er allerdings das Risiko scheute – nicht umsonst hielt er sich länger auf dem Thron als sein Onkel – kam ihm die Idee des großen europäischen Kongresses, der alle offenen Fragen lösen und den Kaiser der Franzosen endgültig in den Mittelpunkt aller Geschäfte rücken sollte. Im Einverständnis mit den übrigen neutralen Großmächten setzte er schon einmal drei Fragen auf die Tagesordnung: Schleswig-Holstein, die Reform des Deutschen Bundes und Italien. Der Hintergedanke war, in Schleswig-Holstein eine „Abstimmung der betreffenden Bevölkerungen" durchzuführen, die Bundesreform – und damit die Deutsche Frage überhaupt –

von den internationalen Großmächten mitentscheiden zu lassen und Österreich „mittels . . . Territorialentschädigungen" zur Abtretung Venetiens an Italien zu bewegen.[96] Die offizielle Einladung ging am 24. Mai hinaus; gerade zu der Zeit, als die „Mission Gablenz" gescheitert war.

Von den drei Punkten war jeder einzelne dazu angetan, Bismarcks Spiel in letzter Minute zu durchkreuzen. Schon eine friedliche Einigung zwischen Österreich und Italien konnte sein ganzes Strategiegebäude zum Einsturz bringen. Und eine politische Lösung der Deutschen Frage richtete sich gegen alles, wofür er den Krieg überhaupt entfesseln wollte. So wie die Dinge in Schleswig-Holstein lagen, mußte dort jede Volksbefragung unweigerlich zum Hinauswurf der Preußen führen. Und eine Bundesreform unter dem Patronat der europäischen Großmächte – und unter Hinzuziehung des Deutschen Bundes selbst – ließ alle möglichen Ergebnisse erwarten, nur nicht die Schaffung eines großpreußischen Bündnisblocks. Und doch blieb Bismarck nichts anderes übrig, als gute Miene zum bösen Spiel zu machen. Das tat er allerdings äußerst wirkungsvoll. Er bedankte sich höflich für die Einladung, nahm sie ohne Umschweife als erster an und gab bekannt, er wolle persönlich an der Konferenz teilnehmen. Bis dahin, das wußte er, konnte noch viel passieren.

Lange brauchte er nicht zu warten. Schon zwei Tage später, am 1. Juni, tat ihm die österreichische Regierung den Gefallen und brachte den ganzen Kongreßplan zu Fall. Teils aus prinzipiellen Erwägungen, teils aus Angst, bei den Verhandlungen über den Tisch gezogen zu werden, stellte sie nämlich die Bedingung, daß „keine Kombination auf derselben zur Verhandlung komme, welche einem der eingeladenen Staaten Gebietserweiterung oder einen Machtzuwachs zuzuwenden berechnet sei".[97] Damit war das ganze Projekt natürlich sinnlos geworden. Der Kongreß kam nie zustande.

Österreichs letzte Chance, mit einigermaßen heiler Haut aus der preußisch-italienischen Falle herauszukommen, blieb also ungenutzt, vielleicht ist sie noch nicht einmal ganz begriffen worden, auf jeden Fall kam sie zu spät. Die Habsburgermonarchie war, wie Zar Alexander II. es ausdrückte, „zum Krieg resigniert".[98] Schon am 3. Mai hatte Kaiser Franz Joseph an seine Mutter geschrieben: „Was die politischen Verhältnisse anbelangt, so geht es immer mehr dem Krieg entgegen, und ich kann mir nicht denken, wie er noch mit Ehre zu vermeiden sein könnte. Man tut in Berlin zwar jetzt sehr freundlich, um Zeit zu gewinnen und uns mürbe zu machen, allein es wird mir täglich klarer, daß jeder Schritt in Berlin und Italien ein berechneter und das Glied einer Kette von Maßregeln ist, die von lange her verabredet ist."[99]

Ein mißglückter Kriegsausbruch

Am selben Tag, als die österreichische Regierung die Kongreßidee endgültig abblockte, am Freitag, dem 1. Juni, verabschiedete sie noch eine zweite folgenschwere Erklärung: Sie übergab die schleswig-holsteinische Frage an den Deutschen Bund und sicherte dessen Schiedsspruch von vornherein „die bereitwilligste Anerkennung" zu.[100] Gleichzeitig kündigte sie die Einberufung der holsteinischen Stände an. Damit war die Gasteiner Konvention von 1865 erledigt.

Die Österreicher kamen nun der wunden Stelle ihres Gegners gefährlich nahe. Was in diplomatischer Hinsicht eine Ungehörigkeit, ja, eine Vertragsverletzung war, entsprach genau dem, was die deutsche Öffentlichkeit seit Jahr und Tag forderte: Schluß mit den Winkelzügen der Kabinettspolitik, stattdessen eine praktische, eine volksnahe und unkomplizierte Lösung, und die konnte nur darauf hinauslaufen, den Augustenburger Herzog endlich als souveränen Landesherren anzuerkennen.

Bismarcks Unpopularität war mittlerweile kaum noch zu überbieten. Wenige Wochen zuvor hatte der Tübinger Student Ferdinand Cohen-Blind versucht, ihn auf offener Straße zu erschießen. Viele Deutsche bedauerten nun den gescheiterten Attentäter, der sich kurz nach seiner Verhaftung das Leben nahm, mehr als sein Opfer. Eine linksliberale Stuttgarter Zeitung beschrieb den jungen Studenten als Märtyrer, der sein Leben hingegeben habe, „um das Vaterland von einem solchen Unhold zu befreien".[101] Der preußische Historiker Heinrich von Sybel stellte damals fest: „Alles wird dominiert durch den bitteren, zähen, allgemeinen Haß, den die Mißregierung im Inneren in den letzten vier Jahren hervorgerufen und den leider gerade Bismarck durch seine Bedeutung und durch seine Allüren auf seine Person konzentriert hat."[102]

Im Hause Bismarck war verständlicherweise nur von „Gottes gnädiger Errettung"[103] die Rede. Reliquien der Tat – ein Hemd des Ministerpräsidenten und der Revolver Cohen-Blinds – wurden sorgfältig aufgehoben; sie sind heute noch in Friedrichsruh zu besichtigen. Wie anderswo galt auch hier: Was Bismarck nicht umbrachte, machte sein Selbstbewußtsein stärker. Vielleicht hatte er es niemals nötiger als in diesen Frühlingstagen des Jahres 1866, in denen er die Entscheidung über seine ganze Karriere nolens volens in die Hände des Militärs legen mußte, während seine innenpolitische Basis immer noch abbröckelte. Der Oppositionspolitiker Twesten meinte, die Konservativen folgten Bismarck, „obwohl er ihre Prinzipien verleugnet, weil er der Mann ist, durch den sie regieren können".[104] Aber einige der alten Weggefährten begannen, sich schon zurückzuziehen, erschreckt und abgestoßen von der Art, wie Bismarck in den Krieg hineinsteuerte und eine über fünfzigjährige Mächteordnung mutwillig zerstörte. Mit Ludwig von Gerlach kam es damals zum offenen Bruch. Ende Mai trat auch der Finanzminister Karl von Bodelschwingh „mit schärfstem sittlichen Abscheu"[105] zurück, ein schwerer Schlag für den Ministerpräsidenten.

In seiner Not berief Bismarck einen dem Liberalismus nahestehenden Nachfolger („Der Mann schafft Geld, das brauchen wir"[106]) und versprach ihm, nach dem Krieg um „Indemnität" zu bitten, das heißt, den Landtag um die nachträgliche Genehmigung aller verfassungswidrigen Ausgaben zu ersuchen. Die Sache war nicht ganz so sensationell, wie es im ersten Augenblick den Anschein hatte. Bismarck konnte sich ausrechnen, daß er nach dem Krieg entweder als der erfolgreichste preußische Ministerpräsident aller Zeiten vor das Parlament treten oder aber als Urheber der größten Katastrophe seit Jena und Auerstedt in die Geschichte eingehen würde. Das alte, widerspenstige Abgeordnetenhaus gab es überdies nicht mehr; es war am 9. Mai endgültig aufgelöst worden. Die Neuwahlen sollten Anfang Juli stattfinden.

Bismarck scheute sich in dieser Grenzsituation nicht, zu den bizarrsten Mitteln zu greifen. Über trübe Kanäle, die durch die preußische Gesandtschaft in Florenz liefen, knüpfte er Verbindungen zu ungarischen Emigrantenkreisen in Italien an. Er, der royalistische Ministerpräsident des Königs von Preußen, wollte mit einigen Revolutionsveteranen von 1848/49 eine „Ungarische Legion" organisieren, eine durch k. k. Deserteure verstärkte Freischar gegen die habsburgische Monarchie.

Doch zurück zum Kern der Deutschen Frage. Der Deutsche Bund erlebte mit dem Appell Österreichs eine späte Sternstunde. Die Bereitschaft einer Großmacht – der Präsidialmacht zumal – sich seinem Schiedsspruch zu unterwerfen, war ein Präzedenzfall von unabsehbarer Bedeutung. Österreich und Preußen hatten mit dem Hinweis auf ihre internationale Stellung seit jeher eine Art Immunität gegenüber sämtlichen unliebsamen Bundesbeschlüssen beansprucht. Allein schon diese Weigerung, sich von den mittleren und kleineren Staaten „majorisieren" zu lassen, hatte jede bundesstaatliche Entwicklung im Keim erstickt. Davon ging Österreich nun ab, und obwohl rein taktische Gründe dahinter steckten, schien die Aufwertung des Deutschen Bundes unumkehrbar zu sein. Für Bismarck ein Grund mehr, ihn zu zertrümmern.

Daß Preußen den Gang nach Frankfurt nicht mitmachte und auf seine Besitztitel beharrte, war sofort klar. Um die ganze schleswig-holsteinische Öffentlichkeit möglichst mundtot zu machen, mußte Holstein unter preußische Kontrolle gebracht und die von Österreich angekündigte Einberufung der Landesvertretung verhindert werden. Zu diesem Zweck ließ Bismarck am 3. Juni erklären, da die Gasteiner Konvention nunmehr hinfällig geworden sei, müßten die Herzogtümer wieder gemeinschaftlich verwaltet werden. Preußen nehme somit das Recht in Anspruch, Truppen in Holstein zu stationieren, während Österreich

Der ehemalige ungarische Revolutionär von 1848, Georg Klapka (links), stellte mit italienischer und preußischer Hilfe eine Ungarische Legion auf. König Viktor Emanuel II. (rechts) von Italien in einer zeitgenössischen Karikatur

dasselbe in Schleswig tun könne. Große Aufregung in den Herzogtümern. Im österreichisch verwalteten Altona solidarisierte sich eine Volksversammlung mit der k. k. Regierung – für Mensdorff, Esterházy und Belcredi eine ganz neue Erfahrung – und verabschiedete die Erklärung, daß „das schleswig-holsteinische Volk . . . von seinem Rechte auf Herstellung eines unabhängigen Staates unter der Herrschaft seines rechtmäßigen Fürsten, des Herzogs Friedrich VIII. von Schleswig-Holstein, nimmermehr lassen werde, . . . wenn auch die Bevölkerung Schleswigs gegenwärtig durch die bekannten Gewaltmaßregeln des preußischen Gouvernements verhindert ist, seine wahre Willensmeinung kund zu geben".[107] Am 6. Juni teilte der preußische Generalleutnant von Manteuffel dem k. k. Statthalter von Gablenz in höflichster Form mit, daß er anderntags mit seinen Truppen in Holstein einrücken werde.

Die Sympathien der holsteinischen Bevölkerung nutzten Österreich nun wenig. Mit nur einer einzigen kombinierten Brigade (2 Infanterieregimenter, ein Jägerbataillon, ein Husarenregiment, eine Geschützbatterie) stand Gablenz auf verlorenem Posten. Das preußische „Korps Manteuffel" operierte in Divisionsstärke, war zahlenmäßig weit überlegen und verfügte über bequeme Nachschubwege. Gablenz blieb also nichts als der bloße Protest. Kiel wurde widerstandslos geräumt, und das österreichische Militär sammelte sich am Südrand des Herzogtums bei Altona. Die Kontrolle über Holstein übernahm Schritt für Schritt die preußische Armee.

Der Gedanke, daß der Rubikon damit überschritten, der Bürgerkrieg unvermeidlich geworden war, ergriff die ganze deutsche Öffentlichkeit. Wer noch auf eine Friedenslösung gehofft hatte, nahm jetzt Partei; die meisten für Österreich. Preußens Willkür in Schleswig-Holstein, die Mißachtung nationaler und parlamentarischer Institutionen durch die preußische Regierung, ihre mutmaßlichen Absprachen mit Italien, alles das wurde verurteilt, verachtet, gefürchtet. Neutralität schien nicht mehr möglich. In Bayern, wo Ministerpräsident von der Pfordten bis zuletzt geschwankt hatte, erklärte der Landtag mit großer Mehrheit, man dürfe nicht abseits stehen, wenn „auch für die deutsche Frage mitentschieden wird, ob fortan Gewalt oder Recht die höchste Norm in Bundesangelegenheiten bilden soll".[108]

Für Bismarck war dieses Problem recht einfach zu lösen. Er wollte sich grundsätzlich an jede Rechtsnorm halten, vorausgesetzt sie stammte von ihm. Daher antwortete er von der Pfordten einfach mit einem eigenen Verfassungsentwurf, der Preußens Vormachtstellung in Deutschland festschrieb, aber zugleich auch Bonbons für Bayern, für die Nationalbewegung und für die Liberalen im allgemeinen enthielt. Die wichtigsten Punkte waren: Ausschluß Österreichs aus Deutschland – und damit natürlich auch aus Schleswig-Holstein (Art. 1), „nationale" Volksvertretung (Art. 2), allgemeines Wahlrecht wie 1849 (Art. 4), Aufbau einer Bundes-Kriegsmarine unter preußischem Oberbefehl (Art. 8) und schließlich die Bildung zweier „Bundesheere", von denen die „Nordarmee" vom König von Preußen, die „Südarmee" vom König von Bayern geführt werden sollte. Das war Balsam für Bayerns empfindlichen Ehrgeiz. Aber von der Pfordten konnte ihn nicht annehmen, ohne das Gerechtigkeitsempfinden des ganzen Landes zu verletzten und ohne seine eigenen Prinzipien über Bord zu werfen. Er schrieb Bismarck eine Absage, in der er die mittelstaatliche Sicht der Dinge ziemlich genau wiedergab: „Die Entscheidung über Krieg und Frieden steht unmittelbar bevor. Wollen Sie die Annexion [der Herzogtümer] um jeden Preis, dann ist der Krieg unvermeidlich. Entschließt sich Preußen, auf die Annexion zu verzichten, so ist der Krieg unmöglich. Wollte Österreich aus irgend einem anderen Grund Krieg beginnen, so bliebe es ganz isoliert; kommt es zum Kriege um der Herzogtümer willen, so, glaube ich wenigstens, wird Preußen isoliert bleiben."[109]

Auch im übrigen Deutschland stieß Bismarck mit seinem Plan auf wenig Gegenliebe. Wenigstens wußten die einzelnen Staaten nun offiziell, was ihnen im Fall eines preußischen Sieges blühte. Für Österreich war der ganze Entwurf ein gezielter Schlag ins Gesicht. Lothar Gall, einer der neueren Biographen Bismarcks, nennt ihn „eine informelle Kriegserklärung".[110] Es war die Grundlage der späteren Reichsverfassung.

In Holstein entpuppte sich die angeblich rechtmäßige und friedliche Stationierung preußischer Truppen immer mehr als Totalokkupation. Drei Tage nach dem Beginn der Aktion, am Sonntag, dem 10. Juni, ließ das Berliner Kabinett auch die letzten Rücksichten fallen. Generalleutnant von Manteuffel erklärte in einer Proklamation an die Einwohner des Herzogtums, da Österreich an der Einberufung der Stände festhalte, habe es seine Rechte auf Holstein verwirkt: „Ich bin dadurch genötigt, zur Wahrung der bedrohten Rechte Seiner Majestät des Königs die oberste Regierungsgewalt auch im Herzogtum Holstein in die Hand zu nehmen, und tue dieses hierdurch mit der Aufforderung . . ., meinen Anordnungen überall unweigerlich Folge zu leisten."[111]

In Kiel und anderen Orten des Landes kam es noch einmal zu spontanen Protestkundgebungen. In Itzehoe versammelten sich dreißig Mitglieder der Stände, um eine Landtagssitzung abzuhalten. Preußisches Militär trieb sie auseinander, besetzte die Redaktion der örtlichen Zeitung und sogar die Stadtkirche. Ein von Gablenz entsandter österreichischer Regierungsvertreter wurde verhaftet. Im ganzen Land wurden politische Organisationen aufgelöst – vor allem natürlich die augustenburgischen – und eine rigorose Pressezensur eingeführt. Alle Augen richteten sich nun auf die Grenzstadt Altona, den letzten Punkt des Herzogtums, wo noch österreichische Truppen standen und wo immer noch eine Landesregierung unter dem Statthalter von Gablenz amtierte. Genau an dieser Stelle wollte Bismarck den Krieg beginnen lassen.

Generalleutnant von Manteuffel war allgemein als ein Haudegen bekannt. Mit der Mission Gablenz hatte er sich nur anfreunden können, weil sie nach herkömmlicher Geheimdiplomatie roch. Seine Leidenschaft für Schillers „Wallenstein" hatte ihm den Spitznamen „Der Friedländer" eingebracht, doch da er manchmal royalistischer als der König sein wollte, titulierte Bismarck ihn lieber als „fanatischen Tempelritter" oder – ein wenig mitleidig – als „meinen armen Freund".[112] Jedenfalls schien kaum jemand besser geeignet, das Risiko des ersten Schusses auf sich zu nehmen. Bismarck – als Zivilist in Preußen natürlich ohne militärische Befugnisse – ließ in einem Privatbrief ein Bombardement von Schiller-Zitaten auf ihn los:

„Freund, jetzt ist's Zeit zu lärmen",
„Ich tat's mit Widerstreben
Da es in meine Wahl noch war gegeben
Notwendigkeit ist da, der Zweifel flieht
Jetzt fecht ich für mein Haupt und für mein Leben."
(Er geht ab, die anderen folgen!).[113]

Die Dramenrolle, die er Manteuffel zugedacht hatte, war durchaus aus dem Leben gegriffen. Er solle den „Yorck" spielen, schmeichelte er ihm – jenen altpreußischen Helden also, dessen eigenmächtiges Abkommen mit den Russen 1812 in Tauroggen den König von Preußen vor vollendete Tatsachen gestellt und den Krieg gegen Napoleon erzwungen hatte. Nur mußte im Juni 1866 ja nichts mehr erzwungen, niemand mehr vor vollendete Tatsachen gestellt werden. Diesmal war der Krieg längst beschlossene Sache, der Ausbruch nur eine Frage von Tagen. Es konnte Bismarck also nur darum gehen, die riskante Eröffnungszeremonie einem ehrgeizigen General aufzuladen, statt sie mittels diplomatischer Noten selbst moderieren zu müssen. Im ungünstigsten Fall hätte Manteuffel einen prächtigen Sündenbock abgegeben.

Allerdings spielten die Österreicher nicht ganz mit. Denn sobald sich Manteuffels Bataillone Altona näherten, erklärte FML Gablenz, daß er der Gewalt weichen und mit seinen Truppen abziehen werde. An die Bevölkerung des Herzogtums erging eine letzte und beinahe wehmütige Proklamation: „Als ich auf Befehl meines allergnädigsten Herrn die Regierung eures Landes übernahm, seid ihr mir mit Vertrauen entgegengekommen und ihr habt dasselbe mir im wachsendem Maße bis heute bewahrt. Nehmet meinen herzlichen Dank dafür. Schwere Tage werden über euch kommen. Einstweilen wird die Gewalt herrschen, fügt euch derselben mit eurer bewährten Besonnenheit. Bleibt aber auch in dieser neuen Prüfung treu eurer guten Sache."[114] Auch der Herzog von Schleswig-Holstein-Sonderburg-Augustenburg mußte Holstein nun verlassen. Die österreichische Regierung beschränkte sich zunächst auf „den entschiedensten Protest"[115] und appellierte an den Deutschen Bund in Frankfurt. Am 12. Juni nahm in Kiel ein preußischer Oberpräsident die Arbeit auf, so, als sei Schleswig-Holstein bereits eine preußische Provinz. Am gleichen Tag rief Österreich seinen Gesandten in Berlin zurück und stellte dem preußischen in Wien seine Pässe zu.

In der Berliner Wilhelmstraße bastelte Bismarck schon an neuen Sprengsätzen. Er verhandelte am 10. und 11. Juni mit dem italienischen General Istvan Türr, einem Exilungarn, über den die wichtigsten Geheimverbindungen zu König Viktor Emanuel II. und dessen magyarischen Schützlingen liefen. Die Aufstellung der „Ungarischen Legion" nahm jetzt konkrete Gestalt an. Die Finanzierung sollte von Preußen und Italien gemeinsam übernommen werden, und der ehemalige Revolutionsgeneral György Klapka wurde zu ihrem Kommandeur bestimmt. Bei dieser Gelegenheit erfuhr Bismarck auch von den Überlegungen der italienischer Führung, den Feldzug gegen Österreich mit der Einschließung und Belagerung des legendären österreichischen Festungsvierecks Verona-Peschiera-Mantua-Legnano zu beginnen. Das paßte ihm nicht, es schien ihm zu langwierig, und er wies den preußischen Gesandten in Florenz an, „überall, wo es ohne Indiskretion tunlich erscheint, in eindringlichster Weise" darauf hinzuwirken, daß sich die italienische Armee direkt auf das „Herz des Feindes" ziele.[116] Eine Formulierung, die Flügel bekommen und ihrem Schöpfer noch einmal peinlich werden sollte. Aber Bismarcks grimmige Attitüde hatte natürlich auch den Zweck, seine Partner in Florenz von Preußens Kampfbereitschaft zu überzeugen. Verständlicherweise war die Atmosphäre in den beiden verbündeten Kabinetten jetzt, wo der Krieg zum Greifen nahe schien, extrem gespannt. Alle fieberten dem ersten Schuß entgegen und zugleich mißtraute bis zur letzten Friedensminute jeder jedem.

Die quälendste Frage dieser Wochen und Tage betraf jedoch nicht die Achse Berlin-Florenz, sondern den Kurs der französischen Politik. Weder die fehlgeschlagene Vermittlung Venetiens noch der gescheiterte Kongreßplan hatten Kaiser Napoleon von dem Wunsch abbringen können, aus dem Streit seiner Nachbarn Kapital zu schlagen. Aber wie, das wußte er immer noch nicht. Der größten Gewinn – das linke Rheinufer – lockte, aber der maximale Einsatz – offene Parteinahme und direkte Beteiligung am Krieg – schreckte ab. Dann lieber ein kleineres Unternehmen. Er verlegte sich auf das einträgliche Geschäft der Erpressung. Er ließ die Österreicher diskret wissen, sie hätten Venetien ohne jede Vorbedingung – also auch ohne finanzielle Entschädigung – zu räumen, andernfalls werde er an der Seite Preußens in den Krieg eintreten.

Der k. k. Botschafter in Paris nannte Napoleon damals einen „Shylock" und „verfluchten Schächer".[117] Sein Vorgesetzter Mensdorff und dessen Kabinettskollegen empörten sich nicht weniger, obwohl sie zu der ausweglosen Situation einiges beigetragen hatten. Nun mußte unter Hochdruck verhandelt werden. Immerhin: Die Österreicher brachten am Ende noch eine Vereinbarung zustande, die ihnen zumindest einigen Spielraum ließ. Neben der Neutralitätszusage handelten sie den Franzosen noch das Versprechen ab, eine Ausdehnung der habsburgischen Macht in Deutschland wohlwollend zu dulden; im Falle eines Sieges über Preußen, versteht sich. Es war nicht nur an die Rückgewinnung Schlesiens gedacht, sondern auch daran, im Rheinland einen „neuen unabhängigen deutschen Staat" (Un nouvel Etat allemand indépendant) zu gründen,[118] möglicherweise für die 1859 aus Italien vertriebene Linie Habsburg-Toskana.

Vielfach ist behauptet worden, es habe sich um die Konstruktion eines mitteleuropäischen Pufferstaates, also um die Verkleinerung oder Teilung Deutschlands gehandelt. Davon war nie die Rede. Es ging ausdrücklich um einen „deutschen" Staat, also um ein Glied des Deutschen Bundes, der selbstverständlich ebenso souverän sein würde, wie gemäß Artikel I der Wiener Schlußakte alle anderen Bundesstaaten auch. Die Abtretung deutschsprachiger Gebiete an Frankreich stand nicht zur Debatte.

Im ganzen gesehen war der am 12. Juni unterzeichnete Geheimvertrag auch nicht die Ausgeburt habsburgischer Unfähigkeit, als der er von zahlreichen Historikern – meist in Unkenntnis seines Wortlauts – dargestellt worden ist. Die k. k. Regierung mußte abschließen, ihr blieb keine andere Wahl mehr. Die Hauptsache war, daß Frankreich ruhiggestellt wurde. Nur so konnten die Österreicher überhaupt noch hoffen, den ihnen aufgezwungenen Krieg zu gewinnen, mehr noch: die Deutsche Frage in ihrem Sinne zu lösen. Napoleon gestand ihnen ja zu, Preußen wenn nicht zu zerstückeln, so doch nachhaltig zu schwächen, und zwar so sehr, daß es einer Renovierung des Deutschen Bundes nicht länger im Weg stehen würde. Insofern war der Geheimvertrag eine Option für die Zukunft. Daß es bei der Theorie blieb, ist weniger dem Wiener „Grafenministerium" anzulasten als dem k. k. FZM Ludwig von Benedek, vor allem aber den Launen des Krieges. Den Ministern Belcredi, Mensdorff und Esterházy wären vermutlich goldene Kränze geflochten worden, wenn sich nach einem gewonnen Feldzug herausgestellt hätte, daß der militärische Sieg politisch bereits abgesichert war.

Die Sprengung des Bundestages

Am Montag, dem 11. Juni, vollzog sich in Frankfurt am Main ein bemerkenswertes Schauspiel. Die preußischen und österreichischen Truppen, die hier, im Zentrum des Deutschen Bundes, jahrzehntelang gemeinsam stationiert gewesen waren, verließen die Stadt. Getrennt natürlich und in verschiedene Richtungen. Sie stießen zu ihren jeweiligen Hauptstreitkräften, zum mutmaßlichen Kriegsschauplatz, vielleicht zum gemeinsamen Schlachtfeld. Die Frankfurter Bevölkerung nahm auf ihre Weise Partei; mit demonstrativem Schweigen beobachtete sie den Vorbeimarsch der Preußen, während sich der - wie man annahm, vorübergehende - Abschied der Österreicher „zu einem wahren Triumphzug" gestaltete.[119]

Im Thurn und Taxis-Palais in der Großen Eschenheimer Straße, dem Sitz des Bundestages, tagten die beiderseitigen Diplomaten zwar immer noch gemeinsam, nur wurde nun die Luft immer dicker. Nachdem Holstein militärisch besetzt war, appellierte Österreich an die Solidarität der deutschen Staatengemeinschaft. Der österreichische Bevollmächtigte Aloys Frhr. von Kübeck beantragte am 11. Juni die Mobilisierung der nichtpreußischen Bundeskontingente, woraufhin der preußische Vertreter Karl Friedrich von Savigny erklärte, dieser Antrag sei bundeswidrig und dürfe überhaupt nicht behandelt werden. Mehrheitlicher Widerspruch der Versammlung. Schließlich wurde die Abstimmung auf Donnerstag, den 14. Juni festgesetzt. Bis dahin sollten die Delegierten Gelegenheit haben, ihre Instruktionen einzuholen.

Der Deutsche Bund hatte das Recht unzweifelhaft auf seiner Seite; leider auch die Pflicht, es durchzusetzen. Das preußische Vorgehen in Holstein erfüllte den Tatbestand der Selbsthilfe (lies: Selbstjustiz) im Sinne des Artikels 11 der Bundesakte, stellte also einen Bruch der völkerrechtlich verbindlichen Bundesverfassung dar. Aufgabe des Bundes war es nun, über geeignete Gegenmaßnahmen zu befinden. Äußerstenfalls konnte er zur Bundesexekution schreiten und die verfassungsmäßige Ordnung mit militärischen Mitteln wiederherstellen. Soweit die Theorie. Praktisch ging es um eine Regierung, die ihre konföderativen Pflichten nicht erst in Holstein, sondern schon durch das Abkommen mit Italien grob verletzt hatte, die ihre innerstaatliche Verfassung seit vier Jahren fortwährend mißachtete und augenblicklich im Begriff war, einen Bürgerkrieg auszulösen. Auch wenn im Hinblick auf Italien das ganze Ausmaß von Bismarcks Spiel nur geahnt werden konnte, so verstand doch auch der weltfremdeste Jurist, daß hier mit Verfassungsartikeln nicht viel zu machen war.

Alles fieberte nun dem Donnerstag entgegen, dem Tag der Bundestagssitzung. Die Minister der kleineren Staaten mit gemischten Gefühlen, sie waren ihrem gemütlichen Statistendasein jäh entrissen. Antipreußen wie Beust und Dalwigk blickten dem Krieg entschlossen ins Auge, bereit, selbst von fremdem Boden aus weiterzukämpfen. Andere, wie der Hannoveraner Graf von Platen, standen noch vor der Wahl zwischen Widerstand und Unterwerfung. Unterhalb einer gewissen Landesgröße und innerhalb eines bestimmten geographischen Raumes verstand sich die Entscheidung von selbst, die norddeutschen und thüringischen Kleinstaaten waren zur Zusammenarbeit mit Berlin verurteilt. Die Zahl der Gläubigen, die auf die Heiligkeit der Wiener Schlußakte bauten, nahm angesichts der preußischen Truppenaufmärsche in Nord- und Mitteldeutschland jedenfalls rapide ab.

So war in der Große Eschenheimer Straße kaum jemand enttäuscht, als der österreichische Antrag auf eine bayerische Initiative hin merklich entschärft wurde: Erstens sollte dessen Motivation – sie war am Wiener Ballhausplatz natürlich pro domo formuliert worden – ausgeklammert werden. Zweitens wurde das österreichische Bundeskontingent ebenso wie das preußische von der Mobilmachung ausgenommen. Das war beim Rüstungsstand dieser Tage zwar ohnehin egal, unterstrich aber die Überparteilichkeit des Bundestages. Drittens fiel die Wahl des „Bundesfeldherren" weg, wodurch die ganze Aktion noch zusätzlich heruntergespielt werden sollte. In der Tat mußte ein Heer ohne Führer wenig bedrohlich wirken. In Wien war man natürlich alles andere als begeistert. Der bayerische Ministerpräsident verwässere die ganze Sache, Österreich werde geradezu auf eine Stufe mit dem preußischen Aggressor gestellt, hieß es. Aber Außenminister Graf Mensdorff blieb keine Wahl, wollte er dem eigensinnigen Bayern auch nicht den geringsten Vorwand zum Absprung liefern.

Der bayerische Entwurf wurde mit 9 gegen 6 Kuriatstimmen angenommen, unterstützt unter anderem von Sachsen, Württemberg, Hessen-Darmstadt, Nassau und – was nicht selbstverständlich gewesen war – von Hannover und Kurhessen. Baden enthielt sich. Auf der Gegenseite hatte Preußen neben den prinzipiell desinteressierten Niederlanden (für Limburg und Luxemburg) im wesentlichen nur die ohnmächtigen, teilweise auch sehr widerwilligen Kleinstaaten aus seiner Nachbarschaft versammeln können.

Kaum stand das Ergebnis fest, da erhob sich der preußische Bevollmächtigte von Savigny und erklärte nicht etwa den Beschluß, sondern gleich den ganzen Deutschen Bund für null und nichtig. Bismarck hatte Savigny unabhängig vom Ausgang der Abstimmung dazu ermächtigt: Angeblich werde der Bundesvertrag schon durch die bloße Diskussion des österreichischen Antrages hinfällig. So stand es in einer langen Verlautbarung, die der Preuße sich in der Überzeugung zurechtgelegt hatte, die dramatischste Szene seiner Laufbahn zu erleben. Das Peinliche war nur, daß der österreichische Antrag, dessen Verwerflichkeit sich wie ein roter Faden durch das ganze Schriftstück zog, überhaupt nicht behandelt worden war. Sichtbar verlegen brachte Savigny es aber nicht über sich, von seinem Text abzuweichen und zu improvisieren. Erich Eyck schrieb darüber, der welthistorisch bedeutsame Akt des Austritts Preußens aus dem Deutschen Bund sei unter Begleitumständen erfolgt, die der Bedeutung des Moments nicht entsprochen habe.[120] Das kann man so sehen, doch ist nicht von der Hand zu weisen, daß die tragikomische Situation ganz gut zum Charakter der preußischen Note paßte und sie als das erscheinen ließ, was sie in Wirklichkeit war: als eine Farce.

Zum Ende seiner Rede hin kündigte Savigny noch die Gründung eines neuen, diesmal preußisch-kleindeutschen Bundes an, nicht aber ohne auf die Rechte seines Staates am Eigentum des alten hinzuweisen. Dann verließ er den Saal, teils protestierende, teils lachende Kollegen zurücklassend, „die ihm deutlich genug zu verstehen gaben, daß er das falsche Dokument aus der Tasche gezogen habe".[121] Nachdem sich die Aufregung gelegt hatte, stellte der Präsidialgesandte Frhr. von Kübeck fest, der Deutsche Bund sei „nach Art. 1 der Bundesakte ein unauflöslicher Verein, auf dessen ungeschmälerten Fortbestand das gesamte Deutschland, sowie jede einzelne Bundesregierung ein Recht hat, und nach Art. V der Wiener Schlußakte kann der Austritt aus diesem Verein keinem Mitgliede desselben freistehen".[122] Und er schloß mit den frommen Worten: „Die Verantwortlichkeit für die schwere Verwicklung, welche infolge des Schrittes der preußischen Regierung in Deutschland eintritt, trifft diese allein. Die bundestreuen Regierungen werden ihre Pflichten gegeneinander und gegen die deutsche Nation zu erfüllen wissen, indem sie auf dem Boden des Bundesrechts fest zusammenstehen."[123]

Vorläufig verschanzte Österreich sich also hinter der Bundesakte. Das war juristisch korrekt und politisch zu wenig. Zu einem eigenen Reformentwurf konnte sich das Wiener Kabinett nicht durchringen; so blieb die öffentliche Meinung preußenfeindlich, ohne im gleichen Maße proösterreichisch zu werden. Die nationale Karte, die Bismarck hemmungslos ausspielte, wurde in der Hofburg nur mit spitzen Fingern angerührt. Einige kleinere Bundesgenossen waren da wieder einmal einige Schritte voraus. Der Darmstädter Dalwigk – im eigenen Land genauso unbeliebt wie Bismarck in seinem, aber auch genauso angriffslustig wie dieser – stellte sich vor, die mit Italien verbündeten Preußen zu „Feinde[n] Deutschlands" zu erklären und einen Volkskrieg wie 1813 zu entfesseln.[124] Und das Bekenntnis, das seine österreichischen Kollegen nicht über die Lippen brachten, gab er seinem Parlament schriftlich: durchgreifende Bundesreform, nationale Volksvertretung mit allen konstitutionellen Rechten, Bildung einer den Einzelstaaten übergeordneten deutschen Zentralgewalt. In Dresden bewegte man sich in dieselbe Richtung; selbst die konservativ-aristokratische Erste Kammer des Landtages sprach sich hier für direkte Wahl und „schleunigste" Einberufung eines Nationalparlamentes aus.[125] Aber gerade die Sachsen sollten als eine der ersten spüren, was Bismarck so treffend mit den Worten „Eisen und Blut" umschrieben hatte.

Die Unterwerfung Norddeutschlands

Noch ehe sich die Mittelstaaten überhaupt geäußert und abgestimmt hatten, war in Berlin schon ihre Ausschaltung beschlossen worden. In den preußischen Gesandtschaften in Dresden, Kassel und Hannover lagen bereits die gleichlautenden „Somnationen", die zwei Tage nach der Bundestagssitzung übergeben werden sollten. Als Bismarck vom Ausgang der Frankfurter Abstimmung erfuhr, verlegte er den Termin noch um einen Tag vor; auf Freitag den 15. Juni.

Am Morgen dieses Tages erschien der preußische Gesandte von der Schulenburg im Dresdner Schloß und forderte den sächsischen König Johann auf, bis Mitternacht die Demobilisierung seiner Armee anzuordnen und verbindlich zu erklären, die Einberufung des Nationalparlaments von Preußen allein bestimmen zu lassen. Bei Annahme des Ultimatums könne Sachsen in seinen bisherigen Grenzen weiterbestehen, jedoch nur in einem kleindeutschen Bund unter preußischer Führung. Bei Ablehnung hingegen „würde Se. Majestät der König zu seinem lebhaften Bedauern sich in die Notwendigkeit versetzt finden, das Königreich Sachsen als im Kriegszustand gegen Preußen befindlich zu betrachten und diesem Verhältnis entsprechend zu handeln".[126]

Der König von Preußen und sein Gesandter hatten gut reden. Zwischen Elbe und Neiße standen drei preußische Divisionen bereit zum Marsch auf Dresden, die sogenannte „Elbarmee" des Generals Herwarth von Bittenfeld. Weiter östlich, in der Lausitz, war die noch größere 1. Armee unter Prinz Friedrich Karl von Preußen aufmarschiert. Ohne den Ablauf des Ultimatums abzuwarten, überschritten einzelne Truppenteile noch im Laufe des Tages die Grenze. Die Absurdität des nun beginnenden Bürgerkrieges spiegelt sich in dieser Szene wider. Es gab kein Niederreißen von Grenzbäumen, keinen feierlichen Einmarsch, auch keinen Schußwechsel: Das 1. Bataillon des preußischen Infanterieregimentes Nr. 34, das den Elbübergang bei Riesa besetzen sollte, bestieg einfach den fahrplanmäßigen Schnellzug Berlin-Dresden und ließ sich über die Grenze fahren. Am Elbufer angekommen, fand sich allerdings statt einer Eisenbahnbrücke nur noch ein rauchenden Trümmerhaufen vor – die sächsischen Pioniere waren schneller gewesen. Ein anderes preußisches Bataillon hatte mehr Glück und konnte die Brücke von Wurzen noch rechtzeitig in seine Gewalt bringen.

Die ganze Zeit über saß in Dresden noch der Gesandte von der Schulenburg und wartete den Ablauf seines Ultimatum ab. Die Antwort enttäuschte nicht: Sachsen hielt am Mobilmachungsbeschluß des Bundes ebenso fest wie an der Idee der Volksvertretung „für ganz Deutschland"[127] – etwas anderes hatte man auch nicht ernsthaft erwartet. Die diplomatische Maschinerie stellte sich nun von selbst ab. Um 22.30 Uhr telegraphierte Schulenburg nach Berlin: „Ich habe . . . die Kriegserklärung unumwunden ausgesprochen . . . und meine Pässe verlangt. Große Aufregung. Die Truppen verlassen die Stadt."[128]

Tatsächlich dürfte sich die Aufregung in Grenzen gehalten haben. Sachsen war auf die Invasion so gut vorbereitet, wie kein zweiter deutscher Staat. Während preußische Truppenverbände das Land von zwei Seiten aus in die Zange nahmen, hielt der sächsische Oberkommandierende Kronprinz Albert seine Armee konsequent zusammen, jede Feindberührung vermeidend. Kleinere Trupps behinderten lediglich den feindlichen Vormarsch, indem sie nach der Riesaer auch die Meißener Elbbrücke zerstörten und die Bahnverbindung nach Dresden unterbrachen. König Johann und seine Minister hatten längst beschlossen, den Kampf nicht allein, sondern an der Seite der Österreicher auszufechten. Als die preußische 16. Division Montag nachmittags in Dresden einrückte, fand sie statt des Feindes nur eine Proklamation des sächsischen Königs vor: „Zwar sind wir gering an Zahl, aber Gott ist in den Schwachen mächtig, die auf ihn trauen, und der Beistand des ganzen bundestreuen Deutschland wird uns nicht ausbleiben. Bin Ich auch für den Augenblick genötigt, der Übermacht zu weichen . . ., so bleibe ich doch in der Mitte meines tapferen Heeres."[129]

Zu diesem Zeitpunkt befand sich die sächsische Armee bereits jenseits des Erzgebirges auf böhmischem Gebiet. Plangemäß und ohne Verluste stieß der Kronprinz von Sachsen mit 32.000 Mann, 58 Geschützen und einem kompletten Eisenbahnfuhrpark zum österreichischen Heer. Im Hauptquartier in Olmütz erließ Benedek einen euphorischen Tagesbefehl: „In Treue und Hingebung für König und Vaterland hat das Armeekorps seine Heimat freiwillig und ohne Schwertstreich verlassen, um vereint mit uns einzustehen für das Recht und die Unabhängigkeit Sachsens und Deutschlands . . . Willkommen also, tapfere Waffenbrüder, im kaiserlichen Feldlager! Schon nahen auch die anderen treuen Bundes- und Waffengefährten, und so wollen wir denn alle wie Brüder zusammenstehen . . ."[130]

In Kassel, der Hauptstadt des Kurfürstentums Hessen, spielte sich am 15. Juni zunächst ähnliches ab, wie in Dresden. Auch hier erschien im Laufe des Tages der preußische Gesandte mit dem Ultimatum in der Tasche. Aber anders als die sächsische war die kurhessische Reaktion nicht ganz abzusehen. Überhaupt schien in dieser chaotischen Monarchie nichts unmöglich zu sein. Der Landtag war preußenfreundlich gestimmt, seit der Hohenzollernstaat die ärgsten Übergriffe der kurfürstlichen Regierung mißbilligt hatte. Das nahm Kurfürst Friedrich Wilhelm natürlich übel, aber andererseits bestanden traditionelle Verbindungen nach Berlin, König Wilhelm war sein Vetter ersten Grades, und Bismarck ein Mann nach seinem Herzen, weil er sein eigenes Parlament so vorbildlich schlecht behandelte. Österreich hatte hier nie viel zu melden gehabt. Wieder auf einem anderen Blatt – nämlich auf dem letzten – standen die preußischen Bundespläne. Schon der Vorschlag eines Nationalparlamentes rief im idyllischen Schloß Wilhelmshöhe allergische Reaktionen hervor. Die Verhandlungen mit dem preußischen Gesandten Generalleutnant Heinrich von Roeder gestalteten sich jedenfalls so lebendig, wie es nur sein kann, wenn einer der Beteiligten cholerisch und rechthaberisch bis an die Grenze der Unzurechnungsfähigkeit ist, und der andere achtzehn Bataillone Infanterie an der Hand hat.

Berlin hätte Kurhessen gern gegen das eindeutig feindlich gesonnene Großherzogtum Hessen ausgespielt, das noch nicht einmal eines Ultimatums gewürdigt wurde. Doch als Generalleutnant von Roeder den Kurfürsten für gutes Betragen einige darmstädtisches Gebietsteile in Aussicht stellte, holte er sich eine grobe Abfuhr. „Er sei kein Räuberfürst, wie gewisse Herren in Italien",[131] soll der Kasselaner gesagt haben, eine deutliche Anspielung auf König Wilhelms piemontesischen Bündnispartner. Auch die bekannte Invasionsdrohung nutzte nichts. Der Kurfürst beharrte auf dem Standpunkt, daß er sich an die Beschlüsse des Bundes halten müsse, daß dieser Bund unauflöslich sei, und im übrigen könne Preußen dort ja gern wieder eintreten. Nun griff von Roeder zum äußersten Mittel: Nachdem man das Land besetzt habe, so kündigte er an, werde man den Monarchen zur Abdankung zwingen. Das war kein Bluff. Bismarck verhandelte in diesen Tagen intensiv mit dem kurhessischen Thronfolger, einem Neffen des Kurfürsten, konnte ihn allerdings nicht dazu bringen, gegen seinen Onkel aufzutreten.

Der Kurfürst zeigte sich bestürzt, fing sich aber schnell wieder: „Ich bin ebenso souveräner Fürst in meinem Leben (!) wie der König von Preußen in seinem".[132] Am Ende redete er sich ein, der Gesandte spreche einfach nicht die Wahrheit. Achselzuckend zog von Roeder ab, das letzte Wort dem preußischen Divisionskommandeur in Wetzlar überlassend. Die begreiflicherweise sehr besorgten kurhessischen Minister bekamen von ihrem Herrn nur zu hören: „Ich will mich nicht blamieren. Wir stehen im Bunde. Der Bund hat's beschlossen, und wir führen den Beschluß aus."[133]

Und wirklich: Für den Kurfürsten war die Angelegenheit damit erledigt. Seine morganatische Ehefrau Fürstin Gertrud von Hanau, ehedem Frau Lehmann, reiste zwar sehr schnell in Richtung Schweiz ab. Aber er selbst tat so, als hätte es das preußische Ultimatum nie gegeben, hielt weiterhin hof auf der Wilhelmshöhe, ließ seine Beamten und Offiziere machen und wartete die Dinge ab, die da kommen sollten. Als seine Truppen – für die er innerhalb eines Tages zwei Oberkommandierende ernannte – in den noch sicheren Süden des Landes abrückten, blieb der Kurfürst in seiner Residenz zurück, immerhin in Gesellschaft des kurhessischen Haus- und Staatsschatzes. Wenige Tage später war Wilhelmshöhe von preußischen Soldaten umstellt. Mit ihnen kam von Roeder wieder, jetzt aber nicht mehr als Diplomat, sondern als preußischer General, der dem nunmehrigen „Kriegsgefangenen" die Zwangsverschickung nach Stettin ankündigte.

Der zänkische, halsstarrige und dabei doch bedauernswerte Kurfürst sollte seine Heimat nicht wiedersehen.

Was sich in Kurhessen als Tragikomödie abspielte, geriet in Hannover zum Drama. Auch dort regierte ein naher Verwandter des Königs von Preußen: Georg V. war ein Neffe der beliebten Königin Luise und überdies in Berlin geboren, wo seine Eltern einige Zeit lang gelebt hatten. Ein Feind Preußens war er also kaum, nur ein Feind der preußischen Hegemonialpolitik, die offensichtlich darauf aus war, sein Land in einen hohenzollerischen Satelliten zu verwandeln. Daß er sich dagegen wehrte, kann man nachvollziehen, ohne den vielzitierten Welfenstolz, das überspannte Gottesgnadentum und die Realitätsferne des blinden Königs bemühen zu müssen. Nur ging sein Vertrauen auf das Völkerrecht und auf die Unerschütterlichkeit der deutschen Staatengemeinschaft so weit, daß er sich bis zuletzt mehr auf die Bundesakte als auf seine eigene Armee verließ. Die Geographie seines Landes und die geschichtlichen Gewohnheiten seines Nachbarn hätten ihn eigentlich eines Besseren belehren müssen.

Die hannoverschen Truppen waren kaum einsatzbereit und über das ganze Land verstreut. Eigentlich sollten Manöver abgehalten werden, was zur Folge hatte, daß sich verschiedene Einheiten schon nicht mehr in ihren Garnisonen befanden und weder Nachschub noch Reservisten aufnehmen konnten. Die Vereinigung der Armee mußte Hals über Kopf befohlen werden, als Nachrichten von einem preußischen Aufmarsch bei Minden eintrafen. Und das war nur die halbe Wahrheit: Direkt an der Elbe, bei Hamburg, stand mittlerweile ja das Korps des Generals von Manteuffel, das die Österreicher aus Holstein gedrängt hatte. „Der Friedländer" besaß sogar eine offizielle Genehmigung, das Königreich Hannover zu betreten und zu durchqueren – die biederen Hannoveraner hatten ihm nämlich nicht verwehren wollen, was zuvor schon der abziehenden österreichischen Brigade zugestanden worden war. Man kann sich schwierigere Invasionen vorstellen.

Vor der Überreichung des Ultimatums nahm der preußische Gesandte am Welfenhof an, „daß Hannover die Sache nicht auf die Spitze treiben und nicht mit der im ganzen Lande zerstreuten, völlig unausgerüsteten Armee einen so abenteuerlichen Kriegszug unternehmen werde".[134] Er kannte König Georg schon seit vielen Jahren, doch wie sich zeigte, nicht sehr gut. Denn der wollte lieber „mit Ehren untergehen",[135] als sich dem Bismarckschen Diktat zu beugen. Seine Ratgeber rangen zwar mit den Händen, wagten aber keinen Widerspruch. Die Hauptstadt, die keine siebzig Kilometer von der preußischen Grenze entfernt lag, geriet am ehesten in Aufregung. Die Mitglieder des Magistrats fuhren noch eine Stunde vor Ablauf des Ultimatums, Freitag, dem 15. Juni um 23 Uhr, in zwei Dutzend Kutschen hinaus nach Schloß Herrenhausen, um den König umzustimmen. „Als Christ, als Monarch und als Welfe"[136] könne er nicht anders, bekamen sie zu hören. Also folgte die preußische Kriegserklärung. Noch in derselben Nacht verließ Georg Hannover und reiste zu seiner Armee ab.

Diese Armee war ein Torso. Das Oberkommando stand vor einer beinahe unlösbaren Aufgabe: Es mußte die über das ganze Land verteilte und von ihren Garnisonen teilweise abgeschnittenen Truppenteile sammeln (wie?), es mußte Reservisten einberufen (wohin?), und es mußte die notwendige Ausrüstung heranschaffen (woher?). Kurzum, es mußte eine Generalmobilmachung, die gewöhnlich mehrere Wochen in Anspruch nahm, innerhalb von Stunden und Tagen durchführen. Das Korps Manteuffel hatte im Schutz einiger preußischer Kriegsschiffe schon Freitag mittags bei Hamburg mit der Elbüberquerung begonnen. Die Vorhut stand bereits am Bahnhof Harburg, über den eigentlich hannoversche Truppentransporte abgewickelt werden sollten. Samstag morgens setzte sich auch die preußische 13. Division vom westfälischen Minden aus in Bewegung.

Die hannoversche Staatsbahn leistete an diesem Wochenende Außerordentliches. Pausenlos fuhren Züge hin- und her, um Soldaten aufzunehmen und alles nur greifbare Kriegsmaterial in Sicherheit zu bringen. In der Hauptstadt wurden in fieberhafter Eile die Zeughäuser ausgeräumt, selbst Privatleute kamen spontan hinzu, um zu helfen. Was nur irgendwie zu gebrauchen war, wurde nach Göttingen verladen, wo sich die Armee nunmehr sammeln sollte. Vieles blieb trotzdem liegen; die nachrückenden Preußen brauchten Wochen, um allein diese Beute zu inventarisieren.

Nicht wenige hannoversche Soldaten hatten Mühe, überhaupt noch nach Süden durchzukommen. Das 4. Infanterieregiment aus Stade, dem der Weg über Harburg schon versperrt war, erreichte über Umwege noch einen benutzbaren Bahnhof bei Bremen. Das Celler Cambrigde-Dragoner-Regiment wäre in der allgemeinen Aufregung beinahe vergessen worden; es rückte schließlich auf eigene Faust nach Göttingen ab. Das Glück im Unglück der Hannoveraner war, daß ihre Gegner nicht ganz so schnell zuschlugen, wie sie mit dem Säbel rasselten. Der 69jährige preußische General Eduard Vogel von Falckenstein, ein Veteran aus den Befreiungskriegen (1813/15), erließ am 16. Juni zwar einen bühnenreifen Tagesbefehl („Hannover, Sachsen, Kurhessen, mit denen wir bis jetzt in Fried und Freundschaft lebten, haben auf Ansuchen Österreichs beschlossen, eine Exekutionsarmee gegen Preußen ins Feld zu stellen. Es ist nicht unsere Sache, die Gründe hierfür zu erforschen, aber selbstverständlich ist dieserhalb Seiner Majestät unserem allergnädigsten König nichts übrig geblieben, als den übermütigen Regierungen jener Kleinstaaten den Krieg zu erklären, was geschehen.")[137] Er beschränkte sich an diesem ersten Tag aber auf ein Etappenziel im friedliche Schaumburg-Lippe. Erst am Sonntag überschritten seine Truppen die Grenze, rückten dann aber in einem Gewaltmarsch von 43 Kilometern bis nach Herrenhausen und Hannover vor. Bei Edwin von Manteuffel lief es noch zögerlicher. Eitel wie er war, hatte er Wilhelm I. am 14. Juni telegraphisch bekniet, als Erster losschlagen zu dürfen; er würde dann „das ganze Hannover aufrollen", „wie ein Donnerschlag in Deutschland" wirken und: „Telegraphieren Ew. Majestät in

Gnaden, ich würde vor ein Kriegsgericht gestellt, so ist politische Stellung gewahrt; ich handle, und der militärische Effekt ist da."[138] Aber wie schon kurz zuvor in Holstein blieb dem „Friedländer" auch dieses Mal der Einzug in die Lesebücher verwehrt. Für seinen „Donnerschlag" interessierte sich im Waffenlärm dieser Tage kaum ein Mensch; und da er die Durchmarschgenehmigung ja ohnehin besaß, glich die von Berlin schließlich genehmigte Aktion („Gehen Sie also dreist und schnell über die Elbe"[139]) eher einer friedlichen Manöverübung. Mit der Besetzung Harburgs fiel ihm zwar ein wichtiger Bahnhof in die Hände, aber von einem „Aufrollen des ganzen Hannover" konnte nicht die Rede sein. Was ihn am weiteren Vormarsch hinderte, war weniger die altersschwache Welfenfestung Stade, als die Aussicht, mit dem dienstälteren Vogel von Falckenstein zusammenzutreffen. Die Vereinigung der beiden Invasionsverbände – natürlich unter Vogel von Falckensteins Oberbefehl – vollzog sich jedenfalls später als nötig. Und für die hannoversche Armee, die sich bei Göttingen irgendwie zu vervollständigen suchte, war jede Stunde kostbar.

Noch von Hannover aus hatte König Georg Hilferufe nach Kassel und Braunschweig geschickt. Kurhessen hatte schließlich ebenfalls für den bayerischen Antrag gestimmt, und das Herzogtum Braunschweig war Welfenland, was für den blinden Georg vermutlich mehr zählte als alles andere. Dort fürchtete man allerdings die Rache aus Berlin. Bismarck garantierte den norddeutschen Kleinstaaten Territorialbesitz und innere Autonomie nämlich nur für den Fall, daß sie sich außenpolitisch wie militärisch an Preußen anschlössen. Unter diesen Umständen bedeutete es schon viel, wenn Braunschweig zunächst neutral bleiben wollte, statt sein Kontingent unverzüglich dem preußischen Oberkommando zur Verfügung zu stellen.

Auch andere Kleinstaaten spielten gegenüber Preußen auf Zeit: Mecklenburg-Schwerin stellte Bedingungen, und das kleine Mecklenburg-Strelitz brachte es sogar fertig, ganz ohne Kriegsteilnahme davonzukommen. Die meisten Regierungen unterwarfen sich aber sofort, meist zähneknirschend, fast immer ängstlich und selten so bereitwillig, wie die des Herzogs von Sachsen-Coburg und Gotha. Konsequenterweise ließen einige von ihnen ihre Austrittserklärung an dem Deutschen Bund folgen, so am 21. Juni Oldenburg und Lippe und vier Tage später Anhalt, Schwarzburg-Sondershausen und Waldeck. Viele fuhren allerdings so lange wie möglich zweigleisig. Pro forma hielten sie am Bundesbeschluß fest und ließen ihre Militärkontingente in die Bundesfestungen Mainz und Rastatt abgehen (wo sie niemandem nützten und niemanden störten); gleichzeitig verhandelten sie über den Anschluß an Preußen. Nur die Thüringer Zwerge Sachsen-Meiningen und Reuß-Greiz setzten auch weiterhin ganz auf den Deutschen Bund.

Von Hannover nach Langensalza

Zu Beginn der dritten Juniwoche glich die Universitätsstadt Göttingen einem Heerlager. Hier drängte alles zusammen, was sich vor der preußischen Invasion noch hatte in Sicherheit bringen können. König Georg logierte in einem Hotel mit dem sinnigen Namen „Zur Krone", in seinem Gefolge der 21jährige Kronprinz Ernst August und Außenminister Adolf Graf Platen-Hallermünde (der Bismarck für einen „Narren" hielt[140]). Selbst der österreichische Gesandte war mitgekommen, um bei passender Gelegenheit Wiener Interessen zu vertreten. Aus allen Richtungen strömten Militärangehörige in die Stadt: reguläre Soldaten ebenso, wie Reservisten in Zivil und ohne Ausrüstung, die sich auf manchmal abenteuerlichen Wegen durchgeschlagen hatten. Für viele von ihnen gab es auch in Göttingen weder Waffen noch Uniformen. Überall mußte improvisiert werden. Verschiedene Einheiten hatten einen Großteil ihrer Munitionsvorräte verloren und erhielten aus den übrig gebliebenen Beständen mehr oder weniger notdürftigen Ersatz. Die Kavallerie hatte nicht genügend Pferde, fast ihre gesamte Biwakausrüstung war in Hannover zurückgeblieben, und was sie noch an Gepäck besaß, mußte auf Bauernkarren mitgeführt werden. Der Artillerie gelang es, in der Kürze der Zeit einen wenigstens einigermaßen ausreichenden Fuhrpark zu organisieren. Im übrigen gab es weder genügend Ärzte noch einen ausreichenden Verpflegungs- und Versorgungsdienst noch eine ernstzunehmende Militärpolizei.

Es fehlte also an allen Ecken und Enden; an einen Kampf mit den vereinigten Truppen Vogel von Falckensteins und Manteuffels war nicht zu denken. Die Vorschläge einiger Fatalisten, sich entweder in Göttingen oder im nahegelegenen Harz zur Schlacht zu stellen, fanden im Hauptquartier des Königs daher keinen Anklang. Was blieb, war die sächsische Lösung, also das Land vorläufig zu verlassen und bei befreundeten Streitkräften Hilfe zu holen. Nur: Bei wem?

Die österreichische Hauptarmee marschierte in Böhmen und Mähren auf; gut für die Sachsen, weit weg für die Hannoveraner. Der Deutsche Bund mobilisierte noch. Sein militärischer Kern, das 8. südwestdeutsche Bundesarmeekorps, bestand vorerst nur aus der großherzoglich hessischen Division und einer württembergischen Brigade, die der Kommandierende General selbst als „vom besten Geist beseelt, aber sehr mangelhaft ausgerüstet" beschrieb.[141] Gerade genug, um Frankfurt zu sichern, wo die Angst vor einem preußischen Handstreich umging.

Es blieb noch die bayerische Armee, die sich in der fränkischen Maingegend sammelte. An ihrer Spitze stand der fast 71jährige Prinz Karl von Bayern, denn König Ludwig II. zog es vor, am Starnberger See Feuerwerke abzubrennen. Obwohl der Aufmarsch noch nicht abgeschlossen war, setzte sich auf den hannoverschen Hilferuf hin die bayerische 1. Division von Schweinfurt aus in Bewegung. Man wußte, daß nicht weit hinter der kurhessischen Grenze, zwischen Rhön und Main, ebenfalls bundestreues Militär stand, das Anschluß nach Süden suchte. Es waren die Truppen des Kurfürsten, der ihnen ja auf so eigenartige Weise abhanden gekommen war. Eine Vereingung aller drei Heeresteile im Raum Fulda bot sich also an. Aber am 19. Juni zogen die Preußen auch schon in Kassel ein, und die rasche Besetzung Nordhessens versperrte den Hannoveranern den Weg. Sie hätten ihn freikämpfen müssen – was ihnen möglicherweise gelungen wäre – und damit zuviel Zeit verloren, um der von Norden her nachdrängenden Armeegruppe Vogel von Falckenstein zu entwischen. Notgedrungen entschied sich das hannoversche Oberkommando für den Umweg über Thüringen. Die Bayern gaben nun den Vormarsch auf, um es weiter östlich zu versuchen; die Kurhessen retteten sich zum 8. Bundesarmeekorps.

Gerade eine Woche war seit der entscheidenden Bundestagssitzung vergangen, eine unfaßbar kurze Zeitspanne für das, was sich seitdem ereignet hatte. Am Donnerstag, dem 21. Juni, verließ König Georg mit seiner Armee Göttingen: Ein Zug aus 17.000 behelfsmäßig ausgerüsteten Soldaten, manche noch in Zivil, mit einem Troß aus requirierten Transportkarren, Ackergäulen und Ochsen, dazwischen Sanitätskolonnen ohne Ärzte, Reservisten ohne Waffen und Reiter ohne Pferde. Immerhin, es war eine Armee, und sie machte es der preußischen Heeresleitung schwerer, als man es für möglich gehalten hätte.

Nun begann der Wettlauf nach Süden: voran die hannoversche Armee, Vogel von Falckensteins Übermacht im Nacken und die aus Kassel kommende preußische Division Beyer dicht an der rechten Flanke. So dicht, daß hannoversche Kavallerie schon am Tage des Abmarsches mit einer feindlichen Aufklärungspatrouille zusammenstieß. Der Soldat vom Trierer Husarenregiment Nr. 9, der bei diesem kurzen Gefecht drei Kilometer östlich des Dorfes Arnstein fiel, dürfte das erste Opfer des Krieges von 1866 gewesen sein. Das geschah etwa dort, wo viele Jahre später die minenverseuchte Grenze der DDR verlief, eine weitläufige Folge jener Umstände, die zunächst einem unbekannten mosselländischen Husaren den Tod brachten.

Die hannoversche Armee setzte zu einem großen Linksbogen an. Sie marschierte von Göttingen aus südöstlich in Richtung Heiligenstadt und Mühlhausen, kurioserweise mitten durch preußisches Gebiet. Verkehrt war das nicht, denn der preußische Teil Thüringens war militärisch ebenso ausgekämmt, wie jedes andere mobilisierte Territorium. Die unabhängigen Kleinstaaten in der Gegend fielen kaum ins Gewicht. Zwischen den Hannoveranern im Norden und den rettenden Bayern im Süden standen im Grund genommen nur einige zwergfürstliche Schloßwachen, eine schwache preußische Militärabteilung und eine

Handvoll Schutzmänner. Die Hannoveraner mußten sich also nirgendwo durchkämpfen, nur so schnell marschieren, daß ihre Verfolger sie nicht mehr einholen konnten.

Leicht gesagt, wenn man auf dem Rücken eines Pferdes, vor einer Generalstabskarte oder im Arbeitszimmer eines Historikers sitzt. Der Juni 1866 war ein ungewöhnlich heißer Monat; im Thüringer Becken herrschte ein drückendes, schwüles Klima. Die Soldaten schleppten ihr Marschgepäck über endlose Landstraßen. Durst und Anstrengung machten vor allem den Rekruten und den aus dem Zivilleben gerissenen Reservisten zu schaffen. Man mußte ihnen immer wieder einschärfen, nicht aus jedem Bach oder Wassertümpel zu trinken; es drohte Seuchengefahr. Am zweiten Marschtag, dem 22. Juni, wurde die Erlaubnis erteilt, alles nicht unbedingt Notwendige aus den Rucksäcken zu nehmen. Nach kurzer Zeit waren die Wegränder übersät mit Ausrüstungsgegenständen aller Art, vor allem mit Uniformteilen; ein Anblick, der Bürokratenseelen erschütterte und Pessimisten bestärkte. Von beidem gab es im hannoverschen Oberkommando reichlich. So kamen die Hannoveraner bis zum Abend nach Mühlhausen, einer Kreisstadt im preußischen Regierungsbezirk Erfurt. Sie hatten Glück. Feindliches Militär war weit und breit nicht zu sehen.

General Vogel von Falckenstein, der nun alle preußischen Truppen im Westen unter seinem Kommando hatte, residierte zwar schon im Göttinger Hotel „Zur Krone" (das König Georg tags zuvor verlassen hatte), schien das Rennen aber aufgegeben zu haben. Er wollte ohnedies viel lieber nach Frankfurt vorstoßen, dort den Bundestag sprengen und das südwestdeutsche Armeekorps auseinanderjagen; ein unbescheidener Plan zu Preußens und seinem eigenen Ruhm. Vogel von Falckenstein war eitel und exzentrisch, vielleicht auch senil. Einmal ließ er einen Zivilisten in Arrest stecken, der ihm ein Glas Wasser in der bloßen Hand statt auf einem Tablett überbracht hatte. Natürlich ließ er sich auch nichts von Moltke sagen, obwohl dessen Befugnisse neuerdings deutlich erweitert worden waren. Es kam soweit, daß die Division Beyer, statt den Hannoveranern auf den Fersen zu bleiben, in die genau entgegengesetzte Richtung dirigiert wurde. Das Hauptquartier in Berlin erkannte die absurde Situation zwar sehr schnell – auch König Wilhelm schaltete sich ein –, aber es dauerte eine ganze aufgeregte Weile und kostete ein Crescendo von Telegrammen, bis Vogel von Falckenstein sich endlich fügte und die entsprechenden Gegenbefehle erteilte.

Am Samstag, dem 23. Juni, war seine Armeegruppe weit zurückgefallen. Die Division Beyer, eigentlich als ihre Spitze gedacht, marschierte sinnlos in Nordhessen umher, weil sie die neuen Befehle nicht rechtzeitig erhalten hatte. Im Großen Generalstab in Berlin herrschte das, was ein späterer preußischer Militärhistoriker als „höchst gespannte Lage" umschrieb.[142] Man wird Vogel von Falckenstein inbrünstig verflucht haben. In der Kürze der Zeit war es unmöglich, größere Truppenteile nach Thüringen zu verlegen; Moltke hatte von Berlin aus nur einige Bataillone Infanterie zusammenbekommen und per Bahn nach Gotha und Eisenach geschickt; zu wenig, um die Hannoveraner aufhalten zu können. Deren Kavallerie schwärmte bereits in der Umgebung der beiden Kleinstädte umher, Pioniere machte sich an den Eisenbahn- und Telegraphenverbindungen zu schaffen, es kam zu einem Schußwechsel. Das Gros der hannoverschen Armee schob sich im Laufe des Tages bis nach Langensalza vor, dicht an die Grenze zum Herzogtum Sachsen-Coburg und Gotha; der rechte Flügel wandte sich gegen Eisenach. Trotz ihrer Erschöpfung, trotz ihrer Versorgungsschwierigkeiten, trotz der Unsicherheit ihrer Kommandeure schienen die Hannoveraner jetzt die Herren der Lage zu sein. Normalerweise – doch was ist in einem Krieg schon normal – mußte ihnen der Durchbruch nach Süden gelingen. Von Langensalza aus wurde am späten Abend ein Bote ins bayerische Hauptquartier geschickt: König Georgs Armee sei unbesiegt und setze ihre Operationen fort.

Die dreißig Bahnkilometer zwischen Eisenach und Gotha stellten nun so etwas wie die Ziellinie eines Marathonlaufes dar. Ihre Überquerung bedeutete, sich aus dem Spinnennetz der preußischen Verkehrssträngе und Nachschubwege zu befreien. Dahinter erhob sich der Thüringer Wald, ein dünnbesiedelter Gebirgszug, in dem kein Militärfahrplan, sondern nur noch das Gesetz des Vorsprungs galt. Die meisten preußischen Truppen waren nicht weniger ausgelaugt als die hannoverschen, die steilen Bergstraßen mußten den Verfolgern ebenso zusetzen wie den Verfolgten, sie einzuholen, war unwahrscheinlich. Und auf der anderen Seite wartete schon die Masse der bayerische Armee. Unter diesen Umständen rechnete selbst Moltke mit dem Schlimmsten. Da erhielt er in der Nacht von Samstag auf Sonntag ein Telegramm: In Gotha saß ein hannoverscher Parlamentär und wollte verhandeln.

Es verhielt sich so: König Georgs Generäle trauten ihren eigenen Möglichkeiten nicht. Insbesondere der Oberkommandierende, Generalleutnant von Arendschildt, war der geborene Pessimist, der glaubte, jeder seiner Soldaten sei so überfordert wie er selbst. So kam es, daß sich das hannoversche Hauptquartier durch eine plumpe Kriegslist zwar nicht gerade täuschen, aber zumindest verunsichern ließ. Ein Offizier des ganz in der preußischen Armee aufgegangenen Herzogs von Sachsen-Coburg und Gotha versuchte, den Hannoveranern weiszumachen, Gotha sei von massiven Truppenverbänden besetzt, ein Durchkommen unmöglich, ihr Heer schon so gut wie umstellt, die Kapitulation unausweichlich. Der Mann wurde zwar in Arrest genommen, weil er sich noch nicht einmal ausweisen konnte (alles, was er bei sich hatte, war ein verfälschtes Telegramm Moltkes), aber er machte die Generäle doch so nervös, daß sie noch am Abend einen Stabsoffizier in die Stadt schickten; einerseits um die tatsächliche Lage auszukundschaften, andererseits um Verhandlungen anzuknüpfen. Er sollte die Preußen allen Ernstes um freien Durchmarsch bitten, und zwar gegen die Zusage, daß sich die hannoversche Armee auf unbestimmte Zeit neutral verhalten werde. In Berlin staunten Moltke und der sofort hinzugezogene Bismarck nicht schlecht. Es war ihnen sofort klar, daß die preußischen Uniformträger vor Ort –

einschließlich des geltungssüchtigen Herzogs Ernst – bluffen mußten, ohne auch nur mit der Wimper zu zucken. Die Hauptsache war, Zeit zu gewinnen.

Der 24. Juni brach an, ein Sonntag, vielleicht der nach Königgrätz wichtigste Tag des Krieges. Weit weg in Oberitalien, bei Custoza, wurde eine entscheidende Schlacht geschlagen. (Siehe S. 95f.) Die hannoversche Brigade Bülow-Stolle rückte vor Eisenach; der schwachen preußischen Besatzung wurde sechs Stunden Zeit gegeben, um abzuziehen. Ein Stoßtrupp drang zur Bahnlinie vor und zerstörte die Gleisanlagen; die direkte Verbindung nach Gotha und Berlin war damit unterbrochen. Gotha selbst zu besetzen war nur eine Frage von Stunden. Der preußenfreundliche Herzog Ernst bekam es nun mit der Angst zu tun; noch am Vormittag telegraphierte er nach Berlin: „Die Stellung unserer operierenden Truppen ist eine prekäre . . . Die hannoversche Armee . . . ist in keiner Weise demoralisiert und eng konzentriert vor uns stehend. Wir werden daher den Durchbruch der Truppen auf der Strecke Gotha-Eisenach nicht verhindern können, zumal wir über Kavallerie nicht zu disponieren haben."[143] Er hatte recht.

Aber die einzigen hannoverischen Soldaten, die im Laufe des Tages in Gotha erschienen, waren Parlamentäre. Uneins und ohne klare Vorgaben aus dem Hauptquartier, ließen sie sich in endlose Verhandlungen einwickeln. Herzog Ernst glaubte sich in der Rolle seines Lebens und trat abwechselnd als ehrlichen Makler und als Preußens starker Arm auf. Daß außer einem halbinvaliden Obristen und ein paar Bataillonen Infanterie kein preußisches Militär in der Nähe war, verschwieg er natürlich. Nicht daß ihn irgend jemand für besonders glaubwürdig gehalten hätte. Aber ihn einfach zu ignorieren, die Fäden nach Berlin abreißen zu lassen, erforderte mehr Selbstbewußtsein, als im hannoverschen Hauptquartier zu finden war. Natürlich fehlte es auch an Kampfgeist – man wollte ja nicht kämpfen, nur seine Rechte wahren und in Ruhe gelassen werden. Man betäubte sich mit Wunschvorstellungen: Die Preußen würden den Durchzug nach Süden gestatten, eine Neutralität auf Zeit wäre möglich, die Bayern kämen zur Hilfe. Schließlich wurde der Angriff auf Eisenach abgeblasen, der Marsch auf Gotha erst gar nicht aufgenommen. So ging der kritischste Tag der preußischen Westarmee vorüber.

Noch in der Nacht trafen die ersten Soldaten der Division Beyer in Eisenach ein, vollkommen erschöpft zwar und zu weiteren Operationen nicht fähig, aber stark genug, um Stadt und Bahn zu sichern. Die Hannoveraner hatte ihre Chance verpaßt. Über die noch intakten Schienenverbindungen rollte nun unaufhörlich der preußische Nachschub, und innerhalb kurzer Zeit waren die Zugänge zum Thüringer Wald abgeriegelt. Vogel von Falckenstein selbst erschien im Kampfgebiet und übernahm zum Schrecken seiner Unterführer persönlich das Kommando. Mit den Hannoveranern wollte er kurzen Prozeß machen, die immer noch andauernden Verhandlungen interessierten ihn wenig. In Langensalza war mittlerweile ein Generaladjutant des Königs von Preußen eingetroffen, um eine kurze Waffenruhe zu vereinbaren. Zu welchem Vorteil? Die preußischen Truppen wurden von Stunde zu Stunde stärker, die Hannoveraner saßen immer noch am selben Fleck, die Bayern kamen nicht. Eine einzelne bayerische Kavalleriebrigade rückte am Montag, dem 25. Juni, nach Meiningen vor, zu wenige Soldaten und zu weit entfernt. Die Hauptarmee folgte erst einige Tage später, bis über den Thüringer Wald schaffte sie es nicht mehr.

Dienstags, den 26. Juni, lief die Waffenruhe auch schon aus, und mittlerweile war König Georgs Armee nun wirklich umstellt. Ein letztes Gespräch über Bismarcks alten Knebelvertrag – Respektierung der hannoverschen Grenzen gegen Anerkennung der preußischen Oberhoheit – verlief im Sande; durch wessen Schuld läßt sich nicht mehr klären; wahrscheinlich durch ein Mißverständnis. Tags darauf geschah dann das, was gemeinhin als „Rettung der hannoverschen Waffenehre" bezeichnet wird. Ein preußischer Briagadekommandeur ließ sich mit weit unterlegenen Kräften zu einem Angriff verleiten. General von Arendschildt – der sich hier als durchaus tüchtiger Truppenführer zeigte – setzte sofort zum Gegenstoß an, spielte die ganze Schlagkraft seiner Truppen aus und entwickelte aus dem Gefecht eine Schlacht, die für jeden Welfen legendäre Schlacht von Langensalza. Am Abend hatten die Preußen eine blutige Niederlage erlitten, die Hannoveraner einen Pyrrhussieg.

Unter den hannoverschen Soldaten machte sich zuerst noch Zuversicht und so etwas wie Stolz breit. Viele von ihnen glaubten, sie hätten es den Preußen endgültig gezeigt, manche hielten den Krieg für gewonnen. Ihre Offiziere wußten es besser. Die preußische Übermacht war längst nicht gebrochen, die eigenen Munitionsvorräte fast aufgebraucht und Ersatz nicht in Sicht, die Lebensmittelreserve schmolz weg, schon jetzt gab es für die Pferde kaum noch Futter, die ganze Gegend war kahlgefressen und leerrequiriert. Am Morgen nach der Schlacht erklärten die höheren Truppenführer jeden weiteren Kampf „für ein gänzlich unnützes und erfolgloses Blutvergießen"[144] und rieten König Georg zur Kapitulation. Den unglücklichen Welfen davon zu überzeugen, war nicht leicht. Sein Außenminister – am politischen Ursprung der Katastrophe keineswegs unbeteiligt – mußte ihm tief ins Gewissen reden. Als bis zum Nachmittag weitere preußische Truppenverstärkungen gemeldet wurden, gab der König nach.

Am folgenden Tag, Freitag, den 29. Juni, wurde die Kapitulationsurkunde unterzeichnet. Der Sieger zeigte sich generös: König Wilhelm I. ließ der hannoverschen Armee seine Anerkennung aussprechen; die Soldaten mußten sich lediglich verpflichten, nicht mehr gegen Preußen zu kämpfen und durften dann nach Hause zurückkehren. Offiziere und Unteroffiziere behielten sogar ihre Dienstgehälter. Das ganze Heer wurde praktisch in den Ruhestand geschickt. Sämtliches Kriegsmaterial mußte natürlich abgeliefert werden: Fuhrwerke, Pferde, Waffen, Fahnen. Es kam zu traurigen Szenen. Manche Soldaten zerbrachen ihre Gewehre und Säbel, ehe die Preußen ihre Beute einsammeln konnten. Dem blinden König blieb nur der Weg ins Exil; er ließ sich zu Verwandten nach Sachsen-Altenburg bringen.

Der „Stoß ins Herz"

Die Militäraktion in Norddeutschland war auch als Angriffssignal für die Italiener gedacht, denen Bismarck im Kampf gegen Österreich eine entscheidende Rolle zugewiesen hatte. Hannover, Dresden und Kassel waren noch nicht besetzt, die österreichische Grenze noch nicht einmal berührt, da drängte der preußische Vertreter in Florenz schon zum Losschlagen. Guido Graf von Usedom war, einem diplomatischem Kalauer zufolge, ein Gesandter, aber kein Geschickter. Was Bismarck ihm diskret aufgetragen hatte, erledigte er mit dem Holzhammer. Dessen intern gebrauchte Formulierung über das „Herz des Feindes" hatte es ihm besonders angetan; er fabrizierte daraus die berüchtigte „Stoß-ins Herz-Depesche". Usedom bedrängte darin den Ministerpräsidenten Alfonso Ferrero La Marmora, die italienische Armee direkt auf Wien marschieren zu lassen, damit sie sich „im Zentrum der kaiserlichen Monarchie selbst" mit dem preußischen Heer vereinigen könne. Dann stünde möglicherweise auch ein „aus nationalen Elementen gebildetes Korps" ungarischer Freischärler bereit.[145] Es sollte auf preußischem Boden, in Schlesien, gebildet werden. Auf diese Weise träfen die Stöße, die gegen Österreich geführt würden, nicht mehr seine Extremitäten, sondern sein Herz.[146] Zu Bismarcks peinlicher Bestürzung gelangte der ganze Text zwei Jahre später an die Öffentlichkeit. Damals kam die Depesche zu ihrem Namen und der Karrierediplomat Usedom zu einem Posten bei der Verwaltung der königlichen Museen.

Ferrero La Marmora brauchte im Juni 1866 ohnehin keine Ermahnungen, schon gar nicht solche. Er wußte, was er zu tun hatte. Der ganze Krieg war ihm so wichtig, daß er den Vorsitz im Ministerrat niederlegte und mit König Viktor Emanuel zur Armee abreiste, formell als Minister ohne Geschäftsbereich, de facto als Generalstabschef und damit als der eigentliche Oberbefehlshaber. Auf den ersten Blick wirkte das alles etwas eigenartig, zumal bei einer parlamentarischen Monarchie wie der italienischen, aber immerhin war Ferrero La Marmora piemontesischer General gewesen und hatte gegen Radetzky wie auch im Krimkrieg gekämpft. Die Aufgabe des italienischen Oberkommandierenden schien außerdem nicht allzu schwer zu sein, vorausgesetzt er ließ sich nicht von seiner eigenen Übermacht verunsichern. Italien hatte etwa 165.000 Mann mobilisiert. Das war zwar deutlich weniger als auf dem Papier eigentlich vorgesehen, aber immer noch mehr als das Doppelte von dem, was die Gegenseite aufbieten konnte. Dazu kamen noch 30.000 Freischärler unter dem Befehl des Nationalhelden Guiseppe Garibaldi, die an der Grenze zu Südtirol aufgestellt wurden, obwohl der preußische Generalstabschef von Moltke meinte, eine Landung an der dalmatinischen Küste sei wirkungsvoller.

Eigentlich schien es nur noch darum zu gehen, den bequemsten Weg nach Venedig auszusuchen. Es gab zwei Möglichkeiten. Die nächstliegende war, aus dem Raum Bologna heraus in die venezianische Ebene vorzustoßen, um dort die zahlenmäßige Überlegenheit der italienischen Armee voll zu entfalten. Vorher mußten allerdings zwei parallel laufende Flüsse überschritten werden, der Po und die Etsch, und das würde im Angesicht des Feindes nicht einfach sein, zumal es an Pioniergerät fehlte. Der andere Weg, von der Lombardei aus, führte durch das berüchtigte Festungsviereck, dessen Eckpunkte die österreichischen Bollwerke Verona, Mantua, Peschiera und Legnano bildeten. Diese Gegend war ein alter Schauplatz italienischer Niederlagen. Bei dem Dorf Custoza hatte Radetzky achtzehn Jahre zuvor das Heer der Piemontesen geschlagen und sich den Weg nach Mailand freigekämpft. Daher zog König Viktor Emanuel die Flußüberquerung vor, zumal der angesehene General Enrico Cialdini dasselbe empfahl. Ferrero La Marmora beharrte aber auf die klassische Route; er wollte, wie Friedjung es ausdrückte, „den Stier bei den Hörnern fassen".[147] Das Ende vom Lied war, daß die Armee geteilt wurde: Ferrero La Marmora ging mit dem König und 90.000 Mann in die Lombardei, Cialdini bekam knapp 70.000 für den Angriff über den Po. Die Flotte wurde nach Ancona beordert.

Nun waren noch einige rhetorische Stilübungen abzuleisten. Am 20. Juni gab König Viktor Emanuel feierlich bekannt, er müsse der „feindlich drohenden Haltung" und der „ungerechten Provokation" Österreichs entgegentreten und in seiner Eigenschaft als „der erste Soldat der italienischen Unabhängigkeit" zu den Waffen greifen.[148] Einer Kriegserklärung bedurfte es übrigens ebensowenig wie einer glaubhaften Begründung: Der Kriegszustand von 1859 bestand formell nämlich noch fort. Nur der damals geschlossene Waffenstillstand mußte widerrufen werden, und dann konnte man – dank Ferrero La Marmoras Feldzugsplan – genau dort anfangen, wo man sieben Jahre vorher aufgehört hatte: am Mincino, dem Grenzfluß zwischen der Lombardei und Venetien.

Der Krieg zwischen Österreich und Italien war kurz und dramatisch. Später hielt man ihn auch für absurd – für absurder als andere Kriege jedenfalls. Angeblich habe nämlich die k. k. Armee um eine Provinz kämpfen müssen, die von der Führung in Wien längst abgeschrieben worden sei, und das alles nur, weil nach Kaiser Franz Josephs strengen Ehrbegriffen eine Abtretung ohne vorherigen Kampf nicht in Frage gekommen wäre. Es ist ein unausrottbares Klischee. Noch in Alan Skeds moderner Darstellung über den „Fall des Hauses Habsburg" findet sich die Anklage, es sei 1866 „ausschließlich um die Ehre des Kaisers" gegangen: „Darum mußten die Soldaten in Italien sterben . . . Die Ehre des Kaisers verlangte, daß kein Territorium kampflos preisgegeben wurde."[149] Das klingt so, als hätte man Venetien übergeben können wie eine Mietwohnung. Schon ein Blick

Erzherzog Albrecht als Oberbefehlshaber der österreichischen Südarmee in der Schlacht von Custoza am 24. Juni 1866

auf eine neuere Italienkarte zeigt aber, wo die italienische Nationalidee günstigstenfalls endet: nicht in Venetien, sondern hinter Triest und am Brenner. So sahen 1866 zwar nicht die offiziell verkündeten Kriegsziele aus, wohl aber die Forderungen der maßgebenden Kreise Italiens. Daß es am Ende anders kam und Viktor Emanuel weder in Südtirol noch in Dalmatien einziehen durfte, lag sicher nicht an der Bescheidenheit seiner Minister, auch nicht am Gerechtigkeitssinn Bismarcks. Allein die österreichische Armee konnte ihn daran hindern. Als sie sich zum Kampf stellte, verteidigte sie nicht nur Venedig und Padua, sondern ebenso Bozen und Meran, Görz und Gradisca, Fiume und Zara.

Am Samstag, dem 23. Juni, ließ General Ferrero La Marmora seine Truppen über den Mincino gehen. Die österreichischen Patrouillen am Ostufer verschwanden sofort; sie hatten noch nicht einmal die Brücken abgebrochen. Ferrero La Marmora fand, das sei ein gutes Zeichen. Er vermutete die Masse der österreichischen Armee irgendwo hinter der Etsch, dort, wo sie seiner Meinung nach den Angriff Cialdinis erwarten würde. Also rückten die Italiener ziemlich sorglos in das Festungsviereck ein: auf weit auseinanderliegenden Vormarschwegen, einen nicht gerade geringen Teil zur Beobachtung von Peschiera und Mantua abgebend und ohne die Artilleriereserve, die auf der lombardischen Seite zurückblieb. Einige Kilometer hinter der Grenze – bei dem altbekannten Dorf Custoza – sollte vorläufig Stellung bezogen werden, um die österreichische Führung zu verunsichern und von Cialdini abzulenken. Aber in Wahrheit kümmerte sich der k. k. Oberbefehlshaber in Italien nicht im geringsten um Cialdini. Erzherzog Albrecht hatte nämlich beschlossen, alles auf eine Karte zu setzen und mit allen verfügbaren Kräften auf Ferrero La Marmora loszugehen. Im Süden ließ er nur eine winzige Beobachtungstruppe zurück.

Erzherzog Albrecht besaß nicht nur die Uniform, sondern auch das Talent eines Generals, eine in allerhöchsten Kreisen nicht selbstverständliche Kombination. Seine strategischen Kenntnisse und sein Ehrgeiz fielen aber selbst unter den österreichischen Berufsmilitärs auf. Er galt als zäher Streber – was für einen privilegierten Habsburger nicht wenig heißen will – und als Leuteschinder, war dementsprechend unbeliebt und noch dazu konservativer und legitimistischer als

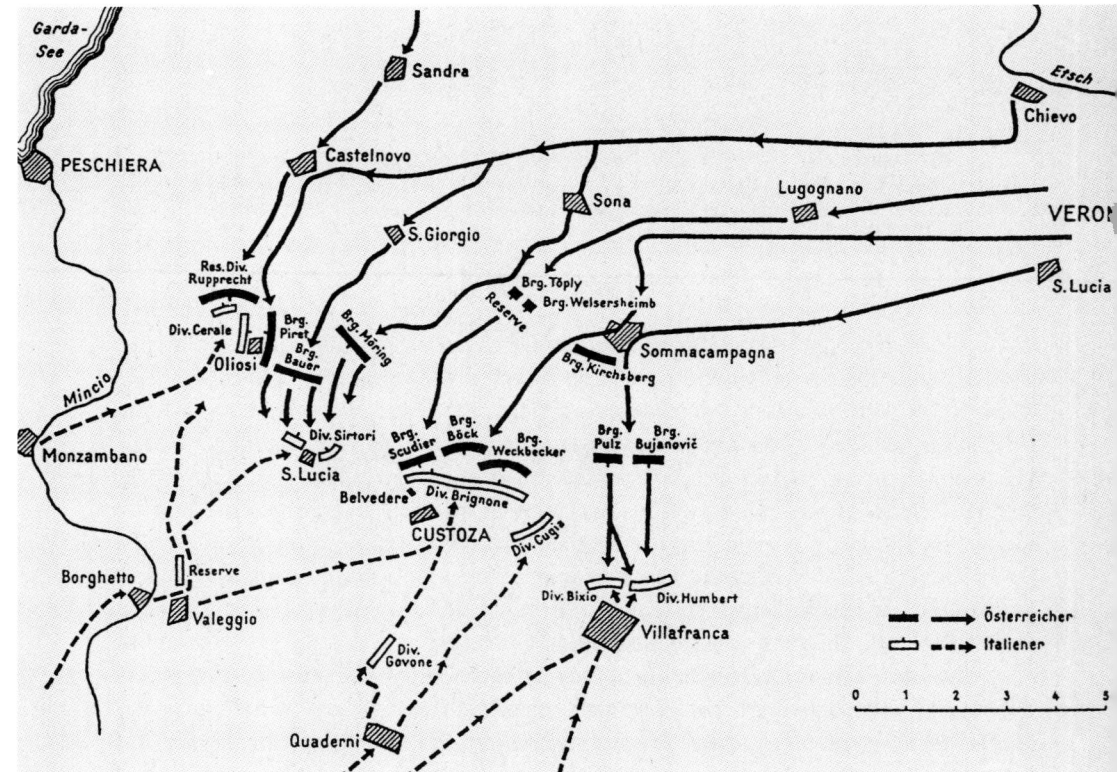

Die Schlacht von Custoza entwickelte sich im nördlichen Abschnitt des österreichischen Festungsviereck Peschiera–Verona–Mantua–Legnano

FZM Franz Frhr. von John (links), der geniale Stabschef Erzherzog Albrechts.
Guiseppe Garibaldi (rechts) versuchte, mit seinen Freischärler in Tirol einzufallen

der Kaiser, mit anderen Worten: Für einen extrem schwierigen Abwehrkampf war er genau der Richtige. Außerdem hatte sein Vorgänger Benedek ihm einen Stabschef hinterlassen, den manche für den österreichischen Gneisenau hielten, den GM Franz Frhr. von John.

Albrecht und John gelang es, ihre kleine Armee bis zum Abend des 23. dicht an die italienische heranzuführen, ohne daß Ferrero La Marmora es auch nur ahnte. Die österreichischen Vorposten konnten den Gesang der Italiener hören, die in der warmen Sommernacht zusammensaßen, nicht wissend, daß es für viele von ihnen die letzte sein sollte. Am Morgen unternahm König Viktor Emanuel noch seinen üblichen Spazierritt, und Ferrero La Marmora machte sich auf den Weg, um die aufmarschierenden Truppen zu beobachten, leider nur die eigenen. Als sich ein Divisionskommandeur erkundigte, ob er das vor ihm liegende Gelände erkunden oder aber das Mittagessen vorbereiten lassen sollte, bekam er zur Antwort, es sei kein Feind in der Nähe, man könne das Kochgeschirr auspacken. Diese Division stand, oder besser lagerte nun am rechten Flügel der italienischen Armee, just an der Stelle, die Erzherzog Albrecht für die erste Kampfhandlung ausersehen hatte, einen Scheinangriff. Dort sollte seine Reiterei auftauchen und die Italiener so lange beschäftigen, bis die Masse der österreichischen Armee in die feindliche linke Flanke stoßen konnte. So der Plan.

Um es kurz zu machen: Die k. k. Kavallerie blieb sich auf dem Schlachtfeld im guten wie im schlechten treu. Oberst Ludwig Pulz, der zuständige Kommandant, ermahnte seine Offiziere nicht etwa zur Besonnenheit, sondern gab den schlichten Befehl, „auf den Feind loszugehen, wo man ihn sieht",[150] bevor er mit vier Reiterregimentern gegen eine unermeßliche Übermacht anstürmte. In einer gewaltigen Attacke wurde der italienische Kavalleriekordon zersprengt, und dann bohrte sich der österreichische Angriffskeil so tief in die feindlichen Linien, daß auch der vor Ort kommandierende Kronprinz von Italien – der spätere König Umberto I. – erhebliche Mühe hatte, sich in Sicherheit zu bringen. Das vornweg reitende k. k. 13. Ulanenregiment Prinz Ludwig von Bourbon-Sizilien, Graf von Trani, schlug sich besonders tapfer, es verlor im Nahkampf mit der italienischen Infanterie seine Fahne, eroberte sie zurück und kehrte nur um, weil ein breiter Graben den völligen Durchbruch verhinderte. Die Verluste der Trani-Ulanen waren nicht etwa hoch, sie waren furchtbar. 350 von ursprünglich 550 Mann blieben tot oder verwundet auf dem Schlachtfeld.[151] Mit dieser heroischen, selbstmörderischen, irrsinnigen Attacke begann der Kampf der österreichischen

Aus der Schlacht bei Custoza: Der Sturm auf Oliosi, der Schwerpunkt des österreichischen Angriffs auf dem rechten Flügel

Armee, und sie zeigte damit ebenso ihre unglaubliche Stärke wie ihre verhängnisvolle Schwäche.

Für den Tag reichte es allerdings: Die Italiener brachen erst in Panik, dann in Hektik aus und verstärkten den falschen Frontabschnitt; der attackierte rechte Flügel wagte überhaupt nicht mehr, sich vom Fleck zu rühren, Die dortigen Truppen schienen wie vom Donner gerührt. Unterdessen begann am entgegengesetzten Ende des italienischen Aufmarschgebietes der eigentliche Angriff der Österreicher. Erzherzog Albrecht leitete die Operationen mit professioneller Kaltblütigkeit; John und er behielten in jeder Phase der Schlacht die Übersicht. Ein Augenzeuge konnte über die Atmosphäre im österreichischen Hauptquartier nur staunen: „Adjutanten kamen und sprengten davon, Befehle wurden gegeben und Berichte entgegengenommen, und das alles mit einer Ruhe, als ob es sich um die Abnahme einer Parade handeln würde. Ich hörte kaum ein lautes Wort."[152] Ganz anders bei den Italienern. König Viktor Emanuel und Ferrero La Marmora – Oberbefehlshaber und Generalstabschef – kommandierten am Anfang von verschiedenen Orten aus; und als es Ferrero La Marmora nicht mehr auf seinem Platz hielt, irrte er eine Zeitlang in der Gegend umher, traf dann mehr durch Zufall auf den König, drängte ihn, das Schlachtfeld zu verlassen, und tat es dann selbst, ein durch und durch katastrophales Verhalten.

Dabei war der Kampf der italienischen Armee keineswegs aussichtslos: Ihr linker Flügel war zwar schwer getroffen, aber das Zentrum hielt sich zäh und machte den österreichischen Angreifern enorm zu schaffen. Hier kommandierte der General Guiseppe Govone, derselbe, der das Geheimbündnis mit Bismarck ausgehandelt hatte und nun gewissermaßen sein Leben dafür riskierte, eine Ausnahme unter den Diplomaten seiner Zeit. Der rechte Flügel schließlich bekam nach der Attacke des Obersten Pulz überhaupt keinen Feind mehr zu sehen. Von dort wurde aber keine Verstärkung abgegeben, wie denn auch andere italienische Einheiten überhaupt nicht zum Einsatz kamen. Den Ausschlag gab – man muß es so sagen – das völlige Versagen des italienischen Oberkommandos, das sich auf dem Höhepunkt der Kämpfe gleichsam in Luft auflöste. Als die österreichische Infanterie am späten Nachmittag das Dorf Custoza erstürmte, war die Schlacht entschieden.

Die geschlagene Armee flutete nun über den Mincino zurück, und Erzherzog Albrecht, dessen Soldaten zu erschöpft waren, um den Gegner noch zu verfolgen, machte sich schon auf den nächsten Gegner gefaßt: Cialdini. Doch der blieb auf die Nachricht von Ferrero La Marmoras Niederlage lieber dort, wo er war, und der Krieg in Oberitalien kam praktisch zum Stillstand, kaum daß er begonnen hatte. Über die Alpen gingen erst einmal euphorische Telegramme. Der Kaiser war stolz auf seine Soldaten, vor allem natürlich auf seinen Onkel. GM Frhr. von John wurde sofort zum Feldmarschalleutnant befördert. Erzherzog Albrecht telegrafierte noch am Abend der Schlacht an den 78jährigen FM Frhr. von Heß, den Generalstabschef von 1848: „Der dankbare Schüler meldet seinem Meister, daß er heute bei Custoza gesiegt hat."[153]

Die k. k. Südarmee hatte tatsächlich Außerordentliches geleistet, auch wenn ihr dabei die Unfähigkeit der italienischen Generalität zu Hilfe gekommen war. Dennoch mußte bei nüchterner Betrachtungsweise auffallen, daß mit der österreichischen Kriegsführung etwas nicht stimmte: Die Verluste waren zu hoch, viel höher noch als die italienischen. Das galt nicht nur für die extrem beanspruchte Kavallerie, sondern auch für die Infanterie, die gemäß der „Stoßtaktik" tapfer, aber fast ohne Deckung gegen die feindlichen Stellungen angerannt war. Insgesamt hatte der Sieger 3852 Tote und Vermißte zu beklagen, der Verlierer hingegen 1178,[154] weniger als ein Drittel. Dabei hatten es die Österreicher nur mit den üblichen Vorderladern zu tun gehabt. Wie es gegenüber den modernen norddeutschen Zündnadelgewehren aussah, sollten sie sehr bald erfahren. Am 22. Juni, zwei Tage vor der Schlacht von Custoza, hatten die ersten preußischen Truppen die Grenze nach Böhmen überschritten.

Auf dem Weg nach Königgrätz

Kaiser Franz Josephs größte Festungen hießen Böhmen und Mähren. Sie waren nach Norden hin durch das Erzgebirge abgesichert, nach Osten durch die bis zu 1600 Meter hohen Gipfel der Sudeten. Im Inneren ein Geflecht von Flüssen: Elbe, Moldau, Eger, Iser, Bistritz, March, Thaya. Kleinere und größere militärische Hindernissen also, verstärkt durch eine Reihe von künstlichen Befestigungsanlagen: Josephstadt und Königgrätz an der oberen Elbe, das damals noch ahnungslos-nichtssagende Theresienstadt und schließlich – im Hinterland gleichsam – das mächtige Olmütz. In der Metropole Prag befand sich das Hauptquartier des I. Korps, damals unter dem Kommando des GdK Eduard Graf Clam-Gallas.

Die Geographie des mutmaßlichen Kriegsschauplatzes entsprach der Strategie Österreichs. Der Kaiserstaat war nicht nur politisch, sondern auch militärisch zur Defensive verurteilt. In Wien hatte man das nicht immer so gesehen. Noch ein Jahr vorher, im Sommer 1865, als der Friede mit Preußen schon einmal auf Messers Schneide gestanden hatte, war der kühne Plan entstanden, über die Lausitz direkt nach Berlin vorzustoßen; die hannoversche Armee und die in Holstein stehenden Truppen sollten den Angriff von Westen her unterstützen, während die süddeutschen Kontingente das preußische Rheinland besetzen würden. Ein großzügiger Entwurf, der allerdings nichts mit der Realität zu tun hatte. Hannover, Sachsen, Württemberg, Baden, Hessen, Bayern ließen sich nicht einfach in einen österreichischen Offensivmechanismus einbauen; dazu waren die meisten dieser Mittelstaaten zu eigenwillig, zu empfindlich, zu friedliebend oder ganz einfach zu vorsichtig. Ihre Hilfe war unberechenbar; man mußte sie dankbar annehmen, exakt kalkulieren konnte man sie nicht. Dann die Nachteile der k. k. Armee selbst: die umständliche Mobilmachung, der langsame Aufmarsch, die italienische Bedrohung (die immer vorausgesetzt werden mußte), die Last des Zweifrontenkrieges und schließlich die außenpolitischen Bedenken: „Wir dürfen durchaus nicht offensiv vorgehen", hieß es nämlich am Ballhausplatz, „wir müssen uns angreifen lassen, sonst haben wir die ganze Welt gegen uns".[155] So war man also zu einem Defensivplan übergegangen, mehr noch, man versteifte sich auf einen solchen, und zwar auf den denkbar unflexibelsten. Der scharfsinnige Erzherzog Albrecht, der sich noch im Februar 1866 mit verschiedenen anderen Modellen beschäftigt hatte, paßte allein schon deshalb nicht nach Böhmen und Mähren. Eher schon der anspruchslose FZM Ludwig von Benedek, den Johann

Christoph Allmayer-Beck einmal vorzüglich charakterisierte: „Geringschätzigkeit gegenüber wissenschaftlicher Bildung, aber auch ein gewisses Auftrumpfen mit seiner Erfahrung kennzeichnen das Bild dieses rauhbeinigen, von Eitelkeit und Sentimentalität nicht ganz freien, aber ungemein tapferen und im Kern seines Wesens auch sehr noblen Soldaten, dessen Stärke in der Führung eines Korps, nicht aber einer Armee lag. Kasernenhof und Schlachtfeld, das waren die beiden Orte, auf denen Benedek sich zu Hause fühlte; was aber dazwischen lag – die Versammlung, der Aufmarsch eines Heeres und das weite Feld der Operation –, das erfüllte ihn mit Unsicherheit und Mißbehagen, weswegen er diese Dinge, solange er konnte, anderen überließ."[156]

Es war eine österreichische Krankheit, Posten anzunehmen, ohne sie auszufüllen und die wirklich wichtigen Aufgaben anderen zu überlassen. In der Außenpolitik ließ Mensdorff sich von Esterházy führen; bei der k. k. Nordarmee ging Benedek an den Krücken des Generalstabes. Dessen Chef, der schon erwähnte FML Frhr. von Henikstein, verließ sich wiederum auf seinen Stellvertreter: GM Gideon von Krismanić war der eigentliche Kopf im Hauptquartier der Nordarmee, ein begnadeter Kriegsschullehrer, ein intimer Kenner der friederizianischen und napoleonischen Kriege, ein brillanter Militärgelehrter, eine Fehlbesetzung ersten Ranges. Benedek, der Troupier, und Krismanić, der Theoretiker, würden sich schon ergänzen, so dachte man. Es war ein fataler Trugschluß. Henikstein spazierte hintendrein; eher ein interessierter Beobachter als ein wichtiger Kriegsteilnehmer. In Wien blieben nur der Kaiser – der sich selbst Zurückhaltung auferlegt hatte – und sein Generaladjutant FML Franz Graf Crenneville zurück; für die Leitung eines Zweifrontenkrieges eine recht dürftige Befehlsstruktur.

Krismanić und andere hatten lange über der Aufgabe gesessen, alle gefährlichen Risiken auszuschalten, wobei sie das größte Risiko, den Krieg selbst, übersahen. Das Ergebnis war, daß sich das Gros der Armee bei Olmütz versammelte. Olmütz lag in sicherer Entfernung von der preußischen Grenze; Krismanić mußte während des Aufmarsches also keinen plötzlichen Überfall befürchten. Anders als der nordböhmische Raum konnte der Olmützer auch nicht so leicht in die Zange genommen werden. Und außerdem beherrschte Olmütz den Weg nach Wien; früher oder später mußte der Feind dort erscheinen und Benedek eine Schlacht liefern. Das war, in groben Zügen, der ganze österreichische Feldzugsplan. Eine gewisse Isolation wurde dabei in Kauf genommen; einmal zur Defensive übergegangen, baute man eben nicht mehr auf die Verbündeten, sondern nur noch auf sich selbst. Vor allem deshalb kam auch die an sich höchst wünschenswerte Vereinigung mit der bayerischen Armee nicht zustande; selbst die Verbindung mit den Sachsen wäre beinahe noch aufs Spiel gesetzt worden. Übrigens kann man den Bayern nicht allzusehr verübeln, daß sie ihre Truppen nicht auf die Reise nach Mähren oder Ostböhmen schickten, während der Feind schon an ihren eigenen Grenzen stand. Die k. k. Nordarmee war den preußischen Streitkräften zahlenmäßig nun knapp unterlegen; ohne den Zuzug aus Sachsen hätte es

Der eine passive Rolle spielende österreichische Generalstabschef Alfred Frhr. von Henikstein (rechts) und sein aktiverer Stellvertreter Gideon von Krismanić (links)

bedenklich ausgesehen. Von Kaiser Franz Josephs angeblichen 800.000 Mann-Heer sprach kein Mensch mehr.

Immerhin war Mitte Juni, bei Kriegsausbruch, der mühselige österreichische Aufmarsch weitgehend abgeschlossen; eine keineswegs selbstverständliche Leistung, die viele Kritiker verstummen ließ. Die dramatischen Nachrichten aus Frankfurt, Dresden, Kassel und Hannover taten ein übriges: Benedek mußte sich nun aus der Sicherheit von Olmütz herauswagen und dem Feind entgegentreten. Überdies schien es höchste Zeit zu sein, Verbindung mit den in Böhmen verbliebenen Truppen des Kronprinzen von Sachsen und des Generals Clam-Gallas aufzunehmen. So begann in der Hitze des 18. Juni der Marsch nach Nordwesten in Richtung Josephstadt. Dort, irgendwo am Oberlauf der Elbe, erwartete Benedek nunmehr die Entscheidungsschlacht. Vollkommen zu recht. In Berlin hatte man lange gerätselt, ob die österreichische Armee nach Schlesien vorstoßen würde. Der Generalstabschef Helmuth von Moltke fürchtete nichts mehr, als einen massiven Angriff auf eine vereinzelte preußische Militärgruppe, vorzugsweise auf die in Schlesien stehende 2. Armee, die auf sich allein gestellt wesentlich schwächer war als Benedeks Hauptmacht. Jetzt, da die Österreicher die Grenze nicht überschritten, sondern gleichsam an ihr entlang hinauf nach Böhmen zogen, fielen die weiteren Entscheidungen leicht. Am Nachmittag des 22. Juni gingen an die Oberbefehlshaber der preußischen Armeen in der Lausitz und in Schlesien gleichlautende Telegramme heraus: „Se. Majestät befehlen, daß beide Armeen in Böhmen einrücken und die Vereinigung in der Richtung auf Gitschin aufsuchen."[157]

Es blieben viele Fragen. Auf welchen Wegen ließ man die Truppen vorgehen? Bis wohin? Und wie versorgt man sie? Was machte der Feind? Wieviel durfte man riskieren? Dann die Entscheidungsschlacht. Wie findet man den richtigen Ort, die richtige Zeit? Eine Viertelmillion preußische Soldaten mußten bewegt werden, eine für die damaligen Verhältnisse ungeheure Zahl. Die militärische Schulweisheit verlangte, alle verfügbaren Truppen früh zusammenzuziehen und dann möglichst dicht beieinanderzuhalten, um jederzeit bereit zur Schlacht zu sein. Benedek und Krismanić hielten sich natürlich daran. Moltke hingegen hatte gegen mancherlei Widerstand durchgesetzt, die preußische Heeresmasse in drei eigenständige Armeen aufzuteilen. Sie sollten klein und beweglich sein – was

Der preußische Generalstabschef Helmuth von Moltke (links), Prinz Friedrich Karl von Preußen (Mitte), der Oberbefehlshaber der 1. Armee, und Kronprinz Friedrich Wilhelm (der spätere Kaiser Friedrich III.), der Oberbefehlshaber der 2. Armee (rechts)

GdK Eduard Graf Clam-Gallas, der Kommandant des k. k. I. Korps, (rechts) und FML Wilhelm Frhr. von Ramming, der Kommandant des k. k. VI. Korps (links)

für die Überquerung der Grenzgebirge besonders wichtig war –, und dennoch stark genug, um einem massiven österreichischen Angriff zumindest zeitweise standhalten zu können. Die mit 46.000 Mann kleinste von ihnen, die Elbarmee des Generals Herwarth von Bittenfeld, haben wir schon bei der Besetzung Sachsens kennengelernt. An sie schloß sich die 1. Armee des Prinzen Friedrich Karl von Preußen an, deren 93.000 Soldaten gewissermaßen das Zentrum des preußischen Aufmarsches bildeten. Die 2. Armee – 115.000 Mann unter dem Oberbefehl des preußischen Kronprinzen – stand mehrere Tagesmärsche entfernt in

Schlesien. Die Vereinigung der drei Heersäulen sollte erst im Feindesland stattfinden.

Kritisiert wurde der Plan von allen Seiten. Er sei unrealistisch, leichtsinnig, gefährlich, die fixe Idee eines Theoretikers. Friedrich Engels, der sich neben verschiedenen anderen auch militärische Kenntnisse zugute hielt, dozierte besonders gern darüber. In einem Zeitungsartikel, der zufällig am Tag von Königgrätz erschien, stellte er fest, jeder Leutnant würde mit einem derart abenteuerlichen Vorschlag unweigerlich aus der Kriegsakademie fliegen. Es könne es sich nur um einen Einfall des alten Königs Wilhelm handeln, ansonsten „wäre völlig unerklärlich, wie ein solcher Plan auch nur diskutiert, geschweige denn von so fähigen Offizieren, wie sie im preußischen Generalstab vertreten sind, angenommen werden konnte".[158]

Natürlich erkannte auch Benedek das Risiko, das die Preußen eingingen. Sein Angriffsgeist erwachte. Mit ein wenig Glück konnte er die feindlichen Heeresteile nacheinander schlagen. Da Prinz Friedrich Karls Armee als erste die Grenze überschritten hatte – nachdem die Kriegserklärung bei einem verdutzten österreichischen Vorposten abgegeben worden war –, sollte sie auch als erste angegriffen werden, zumal sie sich direkt auf das sächsische und das k. k. I. Korps zubewegte. Der Kronprinz von Sachsen und General Clam-Gallas standen mit etwa 60.000 Mann an der Iser, einem Nebenfluß der Elbe, einer natürlichen Verteidigungslinie. Benedek hätte Verstärkung dorthin schicken können, etwa das III. und IV. Korps, die beide schon in Josephstadt angelangt waren. Es tat es nicht. Die Soldaten mußten an der Elbe bleiben und auf die nachrückenden Kolonnen aus Olmütz warten. Schließlich predigte Krismanić nicht umsonst, daß die Hauptarmee nicht geschwächt und nicht geteilt werden dürfe, entweder alle oder keiner. Ein preußischer Generalstabsoffizier fühlte sich hinterher an „die Handlung ... eines Geizigen" erinnert, „der Schätze häuft und sie dadurch unproduktiv macht".[159]

Am Dienstag, dem 26. Juni stießen die Spitzen der preußischen 1. Armee zur Iser vor, erkämpften sich die Übergänge bei Turnau und Podol und warfen Clam-Gallas weit hinter den Fluß zurück. Die Iserlinie wurde im ersten Anlauf durchbrochen. In einem kleineren Gefecht bei Hühnerwasser schlugen am gleichen Tag Voraustruppen der Elbarmee eine österreichische Brigade in die Flucht. Beide Male hatte die Stoßtaktik auf schreckliche Weise versagt. Bei Podol verloren die Österreicher fast zehnmal mehr Soldaten als die Preußen: Das Zündnadelgewehr forderte seine ersten tausend Opfer. Es war – laut preußischer Generalstabsprosa – der Kampf des Bajonetts gegen die Kugel, des Vorderladers gegen den Schnellader, der Scheibe gegen den Schützen.[160]

Benedek und Krismanić waren am ersten Kampftag gerade in Josephstadt angekommen, mehrere Tagesmärsche vom Ort des Geschehens entfernt. Der Krieg näherte sich ihnen plötzlich von ganz anderer Seite: Kaum mehr als zwanzig Kilometer weiter östlich, in dem Grenzstädtchen Nachod, standen auf einmal

Truppen des preußischen Kronprinzen, dessen 2. Armee sich mit unerwarteter Geschwindigkeit durch das Sudetengebirge bewegte. Krismanić war darauf nicht eingerichtet; schließlich hatt er sich auf die 1. Armee fixiert. Die ganze österreichische Übermacht sofort gegen den nächstliegenden Feind auszuspielen, kam weder ihm noch Benedek in den Sinn. Einige beherzte Generalstabsoffiziere bemühten sich vergebens um eine Modifizierung des Operationsplanes; es war noch nicht einmal möglich, ein Gespräch darüber in Gang zu bringen. Als der Chef der Nachrichtenabteilung, Oberst von Tegetthoff, es dennoch versuchte, wurde er von Krismanić angefahren, er möge sich lieber um seine eigenen Angelegenheiten kümmern.

Die vereinzelte Armee des Kronprinzen sollte also nicht angegriffen, nicht geschlagen, sondern wie ein zu früh gekommener Besucher abgewimmelt werden. Zwei Korps würden angeblich dafür genügen. Natürlich genügten sie nicht. Zwar gelang es FML Ludwig von Gablenz – seit seiner Rückkehr aus Holstein Kommandant des X. Korps – den preußischen General von Bonin bei Trautenau zu schlagen und in das Gebirge zurückzudrängen, aber am gleichen Tag, dem 27. Juni, unterlag Frhr. von Rammings VI. Korps bei Nachod. Und hier wie dort übertrafen die österreichischen Verluste diejenigen der Preußen um ein Vielfaches. Widerwillig gab Benedek noch zwei weitere Korps, das IV. und das VIII., ab, berief sie aber sofort wieder zurück, als er den Eindruck gewann, der preußische Vormarsch verlangsamere sich. Ein kapitaler Fehler, denn gleich darauf wurde Gablenz' ausgelaugte Truppe bei Soor in ein neuerliches Gefecht verwickelt und diesmal fast aufgerieben; eine seiner vier Infanteriebrigaden verlor dabei drei Fünftel ihres Mannschaftsbestandes. Dem achtzehnjährigen preußischen Gardeleutnant Paul von Hindenburg fiel es anschließend zu, Bergung und Bestattung der Toten zu überwachen, „eine ernste Arbeit, die dadurch erschwert wurde, daß das Getreide noch auf dem Halm stand", wie sich sich der spätere Reichspräsident erinnerte.[161] (Im Gedächtnis blieb ihm auch die nahegelegene Klosterstadt Braunau, weshalb er den im gleichnamigen Ort am Inn geborenen Adolf Hitler ebenso drastisch wie unzutreffend als „böhmischen Gefreiten" zu bezeichnen pflegte.)

Unterdessen hatte weiter südlich bei Skalitz ein weiteres blutiges Desaster der Österreicher stattgefunden; diesmal jedoch ohne Benedeks Zutun. Erzherzog Leopold, Kommandant des VIII. Korps, hatte den Rückzugsbefehl des Armeeoberkommandos mißachtet und eigenmächtig den preußischen General von Steinmetz angegriffen, den Sieger von Nachod. Diese Insubordination, gepaart mit dem üblichen blindwütigen Bajonettstürmen, kostete ihn ein Viertel seiner Truppen. 5577 österreichische Soldaten blieben tot auf dem Schlachtfeld, wurden verwundet oder gerieten in Gefangenschaft. Zwei Jägerbataillone wurden regelrecht halbiert.[162] Damit hatten sich die Preußen den Weg an die Elbe erkämpft.

Die Hiobsbotschaften aus Soor und Skalitz erschütterten die ganze österreichische Nordarmee. Benedek war am Boden zerstört; er begriff sofort, daß an diesem 28. Juni alle Hoffnungen auf einen glänzenden Sieg vernichtet worden waren. Clam-Gallas und der Kronprinz von Sachsen erhielten den Befehl zum Rückzug; selbstverständlich kam der Vormarsch an die Iser nicht mehr in Frage, die Vereinigung der preußischen Armeen war nicht mehr zu verhindern, die ganze österreichische Streitmacht mußte erst einmal bei Josephstadt in Sicherheit gebracht werden. Aber selbst das ging schief. Durch die Nachlässigkeit eines österreichischen Stabsoffiziers wurde das sächsische Hauptquartier zu spät informiert; Kronprinz Albert glaubte, er müsse seine Stellung bei Gitschin halten und stellte sich am 29. Juni gemeinsam mit Clam-Gallas der preußischen 1. Armee zum Kampf. Erst als die Schlacht schon in vollem Gange war, erreichte ihn der Befehl, er solle an die Elbe zurückgehen und „größeren Gefechten ausweichen“.[163] Für einen geordneten Abmarsch war es natürlich längst zu spät. Clam-Gallas' I. Korps war schon zu übel zugerichtet; dessen Absatzbewegungen arte-

Auch Mitglieder des österreichischen Kaiserhauses übernahmen höhere Kommandos:
Erzherzog Ernst war Kommandant des k. k. III. Korps (links)
und Erzherzog Leopold Kommandant des k. k. VIII. Korps (rechts)

Kronprinz Albert von Sachsen, Kommandeur des sächsischen Korps auf seiten der Österreicher. Hier in einer späteren Aufnahme als König von Sachsen (rechts) und Erzherzog Wilhelm, k. k. Artillerieinspektor (links)

ten schließlich in eine wilde Flucht aus. Die Sachsen verteidigten sich noch bis tief in die Nacht hinein und kamen dann im Schutz der Dunkelheit einigermaßen glimpflich davon. Der ganze sinnlose Kampf kostete die Verbündeten wiederum mehr als 5000 Mann, dazu noch einige hundert Pferde.[164] „Die Schlachtfelder waren wirklich schrecklich anzusehen", schrieb ein preußischer General nach Hause, „und das Schlimmste ist, daß es an Mitteln fehlt, um die Verwundeten so rasch in Lazaretten unterzubringen, als dies erwünscht wäre. Man findet oft noch nach Tagen diese Unglücklichen halb verschmachtet in den Feldern. Die Bewohner sind geflohen, und selten sind in den Dörfern noch Menschen, die dann aber selbst nichts mehr zum Leben haben; wo soll da etwas für Kranke und Verwundete herkommen?"[165]

Benedek sah sich nun vor den Trümmern seines Feldzuges. Sämtliche Operationen der letzten vierzehn Tage – vom Abmarsch aus Olmütz bis zur mißglückten Versammlung bei Josephstadt –, alle Anstrengungen, alles menschliche Leid (das gerade Benedek nicht kalt ließ), alle Opfer waren vollkommen umsonst gewesen. Strategisch gesehen stand er wieder ganz am Anfang, in der puren Defensive. Diesmal jedoch nicht aus vorsichtigem Kalkül, sondern aus bitterer Not heraus. Und nicht mit einer unbesiegten, gut versorgten, ausgeruhten Streitmacht sondern mit einer Ansammlung von acht demoralisierten Korps, von denen mindestens vier schon so gelitten hatten, daß sie kaum noch zu verwenden waren. In einem Brief an seine Frau nannte Benedek die Lage seiner Armee eine verzweifelte. Er selbst habe seine bürgerliche und militärische Ehre geopfert. Ob er lebend zurückkomme, wisse er nicht. Besser wäre, „wenn mich eine Kugel träfe".[166]

Um der drohenden preußischen Umklammerung zu entgehen, zog sich das österreichische Heer in der Nacht zum 1. Juli elbabwärts in Richtung Königgrätz zurück. Von dort aus erhielt Kaiser Franz Joseph Benedeks berühmtes Telegramm: „Bitte Eure Majestät dringend, um jeden Preis den Frieden zu schließen. Katastrophe der Armee unvermeidlich."[167] Sofort wurde geantwortet: „Einen Frieden zu schließen unmöglich. Wenn Rückzug nötig, ist derselbe anzutreten." Generaladjutant Crenneville erweiterte die kaiserliche Depesche noch um eine provokante Frage: „Hat eine Schlacht stattgefunden?"[168]

Vielleicht fühlte Benedek sich dadurch angespornt, vielleicht auch nicht. Sicher ist, daß er seinen Tiefpunkt noch im Laufe des Tages überwand. Er ritt die Umgebung von Königgrätz ab – obwohl er schon die ganze Nacht im Sattel gesessen hatte –, studierte die Geländeverhältnisse, ließ sich bei der Truppe sehen und merkte nun, daß die Stimmung um einiges besser war als befürchtet. Die

Infanterie stürmt den Trautenauer Kapellenberg. Hier erfochten die Österreicher ihren einzigen Sieg

Preußen zeigten sich nicht. Der Nachschub funktionierte, die Armee schien sich zu regenerieren, das Hauptquartier faßte wieder Mut. Am nächsten Morgen schämte man sich schon beinahe seiner gestrigen Niedergeschlagenheit; Henikstein meldete nunmehr nach Wien: „Reichliche Verpflegung hat den Geist der Truppen gehoben und einen Rückzug der Armee unnötig gemacht."[169] Ihm selbst nützte das allerdings nichts mehr. Der Kaiser entschied noch im Laufe des Tages, das unglückselige Generalstabsduo Henikstein und Krismanić abzulösen; GM Alois von Baumgarten, der stellvertretende Kommandant des III. Korps, sollte an ihre Stelle treten. Benedek blieb, und er mußte den Kampf weiterführen.

Auch im preußischen Lager galt der Feldzug keineswegs als entschieden. Natürlich hatte sich nach den ersten Siegesmeldungen Erleichterung, in der Berliner Bevölkerung sogar Jubel eingestellt, aber man wußte auch, daß die schwierigste und gefährlichste Tat erst noch bevorstand: den angeschossenen Keiler auch zur Strecke zu bringen. Mittlerweile war Wilhelm I. mit einem unübersehbaren Gefolge auf dem Kriegsschauplatz erschienen (es füllte nicht weniger als sechs Eisenbahnzüge). Moltke gehörte selbstverständlich dazu: Nach der Ausschaltung der Hannoveraner konnte er sich auf den eigentlichen Gegner konzentrieren und schien vom Sieg vollkommen überzeugt zu sein, jedenfalls tat er so. Seinem Mitreisenden Bismarck gelang das nicht ganz: Der Ministerpräsident hatte sich vom Berliner Bankhaus Bleichröder für alle Fälle eine üppige Auswahl an Fremdwährungen zusammenstellen lassen. Mit einem kleinen Vermögen im Gepäck zog er in den Krieg, der über seine politische Karriere, seine gesellschaftliche Stellung, seine ganze Existenz entscheiden mußte.[170]

Die Entscheidungsschlacht

Daß Benedek sich bei Königgrätz nicht hätte zur Schlacht stellen dürfen, ist eine Nachkriegsweisheit. Ihr zufolge hätte er sich hinter die Elbe zurückziehen, Böhmen vorübergehend dem Feind überlassen und nach Olmütz oder gleich bis zur Donau ausweichen müssen. Dort hätten sich seine Truppen mit der siegreichen Südarmee des Erzherzogs Albrecht vereinigen können; der Feldzug wäre noch zu retten gewesen. Zumal im Laufe des Juli im preußischen Lager eine Choleraepedemie ausbrach, die mehrere tausend Opfer forderte, mehr als jede Schlacht.

Nur stand an der Spitze der k. k. Nordarmee kein Hellseher, sondern ein General, der sich mit den Risiken und Chancen des Augenblicks auseinanderzusetzen hatte: Der glimpflich abgegangene Rückzug und die Neuformierung bei Königgrätz waren nur während einer Atempause des Feindes möglich gewesen. Wie lange diese Ruhe vor dem Sturm noch anhalten würde, war ungewiß. Ob sich weitere größere Operationen ungestört vollziehen ließen, mußte bezweifelt werden. Benedek konnte kaum damit rechnen, seine 215.000 Soldaten samt Pferden, Troß und Artilleriepark heil aus dem Kampfgebiet herauszubringen. Schon die Überquerung der Elbe konnte zur Katastrophe führen.

Die Alternative zu einem riskanten Rückzug war das Wagnis der Entscheidungsschlacht. Benedek hatte bei seinen Erkundungsritten festgestellt, daß sich das Gelände westlich von Königgrätz für eine großangelegte Defensivstellung geradezu anbot. Eine langgezogene Hügelkette überblickt hier die benachbarten Flußtäler: nach Osten hin das Bett der Elbe, hinter der sich die Stadt Königgrätz ausbreitet, und nach Westen die sumpfigen Flußauen der Bistritz. Dies war die Richtung des Feindes, dort irgendwo standen die Armeen des Prinzen Friedrich Karl und des Generals Herwarth von Bittenfeld. Die Preußen mußten also, um zur Elbe vorzustoßen, zunächst die parallel verlaufende Bistritz überqueren und die anschließenden Hänge hinaufsteigen. Benedek beschloß, sie an dieser Stelle zu erwarten, und er hatte durchaus Grund zu der Annahme, er könne ihnen einen mörderischen Empfang bereiten.

Erzherzog Wilhelm, der Generalinspekteur der Artillerie (ein Bruder Erzherzog Albrechts), nahm das Gelände noch gründlicher unter die Lupe, wählte Standorte für mehrere hundert Kanonen aus, ließ Geschoßbahnen vermessen, Bäume abholzen und Schußfelder markieren. Innerhalb kürzester Zeit verwandelten sich die friedlichen Anhöhen von Chlum und Lipa in steinerne Kriegsschiffe, die Westhänge in eine einzige furchterregende Breitseite. 450 Geschütze wurden in

Schlacht bei Königgrätz nach der Skizze eines Augenzeugen

Stellung gebracht, fast stockwerkartig übereinandergetürmt beherrschten sie das Tal der Bistritz. 320 weitere Kanonen standen als Reserve bereit,[171] ein gewaltiges Vernichtungspotential. Benedek hatte sich also auf die Überlegenheit der österreichischen Artillerie besonnen, auf ihren technischen Vorsprung und ihre taktische Stärke. Zugleich zog er aus den Schwächen seiner Infanterie die richtigen Konsequenzen: Statt blind in das Feuer des preußischen Zündnadelgewehrs hineinzulaufen, sollte sich die Fußtruppe verschanzt halten und sich zunächst auf einen reinen Abwehrkampf beschränken. Oberst von Pidoll, der Pionierchef, ließ zu diesem Zweck ein System aus Schützengräben und Bergstellungen anlegen, das mit Holz und Gestrüpp zum Tal hin abgeschirmt wurde.

Es war an eine Abnutzungsschlacht gedacht. Auf einen großartigen Offensivsieg konnte Benedek nicht mehr hoffen, das war klar. Aber er hatte die reelle Chance, den Feind zurückzuschlagen, ihn zu demoralisieren, ihn empfindlich zu schwächen, ihn womöglich auszubluten und damit das Blatt doch noch zu wenden. „Wenn mein altes Glück mich nicht ganz verläßt, kann's zum guten Ende führen", schrieb der Armeekommandant unmittelbar vor der Schlacht an seine Frau, „kommt es jedoch anders, dann sage ich in Demut: ‚Wie Gott will'. Du, mein Kaiser und Österreich werdet meine allerletzten Gedanken und Gefühle beherrschen. Bin ruhig und gefaßt, und wenn erst die Kanonen in rechter Nähe donnern werden, wird mir wohl werden."[172]

Es gab zwei Schwachpunkte. Zunächst das Problem, daß die Österreicher mit dem Rücken zur Elbe standen, ein möglicher Rückzug also schwierig sein würde. Für alle Fälle wurden einige Pontonbrücken über den Fluß geschlagen, die den regulären Übergang bei Königgrätz entlasten sollten. Dann bereitete die rechte Flanke einige Sorgen: Kronprinz Friedrich Wilhelms 2. Armee, die etwas abseits vom preußischen Hauptheer bei Königinhof lagerte, konnte sie in wenigen Stunden erreichen und dann möglicherweise Benedeks ganze Aufstellung von Norden her aufrollen. Hier wurden nun zwei weitgehend intakte Korps postiert, das II. unter FML Karl Graf Thun-Hohenstein und das IV. von FML Tassilo Graf

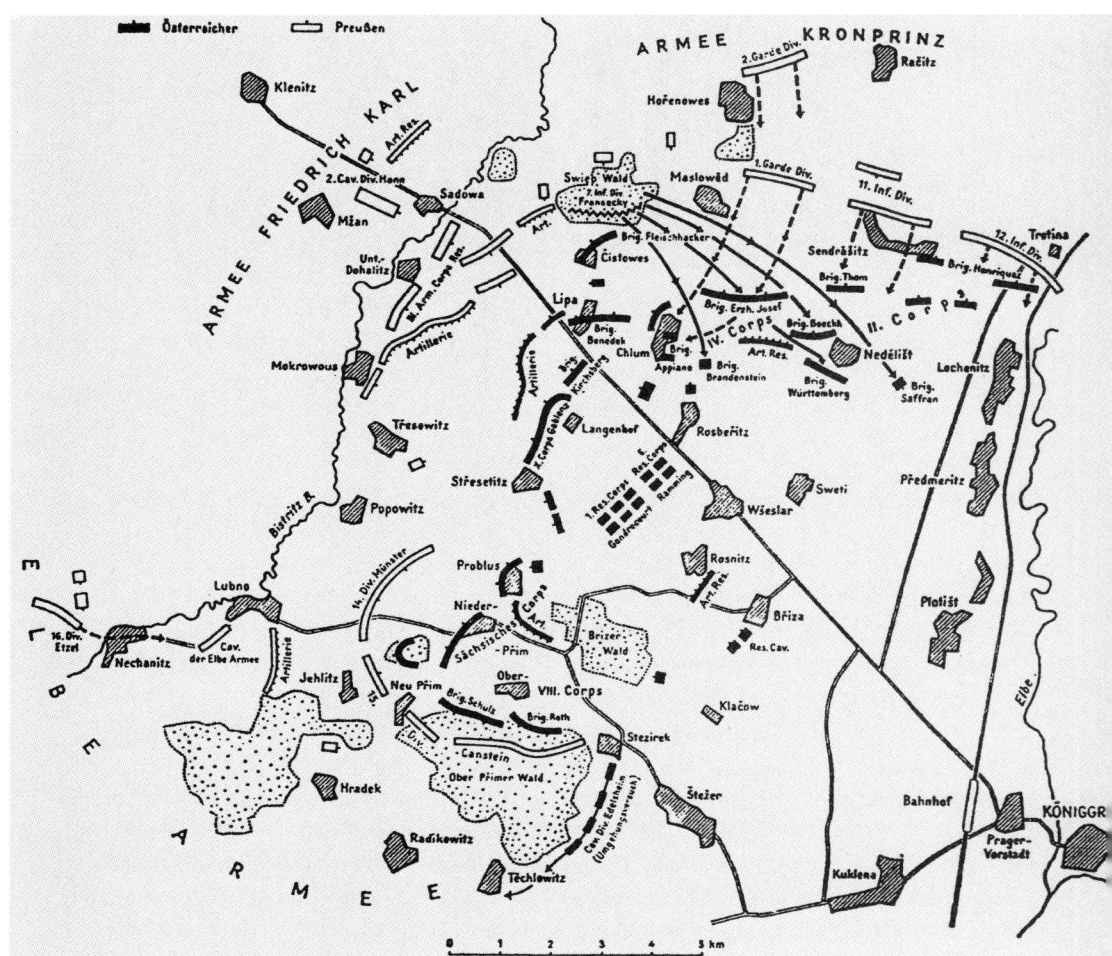

Schlacht bei Königgrätz, 3. Juli 1866. Die hier dargestellte Skizze zeigt die Lage am Nachmittag

*GM Leopold Frhr. von Edelsheim-Gyulai, Kommandant der k. k. 1. leichten
Kavallerie-Division, (links) und FML Karl Graf Coudenhove, Kommandant der k. k.
3. schweren Kavallerie-Division, (rechts)*

Festetics de Tolna, zusätzlich noch die 2. leichte Kavalleriedivision des Emerich
Prinz zu Thurn und Taxis. Somit war der rechte Flügel beachtliche 55.000 Mann
und 176 Geschütze stark, das sollte genügen.

Im Zentrum bei Chlum und Lipa standen Erzherzog Ernsts III. und Ludwig
von Gablenz' X. Korps, weiter südlich, schon auf dem linken Flügel, das bei
Skalitz schwer geschlagene VIII. Korps, dessen unglückseliger Kommandant
Erzherzog Leopold durch GM Joseph von Weber ersetzt worden war (angeblich
aus Gesundheitsgründen). Den Abschluß bildeten das sächsische Armeekorps
unter Kronprinz Albert und die vorzügliche k. k. 1. leichte Kavalleriedivision
des GM von Edelsheim. Im rückwärtigen Raum versammelte Benedek noch eine
mächtige Reserve: das I. Korps (GM Graf Gondrecourt hatte Clam-Gallas abge-

115

löst), Frhr. von Rammings VI. Korps, drei schwere Kavalleriedivisionen (Wilhelm Prinz zu Schleswig-Holstein-Sonderburg-Glücksburg, von Zaitschek, Karl Graf Coudenhove) und den schon bezifferten Artilleriepark, zusammen 58.748 Mann, davon 11.435 Reiter.[173]

Am Morgen des 3. Juli, eines verregneten Frühsommertages, stand die k. k. Nordarmee zur Schlacht bereit. Es war ein imponierender Anblick. Niemand hatte ein so großes habsburgisches Heer jemals an einem Ort versammelt gesehen. Das Weiß der österreichischen Infanteriemonturen zog sich über eine Frontlinie von über acht Kilometern hin,[174] durchsetzt vom Grün der Jäger, von artilleristischem Braun und einem Kaleidoskop von Kavallerieuniformen. Als Benedek von Königgrätz aus zu seinem Gefechtsstand bei Lipa ritt, wurde er von seinen Truppen mit Jubel bebgrüßt, egal, in welcher Sprache, und so, als ob es die Niederlagen von Nachod, Skalitz, Soor, Gitschin niemals gegeben hätte. Es

Das k. k. 20. Jägerbataillon im Kampf um den Swiepwald (mittags)

waren eben nicht Benedeks Niederlagen gewesen, nur die seiner Unterführer. So sahen es die Soldaten, die an ihrem Feldherrn weniger zweifelten als er selbst. Von Westen her drangen bereits gewitterartige Geräusche herüber, ein dumpfes Grollen, das immer lauter wurde, je näher man kam, und sich schließlich zu einem Kanon aus Pfeiftönen und Donnerschlägen steigerte. Als Benedek und sein Stab gegen 9 Uhr vormittags die Höhe von Lipa erreichten, bot sich ihnen das lang erwartete Bild: Preußische Infanterie griff auf der ganzen Linie an, und die österreichische Artillerie feuerte schon aus allen Rohren.

Der ehrgeizige Prinz Friedrich Karl von Preußen hatte seine 1. Armee teilweise seit 2 Uhr nachts bei Regenwetter und auf durchweichten Wegen zur Bistritz vorrücken lassen: Auf dem äußersten linken Flügel die 7. Division (von Fransekky) – sie sollte noch eine entscheidende Rolle spielen –, gefolgt von der 8. (von Horn) und dem pommerschen II. Korps (von Schmidt), in der Reserve die 5. (von Tümpling) und 6. Division (von Manstein) sowie ein Kavalleriekorps (Prinz Albrecht von Preußen). Weiter südlich schlossen sich die drei Divisionen von Herwarths Elbarmee an: die 14. (Graf Münster-Meinhövel), 15. (Frhr. von Canstein) und 16. (von Etzel). Die ihnen gegenüberliegenden Sachsen mögen es als Genugtuung empfunden haben, genau auf die Truppen zu treffen, die ihr Heimatland zwei Wochen zuvor besetzt und sie zum Übergang nach Böhmen genötigt hatten.

Prinz Friedrich Karl hatte zunächst nicht wissen können, daß er sich nicht auf eine Teilstreitmacht, etwa die abziehende Nachhut, sondern auf Benedeks ganzes kampfbereites Heer zubewegte. Diesem schien er ohne die Hilfe der kronprinzlichen 2. Armee schwerlich gewachsen zu sein. Um so unangenehmer die Überraschung, daß Moltke auf einen sofortigen Angriff bestand: Die Österreicher sollten bis zum Eintreffen des Kronprinzen gepackt und am Rückzug gehindert werden. Es war für den ehrgeizigen Friedrich Karl eine unbefriedigende Aufgabe. Er mußte seine unausgeruhte und überdies schlecht versorgte Truppe gegen einen zahlen- wie stellungsmäßig überlegenen Feind anrennen lassen. Gleiches galt für General Herwarth von Bittenfeld, dessen Elbarmee noch längere Fußmärsche hinter sich hatte und dementsprechend aussah. Beide Armeen mußten sich zunächst den Übergang über die Bistritz erkämpfen. König Wilhelm verfolgte das Schauspiel von einer nahegelegenen Anhöhe aus, den als Landwehrmajor kostümierten Bismarck und natürlich Moltke an seiner Seite. Wie gewöhnlich war der Generalstabschef die Ruhe selbst, während Bismarck von dem Gefühl ergriffen wurde, mit Millionen zu spielen, die er nicht besaß.[175] Außerdem war der Ausblick nicht ganz ungefährlich. Eine österreichische Granate schlug gleich zu Beginn der Schlacht keine zwanzig Meter entfernt ein; sie blieb allerdings im nassen Erdreich liegen ohne zu explodieren. Durch die hinunter ins Bistritztal gerichteten Ferngläser sahen der König und seine Begleiter bald nur noch Pulverdampf und Feuersäulen. Entlang des Flusses gingen die von ihren Bewohnern verlassenen Dörfer der Reihe nach in Flammen auf.

Der preußischen Infanterie gelang es in den Vormittagsstunden lediglich, die Bistritz in breiter Front zu überschreiten. Alles weitere blieb im infernalen österreichischen Abwehrfeuer stecken. Besonders schlimm traf es die 15. Infanteriebrigade, die in einem kleinen Gehölz an der Landstraße nach Königgrätz, dem sogenannten Holawald, erbarmungslos zusammengeschossen wurde. König Wilhelm kanzelte die zurückgehenden Überlebende persönlich ab; eine peinliche Szene, die aber angeblich den Siegeswillen des Monarchen demonstriert und bei den umstehenden Offizieren einen unvergeßlichen Eindruck hinterlassen habe.[176] Was die größtenteils verwundeten Soldaten darüber dachten, ist nicht überliefert.

Als der Vormittag zu Ende ging, das österreichische Trommelfeuer unvermindert andauerte und von der dringend erwarteten 2. Armee immer noch nichts zu sehen war, wurde man im preußischen Befehlsstand auf dem Roskosberg zusehends nervöser. Unten im Tal hatten Friedrich Karls Truppen große Mühe, ihre kümmerlichen Geländegewinne zu behaupten. Im zähen Grabenkampf und im Geschoßhagel der österreichischen Artillerie nützte ihnen das Zündnadelgewehr wenig. General von Herwarths Divisionen im Süden wagten sich kaum vor, aus Angst, die wankende Armee an ihrer Seite könne irgendwann nachgeben und sie allein zurücklassen. Am anderen Ende der Front, dort wo eigentlich schon längst der Kronprinz hätte erscheinen müssen, wehrte sich die 7. Division verzweifelt gegen die Übermacht zweier österreichischer Korps. Reserven wurden angefordert – und von Moltke nicht hergegeben –, Entlastungsangriffe erwogen, einmal schon befohlen und in Furcht vor dem völligen Ausbluten der Armee dann doch wieder abgeblasen. Wie er sich eigentlich den Rückzug vorstelle, fragte der König seinen Generalstabschef und erhielt die verbissene Antwort: „Hier handelt es sich um Preußens ganze Zukunft, hier wird nicht zurückgegangen."[177]

Die so dringend erwartete Kronprinzenarmee war am frühen Morgen zwar befehlsgemäß beim Elbübergang Königinhof aufgebrochen, kam aber nur äußerst mühsam voran. Die Wege waren vom Dauerregen durchweicht; manchmal versanken die schweren Geschützzüge bis zu den Radnaben im Schlamm. Das Glück schien diesmal bei den Österreichern zu sein. Dort machte sich nun ein gewisser Leichtsinn breit. Die beiden Korps, die das k. k. Heer nach Norden hin abschirmen sollten, ließen sich während des Vormittags zu einem Gefecht um den sogenannten Swiepwald verleiten, wo sich die schon erwähnte preußische 7. Division des Generals von Fransecky festgesetzt hatte. Strategisch bot das Gelände nicht viel, aber Fransecky verteidigte es derart zäh, daß sich vor allem die Führung des k. k. IV. Korps mehr und mehr in die Stimmung hineinsteigerte, der Swiepwald müsse um jeden Preis genommen werden. Was folgte, war ein Rückfall in die übelste Stoßtaktik: brachiale Bajonettangriffe, gegnerisches Schnellfeuer und extrem hohe Verluste auf beiden Seiten und unter allen Dienstgraden. Franseckys Division wurde fürchterlich zugerichtet, aber dafür bezahlten

FML Tassilo Graf Festetics, Kommandant des k. k. IV. Korps (links) und GM Leopold Graf Gondrecourt, zeitweiliger Vertreter des Kommandanten des I. Korps Graf Clam-Gallas (rechts)

die Österreicher mit dem Blut ihrer wichtigsten Truppen. Dies geduldet zu haben, zählt zu Benedeks schwersten Fehlern.

Benedek hatte aber schon Mühe genug, seine eigene Angriffslust im Zaum zu halten. Die Defensivschlacht, die er bisher so erfolgreich geführt hatte, genügte ihm auf Dauer nicht. So wie die feindlichen Armeen schon stockten und wankten, mußte es bald möglich sein, sie mit einem gewaltigen Rückstoß der Reserven in die Knie zu zwingen und die ganze preußische Frontlinie einzureißen. Für diesen Fall sollte sich schon einmal Frhr. von Rammings VI. Korps an der ins Bistritztal führenden Landstraße bereithalten, anstatt – wie ursprünglich vorgesehen – Anschluß an den rechten Flügel zu suchen. Doch genau dort kündigte sich bald darauf die Entscheidung an. Es war etwa 11.30 Uhr, als Benedek ein Telegramm des Festungskommandanten von Josephstadt erhielt: Entlang der Elbe seien starke preußische Truppenverbände gesichtet worden, Marschkolonnen der 2. Armee, die sich auf das Schlachtfeld zubewegten. Nun wurde es höchste Zeit, sich um die Sicherheit der Nordflanke zu kümmern. Benedek erkannte die Gefahr durchaus. Aber er konnte sich immer noch nicht von der Idee des Frontalangriffs trennen und behielt seine Reserven weiter in der Hinterhand, statt sie unverzüglich nach Norden zu dirigieren. Die beiden Korps am rechten Flügel schienen ihm stark genug zu sein, um den Feind aufhalten zu können. Dabei unterschätzte er die Nachwirkungen der Kämpfe um den Swiepwald vollkommen, denn mittlerweile waren die Truppen nicht nur erheblich geschwächt, sondern hatten sich größtenteils auch von ihren ursprünglichen Stellungen entfernt. Zusätzliche Komplikationen entstanden dadurch, daß sich der provisorische Kommandant des IV. Korps, FML Anton Frhr. von Mollinary (Graf Festetics war am Morgen schwer verwundet worden) zunächst sträubte, den hart erkämpften Swiepwald wieder zu räumen und sich auf die vorgeschriebene Verteidigungsposition zurückzuziehen. Wertvolle Zeit ging verloren. Alles das: Benedeks Unbeweglichkeit, sein geiziges Horten von Truppenteilen, die Eigenmächtigkeit seiner Unterführer; man kennt es schon. Die Hauptfehler der ersten Kriegstage meldeten sich in der entscheidenden Phase der Schlacht zurück.

Am frühen Nachmittag wurden die Österreicher auf dem rechten Flügel teilweise noch während des Stellungswechsels überrannt. Die Kronprinzenarmee brach innerhalb kürzester Zeit in die österreichische Flanke ein, durch unübersichtliche Geländeverhältnisse und Nebel begünstigt, die Überlegenheit des Zündnadelgewehrs voll ausnutzend und mit unerwartet starker Artillerieunterstützung. Die desorientierten, teilweise auch stark dezimierten österreichischen

Die Artillerie des k. k. I. Korps bei Königgrätz

Attacke der schweren k. k. Kavallerie bei Königgrätz

Einheiten waren von der plötzlichen Wucht des Angriffs vollkommen über-
rascht. Das k. k. II. Korps, das zuvor zwei seiner vier Brigaden im Swiepwald
vergeudet hatte, wich nach kurzem Widerstand hinter die Elbe zurück; sein
Kommandant Graf Thun-Hohenstein erwies sich als komplette Fehlbesetzung.
Das auf sich allein gestellte IV. Korps wurde von der preußischen Garde hinter
die Höhe von Chlum zurückgeworfen und mußte das schon an der Landstraße
nach Königgrätz gelegene Rosberitz aufgeben, eine der zentralen Stellungen des
österreichischen Heeres ging somit im Handumdrehen verloren. Der ganze rechte Flügel brach zusammen wie ein Kartenhaus. Alles ging so schnell, daß Benedek es erst gar nicht glauben wollte: „Unsinn!" fuhr er den Überbringer der
Unglücksbotschaft an, „Plauschen's nicht so dumm!"[178] Es war kurz nach
15 Uhr. Kurzentschlossen warf Benedek sein Pferd herum und ritt selbst nach
Chlum, das ganze Gefolge hinterher. Auf dem kurzen Weg dorthin flogen ihm
bereits die Kugeln um die Ohren. Einer seiner Adjutanten wurde tödlich getroffen, einem anderen das Pferd unter dem Sattel erschossen. Der abgelöste Generalstabschef Henikstein, der sich immer noch im Hauptquartier aufhielt, hätte seine
Neugier fast mit dem Leben bezahlt. Erzherzog Wilhelm, der Artilleriechef, erlitt
eine Kopfverletzung. Das ganze Dorf Chlum stand in Flammen, zerbrochene
Bataillone taumelten daraus hervor, Ungarn, die wie unter Schock standen und

sich selbst von Benedek, ihrem Landsmann, nicht mehr ansprechen ließen. Vorübergehend geriet die Gruppe um den Armeekommandanten sogar in österreichisches Geschützfeuer, eine alptraumhafte Situation.

Benedek reagierte instinktiv. Sein erster Gedanke war: „Ich werde die Preußen
sofort aus Chlum hinausgeworfen haben."[179] Unverzüglich erhielten die Reserven den Befehl zum Gegenangriff. Am liebsten hätte sich der Feldzeugmeister
selbst an die Spitze eines Bataillons gestellt; vakante Posten sollte es bald mehr als
genug geben. Im Rücken der österreichischen Front entbrannte nun ein erbitterter Kampf um jeden Quadratmeter. Dem Wiener Hausregiment „Hoch- und
Deutschmeister" – oder was davon noch übrig geblieben war – gelang es auch
tatsächlich, Rosberitz zurückzuerobern; weitere Truppen des herbeigeeilten
k. k. VI. Korps stürmten nach Chlum hinein, aber dann zeigte sich wieder die
gnadenlose Überlegenheit des preußischen Zündnadelgewehrs. Die Österreicher
ließen nichts unversucht. Immer neue Reserven wurden herangeführt und in den
Kampf geworfen, die Soldaten mit aufgepflanztem Bajonett, die Offiziere mit
gezogenem Säbel, die Generäle zu Pferd. Ganze Brigaden rannten in das preußische Schnellfeuer hinein, als ob es zum Manöver ginge. Umsonst. Keine noch so
heroischer Angriff kam gegen die Mechanik des Herren Dreyse an. Die Höhe
von Chlum, die Herzgegend des Schlachtfeldes, blieb in preußischer Hand.

Gegen 16 Uhr mußte Benedek einsehen, daß er die Schlacht verloren hatte.
Mittlerweile war auch Herwarths Elbarmee – vom Erfolg des Kronprinzen elek-
trisiert – zu einer neuen Offensive übergegangen. Trotz zähen Widerstandes der

Rückzug nach der Schlacht bei Königgrätz

Sachsen wich seitdem auch der linke, südliche Flügel der Österreicher. Wie der Kapitän eines sinkenden Ozeanriesen leitete Benedek nunmehr den vollständigen Rückzug ein, und nicht zuletzt seine Kaltblütigkeit sollte das Heer in den nächsten Stunden vor der totalen Vernichtung bewahren. Das Zentrum schob sich langsam zur Elbe zurück, nach Norden hin abgeschirmt vom I. Korps, der letzten Reserve. Obwohl bei Turnau und Gitschin schon bis aufs äußerste beansprucht, hielt Clam-Gallas' ehemalige Truppe mit großer Tapferkeit stand. Innerhalb weniger Stunden verlor das Korps fast die Hälfte seiner Soldaten,[180] sicherte der Masse des Heeres aber den Rückzug. Friedrich Karls Armee, von deren Druck nun abrupt erlöst, drängte instinktiv nach. Kavallerie wurde vorausgeschickt, um die abziehenden Österreicher einzuholen, aber auch hier war Benedek sofort zur Stelle und ließ die beiden schweren Kavalleriedivisionen Schleswig-Holstein-Sonderburg-Glücksburg und Coudenhove noch einmal zu einer gewaltigen Attacke antreten. In Minutenschnelle steigerte sich das Nachhutgefecht zu einer der größten Reiterschlachten des Jahrhunderts. Wie bei Custoza (siehe S. 98) blieb die österreichische Kavallerie auch hier nichts schuldig, schlug die Preußen an allen Punkten zurück und räumte erst vor dem Schnellfeuer der nachrückenden Infanterie endgültig das Feld.

Vor allem aber war es Benedeks überragende Artillerie, die das preußische Heer immer wieder auf Distanz hielt. Ihr gelang es gegen 17 Uhr, eine neue Abwehrfront zu bilden, und in ihrem Schutz begann der Rückzug über die Elbe.

Erst hier vollendete sich die Katastrophe: Zu wenige wußten von der Existenz der Pionierbrücken; alles drängte zu dem großen Übergang bei Königgrätz, wo sich bald auf engstem Raum eine ungeheure Menschenmasse staute. Der Kommandant der Festung, mit der Situation vollkommen überfordert, hielt sich ängstlich an den einmal erhaltenen Befehl, alle Tore geschlossen zu halten. Schlimmer noch: Aus Furcht vor einem feindlichen Überfall ließ er gegen 19 Uhr das dem Mauerring vorgelagerte Grabensystem fluten. Panik brach aus. Die Offiziere verloren die Kontrolle über ihre Einheiten, jede Ordnung brach nun zusammen, jede Vernunft hörte auf. Obwohl an sich keine ernsthafte Gefahr bestand, sprangen unzählige Soldaten ins Wasser, um zur Festung zu schwimmen, viele versuchten, die Palisaden emporzuklettern, manche schossen sogar hinauf. Die Schwächsten wurden von der Brücke oder von den Dämmen gedrängt, ganze Pferdegespanne stürzten ins Wasser, mühsam gerettete Geschützzüge, sogar ein Wagen mit Verwundeten. Das ganze Elend eines geschlagenen Heeres, Angst, Wut, Schmerz, Schock und Verzweiflung: Hier entlud sich alles und gegen jeden. Wie viele Menschen dabei ums Leben kamen, ertranken, im Gewühl zerquetscht und zertrampelt, von verirrten Kugeln getroffen wurden, ist nie geklärt worden. Augenzeugen sprachen von Hunderten von Toten. Nach Einbruch der Dunkelheit, gegen 22.30 Uhr, wurden die Tore endlich geöffnet, und die Situation beruhigte sich allmählich.

Mittlerweile hatte der Kommandant des III. Korps, Erzherzog Ernst, sich

Einlaß in die Festung verschafft und eine erste Meldung an den Kaiser abgehen lassen. Erst tief in der Nacht kam Benedeks eigenes Telegramm in Wien an: „Vorgestern schon besorgte Katastrophe der Armee heute vollständig eingetreten . . . Verluste noch nicht zu übersehen, aber gewiß unendlich groß."[181]

31.000 Österreicher und Sachsen waren tot, wurden vermißt oder waren verwundet worden, weitere 13.000 in Gefangenschaft geraten. Beinahe ein Viertel des Heeres existierte nicht mehr.[182]

Der Sieger

Der Sieger hieß Bismarck. Nicht der König, nicht Prinz Friedrich Karl, nicht der Kronprinz, noch nicht einmal der Generalstabschef von Moltke, sondern er, der schlichte Landwehrmajor, war der Hauptgewinner von Königgrätz. Er hatte den Krieg gewollt und herbeigeführt, das politische Risiko getragen, seine Existenz daran geknüpft und die von hunderttausenden Soldaten aufs Spiel gesetzt. Nun hatte die preußische Infanterie also den Zweck erreicht, der Bismarcks Mittel heiligte. Ein Flügeladjutant des Königs brachte es damals auf den Punkt: „Exzellenz, jetzt sind Sie ein großer Mann; wenn der Kronprinz zu spät kam, wären Sie der größte Bösewicht."[183] Damit ist das wichtigste über Bismarcks Karriere gesagt.

Helmuth von Moltke bestritt bis zu seinem Lebensende, daß die preußische Armee bei Königgrätz nur knapp einer Niederlage entgangen sei. Seine Planungen schienen ihm unangreifbar, die Einwirkung der Kronprinzenarmee so exakt vorausberechnet, daß am Ausgang der Schlacht, ja, des Krieges nicht der geringste Zweifel habe bestehen können. In Wahrheit wußte niemand so gut wie er, daß selbst die überlegteste Kriegsführung nur ein „System von Aushilfen" sein kann, mit anderen Worten eine Art organisiertes Glücksspiel. So war auch bei Königgrätz vieles, wenngleich nicht alles denkbar. Eine preußische Totalniederlage sicher nicht, das Zündnadelgewehr hätte sie verhindert. Sehr wohl aber ein preußischer Rückzug, der auf Dauer kaum zu vermeiden gewesen wäre, wenn der österreichische rechte Flügel einen ebenso zähen, disziplinierten und konsequenten Abwehrkampf geführt hätte, wie das Gros der Armee. Die Verwundung des FML Festetics, der Leichtsinn seines Nachfolgers Mollinary, das Versagen des Grafen Thun-Hohenstein, der dadurch verursachte Zusammenbruch zweier Korps und die erst dann möglich gewordene blitzschnelle Einnahme von Chlum: Alles das konnte Moltke ebensowenig kalkulieren, wie die verschiedenen Pannen im eigenen Lager, beispielsweise die verzögerte Ankunft des Kronprinzen und in der Schlußphase die lahmen Verfolgungsoperationen der Elbarmee. Zweifellos war Moltke ein besserer Stratege als Benedek, die preußische Infanterie besser bewaffnet als die österreichische, aber was am Ende den Ausschlag gab, entzog sich noch bis in die Schlacht hinein jeder Berechnung.

Entgegen Moltkes Prophezeiungen entschied der Ausgang der Schlacht auch nicht zwangsläufig über den Ausgang des Krieges. Moltke hatte die vollständige Umfassung und Vernichtung des österreichischen Heeres geplant, doch das war seinen erschöpften Truppen nicht mehr gelungen. Die k. k. Nordarmee bot nach Königgrätz zwar einen fürchterlichen Anblick, aber sie existierte noch. Es war durchaus denkbar, sie mit frischen Truppen aus Italien zu verstärken und erneut zum Kampf aufzustellen. Es fehlte Österreich auch nicht an fähigen Heerführern: Erzherzog Albrecht und FML Frhr. von John, die Sieger von Custoza, standen bereit, für Benedek und seine unglückseligen Stabschefs in die Bresche zu springen. Vom rein militärischen Standpunkt aus schien die Wirkung von Königgrätz zunächst noch durchaus begrenzt zu sein. Es war der moralische, der massenpsychologische Effekt, der dann alle Dimensionen sprengen sollte.

Wir erinnern uns, daß Bismarck mit unguten Gefühlen und einem bemerkenswerten Notgroschen in der Tasche nach Böhmen gereist war. Bereits zu diesem Zeitpunkt begann die Stimmung in der preußischen Bevölkerung umzuschlagen, die Erfolgsnachrichten aus Nachod und Skalitz taten ihre Wirkung, die hannoversche Kapitulation bei Langensalza kam hinzu, dem König wurden plötzlich wieder Ovationen gebracht. Der dröhnende Patriotismus der Zuhausegebliebenen machte sich nun breit. Ein Mitarbeiter Moltkes beschrieb die Fahrt des großen Hauptquartiers zum böhmischen Kriegsschauplatz als „ein wahrer Triumphzug für den König und Bismarck".[184] Und es war nicht nur das Bürgertum, das applaudierte. Auf den Bahnhöfen der industriereichen Niederlausitz fiel dem Flügeladjutanten Oberstleutnant Walter Frhr. von Loë immer wieder „die nach Tausenden zählende Fabrikbevölkerung" auf, die „den königlichen Zug erwartete und mit brausendem Jubel begrüßte".[185] Es schien sie also doch zu geben, die gutmütige, im Herzen königstreue, leicht zu lenkende breite Masse, die Bismarck durch allgemeine Wahlen zu politischem Leben erwecken wollte.

Einstweilen führten schon die Neuwahlen zum preußischen Abgeordnetenhaus – zufälligerweise am Tag von Königgrätz und natürlich nach dem herkömmlichen Dreiklassenwahlrecht durchgeführt, das Königreich Preußen sollte nie ein anderes kennenlernen – zu einem politischen Erdrutsch. Die Konservativen verdreifachten die Zahl ihrer Mandate und errangen die absolute Mehrheit; die liberale Opposition büßte fast die Hälfte ihrer Sitze ein. Dazu noch die Nachrichten von der Schlacht. Aus den Zeitungen war nach und nach zu erfahren, daß die königliche Armee einen großen Sieg erkämpft habe, daß dem Kronprinzen noch auf dem Schlachtfeld der „Pour-le-mérite" verliehen worden sei, daß die preußischen Verluste zwar hoch, dafür aber die österreichischen noch viermal höher wären, daß man über die Leistungen des Feldheeres nur staunen könne, daß sich erst jetzt zeige, wie wichtig es gewesen sei, konsequent aufzurüsten und die Militärreform auf Biegen und Brechen durchzusetzen, Verfassung hin, Verfassung her.

Auf Königgrätz folgte „der große Umfall" der preußischen Liberalen.[186] Die meisten von ihnen – Wähler wie Gewählte – gingen mit fliegenden Fahnen ins Lager des Erfolges über. Wer gestern noch die Rechte des Parlamentes verteidigt, für den Frieden gesprochen, den „Bruderkrieg" verdammt hatte, schwadronierte

Bismarck und Moltke in der Schlacht bei Königgrätz (links). Nach einer Anekdote habe Bismarck Moltke sein Zigarrenetui gereicht. Als dieser die Beste auswählte, wußte Bismarck, daß der Sieg gesichert war. Gedenkkarte des Norddeutschen Reichstags für Bismarck (rechts)

plötzlich über Blut und Eisen und hielt sich für einen Realpolitiker. Ob preußischer Militärpatriotismus oder kleindeutsche Nationalidee, alles war jetzt eins. Was zählte die Freiheit, wenn ohne sie die Einheit zu haben war? Was galten Theorien, Ideale, Rechtstitel, wenn eine einzige Armee alles das hinwegfegen konnte? Wozu noch eine Weltanschauung, wenn der Blick auf Bismarck genügte? Manche rechtfertigten ihren Opportunismus mit salbungsvollen Worten, der damals vielgelesene Gustav Freytag zum Beispiel: „Wir erfüllen nur eine Pflicht des Patriotismus und loyaler Kampfesweise, wenn wir einem früheren Gegner die warme und herzliche Anerkennung zollen, welche der Mann verdient, dem vergönnt war, soviel für Deutschland und Preußen zu tun."[187] Andere stellten eine geradezu masochistisch anmutende Unterwerfungslust zur Schau. Der prominente Jurist Rudolf von Ihering, der noch am 14. Juni über Bismarcks „Schamlosigkeit" und „grauenhafte Frivolität" gewettert hatte, schrieb einige Schlachten später: „Ich beuge mich vor dem Genie eines Bismarck. Ich gebe für einen solchen Mann der Tat ... hundert Männer der liberalen Gesinnung, der machtlosen Ehrlichkeit."[188] Unsägliches wurde in deutschen Gelehrtenstuben ausgebrütet. Der Historiker Max Duncker karikierte sich und seine vom Mantel der Geschichte erschlagenen Kollegen beinahe selbst, als er sagte, sogar „die Einheit des Zuchthauses" sei der bisherigen „Ohnmacht und Zersplitterung" vorzuziehen.[189] Die Berliner *Nationalzeitung* – ein Name, ein Programm – sah mit der Trennung von Österreich ein goldenes Zeitalter heraufdämmern, denn: „Wir können deutscher sein als es unseren Vorfahren vergönnt war."[190]

Der vom Nationalsozialismus verfolgte Hans-Joachim Schoeps, ein sensibler Analytiker des alten Preußen, nannte die damalige Wendewut einmal „die erste deutsche Gleichschaltung".[191] Das ist ein sehr hartes, aber kein ungerechtes Urteil. Was sich nach Königgrätz in der preußischen und deutschen Öffentlichkeit abspielte, war mehr als nur patriotischer Überschwang, mehr als ein kurzer „Sündenfall" des Liberalismus. Es war die Kapitulation der Liberalen vor der Macht, der Kniefall des Bürgertums vor der Obrigkeit, der Triumph des Nationalismus über die Idee des freiheitlichen Rechtsstaates, kurz: das Fundament für die nächsten achtzig Jahre deutscher Politik.

Die patriotischen Koliken der Deutschen interessierten Bismarck nur soweit, als er davon profitieren konnte. Das tat er allerdings ausgiebig. Als besonders nützlich sollte sich der Stimmungsumschwung des Kronprinzen Friedrich Wilhelm erweisen, der die konservative Regierung mitsamt deren Kriegskurs die längste Zeit bekämpft hatte und nun durch die Brille des erfolgreichen Heerführers einiges anders sah. Ihm beschrieb Bismarck am Tag nach Königgrätz seine Zukunftspläne: Ausschluß Österreichs aus der deutschen Staatengemeinschaft, kleindeutsch-zentralistische Bundesreform und vor allem: handfeste Gebietsgewinne für Preußen. Die Einverleibung Schleswig-Holsteins war ohnehin beschlossene Sache. Vom Augustenburger Herzog, den die deutschen Bildungsbürger kurz zuvor noch bejubelt hatte, sprach bald kein Mensch mehr, auch der Kronprinz von Preußen nicht. Neben Schleswig-Holstein sollte das ganze Königreich Sachsen geschluckt werden. Besetzt war es ja schon und militärisch besiegt jetzt auch. Der bundestreue König Johann, der Dante-Übersetzer und Strafrechtsreformer, saß bereits in Wien im Exil, dort sollte er bleiben. Aus einigen hannoverschen und kurhessischen Gebietsteilen wollte Bismarck die langgewünschte Landbrücke zwischen den preußischen Westprovinzen und Berlin zimmern. Das war im Vergleich zu dem, was später tatsächlich geschah, beinahe maßvoll, obwohl die Regierungen in Hannover und Kassel ja nichts anderes verbrochen hatten, als einen Beschluß des Deutschen Bundes auszuführen. Aber wer sprach noch vom Deutschen Bund?

Der Bürgerkrieg in Westdeutschland

Der Westen Deutschlands war nur in militärischer Hinsicht ein Nebenschauplatz. Politisch gesehen lag dort das Zentrum des Bürgerkrieges. In Böhmen stritten sich zwei europäische Großmächte um dieselben Dinge und beinahe auch auf den selben Schlachtfeldern wie hundert Jahre vorher. In Westdeutschland hingegen, am Main und in der Rhön, kämpfte nach allen umständlichen Regeln der Bundesverfassung eine deutsche Bundesarmee gegen die Truppen eines aggressiven Einzelstaates; fast könnte man sagen: eine Regierungsarmee gegen Rebellentruppen. Nun kam so etwas im Vokabular der Preußen natürlich nicht vor, die preußische Sprachregelung kannte ja überhaupt keinen Deutschen Bund mehr, demzufolge auch keine Bundesverfassung und kein Bundesheer, eine Bundesregierung schon gar nicht (es gab ja tatsächlich keine). In Berlin sprach man auch nicht von einem Bürgerkrieg, höchstens von einem deutschen Krieg, und die Kämpfe in Westdeutschland hießen ganz einfach der Main-Feldzug, was nach Strafexpedition klang und vermutlich auch so gemeint war. Der Begriff setzte sich durch, als Preußen Anfang August 1866 den Waffenstillstand diktierte. Gehen wir aber lieber der Reihe nach, denn als der Bundestag in Frankfurt am 23. Juni die schwarz-rot-goldene Fahne wie eine nationale Kriegsflagge hissen ließ, da waren noch durchaus andere Bezeichnungen denkbar.

Die deutschen Farben über dem Bundespalais deuteten zunächst einmal auf eine Kriegskoalition zwischen den bundestreuen Regierungen und der Nationalbewegung hin. Ein breites, über Partei-, Staats- und Standesgrenzen hinwegreichendes Bündnis gegen den preußischen Aggressor kündigte sich an, ein Hauch von Volkskrieg kam ins Spiel. Der Bundestag wirkte ohnehin wie umgewandelt: die Zeiten des konservativen Debattierklubs waren vorbei, definitive Entscheidungen mußten nun getroffen, Truppen geführt und Territorien verwaltet, für den unbesetzten Teil Kurhessens ein Administrator bestellt werden. Es sah fast nach einer nationalen Notstandsregierung aus. Plötzlich schien der Deutsche Bund gebraucht, respektiert, ja geschätzt zu werden. Der Oberkommandierende des 8. Bundesarmeekorps ließ seine Truppen die schwarz-rot-goldene Armbinde anlegen; ein Symbol, das an das Revolutionsheer von 1848/49 erinnerte und Bismarcks populistischen Nerv auf das Empfindlichste berührte.

In einem wesentlichen Punkt konnte sich der preußische Ministerpräsident allerdings beruhigen: Die Invasion in Norddeutschland hatte die am 14. Juni beschlossene Mobilmachung des Bundes vielerorts zunichte gemacht. Zwei der vier alarmierten Armeekorps existierten nur auf dem Papier. Das aus hannoverschen, braunschweigischen, mecklenburgischen und hanseatischen Verbänden bestehende norddeutsche (10.) Korps, war als solches niemals zum Einsatz gekommen, das 9. – Sachsen, Kurhessen, Nassau und Luxemburg – in alle Richtungen zerstreut: Die Sachsen kämpften bekanntlich in Böhmen, die Luxemburger hielten sich ganz heraus, und die Kurhessen stießen ebenso wie die nassauische Brigade zum 8. Korps, das regulär aus den Kontingenten Württembergs, Badens und Hessen-Darmstadts bestand und zusätzlich um eine österreichische Brigade verstärkt wurde. Das Oberkommando führte Prinz Alexander von Hessen, ein jüngerer Bruder des Darmstädter Großherzogs. Er hatte im russischen wie im österreichischen Heer gedient und es als Divisionskommandant bei Solferino bis zum k. k. Feldmarschalleutnant gebracht, ein tapferer Offizier und gebildeter Grandseigneur, deshalb aber noch lange kein bedeutender Heerführer. Die geschichtliche Bedeutung des Prinzen Alexander rührt eher daher, daß er eine nicht ganz standesgemäße Dame namens Julie Haucke heiratete und dadurch die Dynastie Battenberg, anglisiert: Mountbatten, begründete. Wir haben es mit dem Urgroßvater des britischen Prinzgemahls Philipp zu tun.

Schon das reguläre 8. Korps war eine beachtliche, armeeähnliche Streitmacht, leider auch eine bunt gemischte, die nun mit den Zuzügen aus Österreich, Kurhessen und Nassau nicht nur umfangreicher, sondern auch unübersichtlicher wurde. Die Versammlung der Truppen im Raum Frankfurt erwies sich als mühselige Angelegenheit. Nur die großherzoglich hessische Division, sozusagen Prinz Alexanders Hausmacht, stand von Anfang an schlagbereit zur Stelle. Die Württemberger kamen erst nach und nach an, und von den Badensern war tagelang überhaupt nichts zu sehen, ihre letzten Kolonnen trafen erst am 8. Juli ein, fünf Tage nach Königgrätz. Die Kurhessen, die sich als Speerspitze zur Rückeroberung von Kassel angeboten hatten, mußten nach näherem Hinsehen in die Bundesfestung Mainz abgeschoben werden. Es stellte sich nämlich heraus, daß sie als einzige über moderne Zündnadelgewehre verfügten – wofür es natürlich weit und breit keine Ersatzmunition gab. Der Vorstoß nach Nordhessen scheiterte aber vor allem daran, daß Prinz Alexander der Methode Krismanić anhing: Er hortete die Kontingente des 8. Bundesarmeekorps bei Frankfurt wie Benedek die k. k. Nordarmee bei Josephstadt, anstelle mit den bereitstehenden Hessen-Darmstädtern, Österreichern und Württembergern sofort zum Angriff überzugehen und die Zeit zu nutzen, in der die preußische Westarmee noch mit den Hannoveranern beschäftigt war.

Spätestens jetzt machte sich das Vakuum in der obersten Führungsebene bemerkbar. Die in der Bundesverfassung vorgesehene und nach Lage der Dinge nur einem österreichischen General oder dem Kaiser selbst zukommende Stelle des „Bundesfeldherren" war auf Betreiben Bayerns nicht besetzt worden. Bayern – in Person des eigensinnigen Ministerpräsidenten Ludwig Frhr. von der Pfordten – wünschte seine Selbständigkeit in jeder Lage zweifelsfrei zu behalten, daher

FML Erwin Graf Neipperg, (links) Kommandant der kombinierten österreichisch-nassauischen Division im 8. Bundesarmeekorps, und FML Alexander Prinz von Hessen, Kommandant des 8. Bundesarmeekorps (rechts)

duldete es kein gemeinsames Oberkommando. Stattdessen galt seit dem 27. Juni eine Vereinbarung, wonach Österreich nur eine vage Oberaufsicht über den westdeutschen Kriegsschauplatz eingeräumt wurde. Überflüssigerweise sollte dafür auch noch Benedek zuständig sein, der in Böhmen mehr als genug zu tun hatte und gerade in den Strudel seiner ersten Niederlagen hineingeriet. So kam dem betagten Prinzen Karl von Bayern die eigentliche Führung zu, zusätzlich zu seinem ursprünglichem Kommando über jenen Truppenverband, der je nach Standpunkt des Betrachters die bayerische Armee oder das 7. Bundesarmeekorps genannt wurde. Eine glückliche Konstruktion war das natürlich nicht, zumal die

Bayern immer nur den Ehrgeiz, nie die Autorität besaßen, in Süddeutschland den Ton anzugeben. Beide Bundesarmeekorps operierten in der Folge ziemlich unkoordiniert nebeneinander her, das südwestdeutsche 8. bei Frankfurt, das bayerische 7. in der Rhöngegend.

Das erste Ziel der Bayern war es bekanntlich gewesen, die Armee des Königs von Hannover aus der preußischen Umklammerung zu befreien. Es wurde auch ihr erster Fehlschlag. Noch ehe der Thüringer Wald erreicht war, kam die Nachricht von der am 29. Juni vollzogenen Kapitulation bei Langensalza. Nun hieß es, sich schleunigst in Sicherheit zu bringen, denn einen Kampf gegen die siegreiche preußische Westarmee des Generals Vogel von Falckenstein konnte Prinz Karl allein nicht riskieren. Die direkte Verbindung zum 8. Korps suchend, ließ er seine Truppen nach Westen abschwenken; im Raum Fulda/Hersfeld sollten sich alle verfügbaren Bundestruppen vereinigen. Das gemeinsame Heer würde über 80.000 Mann stark sein – gemessen an der Gesamtbevölkerung Süddeutschlands eine geradezu lächerliche Zahl, aber immer noch eine weitaus höhere, als es Vogel von Falckensteins 46.000 Preußen lieb sein konnte.[192]

Der preußische Armeeführer Vogel von Falckenstein hatte sich bei der Verfolgung der Hannoveraner so manchen Fauxpas geleistet, wir wissen es. Nun aber, im Kampf gegen die große, unbewegliche, heterogene Masse des süddeutschen Militärs wuchs er über sich selbst hinaus. Seine Schläge kamen so schnell und unerwartet, daß man ihn bald mit dem Springer auf dem Schachbrett verglich. Kaum war die hannoversche Kapitulation unter Dach und Fach, schnitt er den Bayern den Weg ab: Noch in Thüringen, westlich von Schmalkalden bei dem Dorf Dermbach, kam es am 4. Juli zum ersten Zusammenstoß, heftig genug, um die bayerische Armee zurückweichen zu lassen. Daraufhin brach auch Alexander von Hessen den Marsch nach Fulda ab und zog sein Korps an den Main zurück. Vogel von Falckenstein versuchte, ihm zuerst noch nachzusetzen – obwohl Moltke es verboten hatte –, holte ihn aber nicht mehr ein, warf seine Truppen jäh herum und stürzte sich wieder auf die Bayern, die er er am 10. Juli bei Kissingen voll zu fassen bekam. Der Kurort wurde in blutigen Straßen- und Häuserkämpfen erobert, Prinz Karls Armee geschlagen und weit nach Südosten abgedrängt. Vogel von Falckenstein kümmerte sich nicht weiter um sie, sondern wandte sich nach Frankfurt.

Im Spessart stellte sich ihm das 8. Bundesarmeekorps in den Weg. Es wurde im Feuer des Zündnadelgewehrs auseinandergetrieben. Prinz Alexanders Vorhut, die großherzoglich hessische Division, erlitt am 13. Juli bei Laufach eine verheerende Niederlage. Die tapfer angreifenden Darmstädter wurden von der preußischen Infanterie so fürchterlich zusammengeschossen, bis auf jeden gefallenen Preußen fünfunddreißig tote Hessen kamen.[193] Tags darauf stand Vogel von Falckensteins Armee schon am Main und warf die Bundestruppen aus Aschaffenburg. Eigentlich hatte dort nur noch die kombinierte österreichisch-nassauische Division des FML Erwin Graf Neipperg Widerstand geleistet – teilweise mit venezianischen Rekruten. Es zeigte sich nun, daß Neipperg praktisch der einzige war, auf den Prinz Alexander sich noch verlassen konnte. Der Kommandeur der badischen Division stand bereits mit einem Fuß im gegnerischen Lager und befolgte Befehle nur noch ausnahmsweise, während die Württemberger – nach Bismarcks Worten – „nicht wie Soldaten, sondern wie Bauernjungen fochten".[194] Die hessische Division war nach dem Blutbad von Laufach vollkommen demoralisiert, größtenteils verließ sie das Schlachtfeld von Aschaffenburg schon beim Anblick des Zündnadelgewehrs. Prinz Alexander blieb keine andere Wahl, als die Truppen nach Süden zurückzuziehen und die Stadt Frankfurt aufzugeben.

Das Bundespalais an der Großen Eschenheimer Straße war mit jeder preußischen Siegesnachricht ein wenig leerer geworden. Nach Oldenburg, Anhalt, Schwarzburg-Sondershausen und Waldeck hatten am 29. Juni auch die Fürstentümer Schwarzburg-Rudolstadt und Schaumburg-Lippe ihren Austritt aus dem Bund erklärt. Die Hansestädte Hamburg, Bremen und Lübeck stellten ihre Mitarbeit „bis auf Weiteres" ein,[195] und am 2. Juli verabschiedeten sich neben Sachsen-Coburg und Gotha und Reuß jr. Linie auch die beiden mecklenburgischen Großherzogtümer. Drei Tage später, nach der Schlacht von Königgrätz, verschwand der Gesandte von Sachsen-Weimar-Eisenach, obwohl sich das Militärkontingent seines Landes noch in der Bundesfestung Mainz befand. Da der dortige Gouverneur es weder nach Hause schicken noch bei sich behalten wollte, wurde es schließlich nach Ulm verfrachtet, der abgelegensten Garnison, über die der Deutsche Bund noch verfügte. Mitte Juli bestand der Bundestag fast nur noch aus den Vertretern Süddeutschlands. Und selbst dort waren schon Absetzbewegungen im Gange. Baden schien eigentlich nur noch zum Schein mitzumachen, und dementsprechend merkwürdig verhielt sich ja auch der badische Teil des Bundesheeres. Das, was von der Vertretung der deutschen Staaten noch übrig war, suchte beim Anmarsch der Preußen das Weite: Der Bundestag verlegte „provisorisch" seinen Sitz nach Augsburg und lud das bei ihm noch akkreditierte diplomatische Korps ein, ihm zu folgen.[196] In den nahegelegenen Hauptstädten von Nassau und Hessen wurden ebenfalls die Koffer gepackt. Herzog Adolf von Nassau schloß sich seinem Militärkontingent an. Der Darmstädter Großherzog Ludwig III. folgte lieber einer Einladung nach München. Während er sich im Nymphenburger Schloß einquartierte, wurde der größte Teil seines Landes von preußischen Truppen besetzt.

Courage bewies am ehesten die Regierung der Freien Stadt Frankfurt. Noch am 15. Juli – die Bundestagsgesandten waren schon abgereist und Vogel von Falckenstein im Anmarsch – erklärte sie: „Der Senat wird treu zu dem Bunde stehen, der als unauflöslicher Verein gegründet ist und die Erhaltung der Unabhängigkeit und Unverletzbarkeit der einzelnen deutschen Staaten zum Zwecke hat. Derselbe hält aber eine Umgestaltung der Bundesverfassung, die Schaffung einer starken Zentralgewalt und die Einsetzung einer wirksamen Vertretung des gesamten deutschen Volkes für dringend geboten und wird sich freudig allen hierauf gerichteten Bestrebungen anschließen. Es ist der feste Entschluß des Senates, bis zur glücklich erreichten Umgestaltung der Bundesverfassung die durch völkerrechtliche und Bundesverträge begründete und gewährleistete Unabhängigkeit und Unverletzbarkeit hiesiger Freier Stadt zu wahren. Mag dieser Entschluß auch unserer freien Stadt, diesem friedlichen Gemeinwesen, dieser Stätte des Handel und der Gewerbe, dieser Quelle des Wohlstandes und der Wohltätigkeit, schwere Prüfungen auferlegen, so hegt doch der Senat die feste Zuversicht, daß die gesamte Bürgerschaft in ihrem Rechtsgefühl und ihrer Treue für das deutsche Vaterland ihm zur Seite stehe und im Bewußtsein, das Rechte gewollt und Treue bewahrt zu haben, die Prüfungen, die über uns kommen können, standhaft ertragen werde."[197] Es war natürlich an politischen, juristi-

Großherzog Ludwig III. von Hessen und bei Rhein in der Uniform eines Oberstinhabers des k. k. Infanterieregiments Nr. 14 (links) und König Ludwig II. von Bayern (rechts). Er überließ 1866 die Politik seinen Ministern und die Armeeführung seinem Großonkel Prinz Karl von Bayern

schen, moralischen, keineswegs an militärischen Widerstand gedacht; man hatte Frankfurt längst zur offenen Stadt erklärt. So wurden die preußischen Truppen, die am Abend des 16. Juli einrückten, mit keiner Feindseligkeit als dem demonstrativen Schweigen der Zivilbevölkerung empfangen. Vogel von Falckenstein dagegen führte sich auf wie ein Landsknecht. Den Bürgermeistern Fellner und Müller verkündete er: „Frankfurt ist eine uns feindliche Stadt und soll büßen für das, was sie gegen uns gesündigt hat."[198] Nachdem die Stadtwache entwaffnet war, ließ er das Regierungskollegium auseinandertreiben, zwei Senatoren verhaften und einige Journalisten dazu. Zwei Frankfurter Zeitungen wurden sofort verboten, eine dritte zum offiziellen Organ der preußischen Militärbehörden erklärt. Die ganze Bürgerschaft wurde mit Einquartierungen und Requisitionen überzogen, als handele es sich um eine fremde kriegführende Nation. So zurückhaltend und diszipliniert sich gerade die einfachen preußischen Soldaten fast überall verhielten – „es muß doch ein tiefer Fonds von Gottesfurcht im gemeinen Mann bei uns sitzen", schrieb Bismarck einmal,[199] –, so hemmungslos nützten ihre Führer die Gelegenheit aus, einmal im Leben eine reiche, wehrlose und dazu noch republikanische Stadt in der Gewalt zu haben. Vogel von Falckenstein erpreßte zunächst eine ganze Jahreslöhnung für seine Armee, fast sechs Millionen Gulden. Das war mehr als das Doppelte von dem, was der Stadtstaat in einem Jahr an Steuern einnahm.[200] Es wurde innerhalb von 24 Stunden bezahlt.

Als Vogel von Falckenstein plötzlich von seinem Kommando entbunden wurde, glaubte man zuerst, König Wilhelm I. habe ein Einsehen und wolle den Schikanen ein Ende machen. In Wahrheit hing Vogel von Falckensteins Abberufung lediglich mit seiner eigenmächtigen Kriegführung zusammen, vor allem war es ein späte Strafe für seine Fehler im hannoverschen Feldzug. Sein Nachfolger, der Wallenstein-Verehrer Edwin von Manteuffel, trieb es noch schlimmer. „Der Friedländer" wußte nichts von der vorangegangenen Kontribution, aber er forderte auch nicht sechs, sondern fünfundzwanzig Millionen Gulden. Eine ungeheure Summe, die weder die Republik noch ihre Bürger aufbringen konnten. Manteuffel stellte ein Ultimatum und drohte mit Plünderung. Es sei ihm gleich, ob man ihn für einen Herzog Alba halte, er habe seine Befehle. Bismarck billigte es nicht nur, er ermunterte Manteuffel sogar noch und schlug vor, für jeden Tag Verzögerung eine weitere Million zu fordern und notfalls ganz Frankfurt von der Außenwelt abzuschneiden und auszuhungern. Der verzweifelte Bürgermeister Fellner mußte eine Liste aller zahlungskräftigen Einwohner zusammenstellen. Er erhängte sich.

Nach den Regeln des internationalen Völkerrechtes war Fellner nicht nur ein Stadt-, sondern auch ein Staatsoberhaupt, nicht weniger als der König von Preußen. Sein Freitod rief überall peinliche Bestürzung hervor. Die europäische Presse wurde auf das Schicksal Frankfurts aufmerksam. Es gab empörte Kommentare und besorgte Anfragen fremder Diplomaten, der Bankier Rothschild versuchte, für seine Heimatstadt zu vermitteln. Im Zeitalter der Flächenbombardements,

Geiselerschießungen und Massenvergewaltigungen mag man darüber lächeln. Aber damals galt es noch als unehrenhaft, eine hilflose Stadt auszurauben, unbeteiligte Zivilisten zu schikanieren und einen Bürgermeister in den Selbstmord zu treiben. Allerdings nicht mehr lange. Schon der nächste europäische Krieg, der deutsch-französische von 1870/71, setzte den Prozeß der Verrohung fort.

Vorerst schienen die Frankfurter noch Glück im Unglück zu haben. Plötzlich lenkte Bismarck ein. Manteuffel mußte auf seine Kontribution verzichten, geplündert wurde auch nicht, und die an Vogel von Falckenstein gezahlten Millionen kamen wieder zurück, sogar mit Zinsen. Das geschah aus gutem Grund, denn es war im preußischen Hauptquartier mittlerweile beschlossen, die Freie Stadt Frankfurt nicht um ihr Geld zu erleichtern, sondern sie gleich mit Haut und Haaren zu schlucken: Sie sollte einfach annektiert werden.

Hilfe war weder von Österreich noch von den Mittelstaaten zu erwarten. Zwar wurde in Süddeutschland noch gekämpft, aber jetzt nicht mehr für die Rechte des Deutschen Bundes und seiner Mitglieder, sondern nur noch um die Grenzen von Württemberg, Bayern oder Hessen. Der gemeinsame Krieg der bundestreuen Staaten zerfiel in einzelne Überlebenskämpfe, der Deutsche Bund schrumpfte zu einer Interessengemeinschaft von Kriegsgeschädigten. Mit dem Bund lösten sich auch dessen Streitkräfte auf. Nach einer erneuten Niederlage des Prinzen Alexander am 24. Juli bei Tauberbischofsheim fiel zunächst das 8. Bundesarmeekorps auseinander. Der Großherzog von Baden zog seine Division ab, erklärte den Bund für erloschen und reklamierte die auf seinem Gebiet liegende Bundesfestung Rastatt für sich. Die Württemberger, Hessen, Österreicher und Nassauer harrten noch bis zum allgemeinen Waffenstillstand am 2. August aus, vermieden aber weitere Kämpfe. Ohnehin konzentrierten sich die letzten preußischen Operationen auf Bayern. Dem Prinzen Karl blieb wenig erspart: Manteuffel folgte ihm bis Würzburg und ließ über die Häuserdächer hinweg die alte Festung Marienberg beschießen, wohl wissend, daß die bayerische Armeeführung keine Opfer unter der Zivilbevölkerung in Kauf nehmen würde. So fiel am Ende auch Würzburg noch in preußische Hände.

Mittlerweile waren auch die Kontingente verschiedener norddeutscher Kleinstaaten am Schauplatz erschienen, um den letzten Schlag nicht zu versäumen. Der Großherzog von Mecklenburg-Schwerin hatte sich das Kommando über ein neugebildetes preußisches Korps übertragen lassen, das neben preußischen auch bereits mecklenburgische, braunschweigische, anhaltinische und sachsen-altenburgische Einheiten umfaßte, eine erste norddeutsche Armee gewissermaßen. Sie stieß von Leipzig aus nach Nordostbayern hinein, besetzte Hof und Bayreuth und marschierte bis nach Nürnberg ohne auf größeren Widerstand zu treffen. Bei Seybothenreuth in der Oberpfalz wurde noch ein vereinzeltes bayerisches Infanteriebataillon zerschlagen. Es bestand größtenteils auch unerfahrenen Rekruten. Das war nicht gerade eine kriegerische Großtat, zumal die Bayern geglaubt hatten, es gelte bereits Waffenruhe. Aber es machte die Demütigung Süddeutschlands komplett, wie denn auch die ganze Operation weniger einen militärischen als einen politischen Zweck erfüllte. Bayreuth war altes Hohenzollerngebiet, die Nürnberger Burg beinahe so etwas wie ein zweiter Stammsitz des preußischen Königshauses. Von hier aus waren die Hohenzollern 450 Jahre zuvor aufgebrochen, um sich zunächst Brandenburg, dann Preußen und schließlich ganz Norddeutschland zu unterwerfen. Als nun am 1. August 1866 über Nürnberg die schwarz-weiße Preußenfahne aufging, war es jedenfalls äußerst fraglich, ob oder zu welchem Preis sie dort jemals wieder eingeholt werden würde. Bismarck fand, das sei ein guter Auftakt für die Friedensverhandlungen.

Österreichs Existenzkampf

In keiner Darstellung des Krieges von 1866 darf die folgende Szene fehlen: Wien, Nordbahnhof, Nacht. Der Kaiser hat die Hiobsbotschaft aus Königgrätz erhalten, empfängt aber programmgemäß einen Staatsbesuch. Ausgerechnet den König von Sachsen, seinen engsten Verbündeten, der von der Katastrophe natürlich noch nichts weiß. Der König und sein Minister Friedrich Ferdinand Frhr. von Beust steigen aus dem Zug, Kaiser Franz Joseph erwartet sie, das Gesicht so weiß wie sein Uniformrock. Genau so hat Beust es überliefert,[201] wozu der scharfsinnige Heinrich Drimmel allerdings bemerkte, es sei ausgeschlossen, daß es der stoisch höfliche Franz Joseph versäumt hätte, zu Ehren seines Gastes anstelle der weißen österreichischen die grüne sächsische Uniform anzulegen.

Wie dem auch sei, schlechte Nerven besaß der Kaiser von Österreich jedenfalls nicht. Er brach in dieser vielleicht finstersten Stunde seiner Regierungszeit so wenig zusammen, wie Benedek inmitten der Hölle von Chlum. Überhaupt konnte man beobachten, daß Franz Josephs Mut mit der Gefahr wuchs – so wie bei seiner Ahnherrin Maria Theresia. Schon nach den ersten Rückschlägen in Böhmen hatte er radikale Konseqenzen gezogen. Dabei nahm sich die abrupte Ablösung der Generäle Henikstein, Krismanić und Clam-Gallas noch geradezu harmlos aus gegenüber dem gleichfalls gefaßten Entschluß, den Krieg in Italien sofort abzubrechen und die ganze Macht des Habsburgerreiches an der Nordfront zu konzentrieren. Nach Königgrätz ging der Kaiser noch einen Schritt weiter. Auf die militärische Niederlage antwortete er innerhalb von 24 Stunden mit einem politischen Donnerschlag: Er trat Venetien ohne Umschweife an Frankreich ab und bat den französischen Kaiser um die Vermittlung eines Friedens, was nichts anders bedeutete, als daß er Napoleon die Hand hinhielt, um ihn in den Krieg zu ziehen.

Es war ein gewagtes Spiel. Aber Österreichs Chancen standen nicht schlecht: So geltungsbedürftig wie der Kaiser der Franzosen war – auf einem wackeligen Thron bleibt einem nichts anderes übrig –, mußte er die Rolle des Schiedsrichters übernehmen, seinen Einfluß in Florenz geltend machen und die Italiener ruhigstellen. Österreich wäre vom Zweifrontenkrieg befreit, es könnte sich auf den Kampf gegen Preußen konzentrieren, vielleicht sogar an Frankreichs Seite. Der k. k. Botschafter in Paris erhielt die unmißverständliche Anweisung: „Sehen sie zu, daß Kaiser Napoleon aus seiner tatenlosen Neutralität in Deutschland heraustrete, die den Urgrund für unsere Niederlagen bilde. Ein bewaffnetes Eingrei-

GM Franz Frhr. von Kuhn (links) organisierte den Abwehrkampf gegen Garibaldi in Tirol. Er wurde später k. u. k. Reichskriegsminister. Franz Joseph schickte seine Gemahlin Elisabeth und die Kinder Gisela und Rudolf sicherheitshalber nach Budapest (rechts)

fen Frankreichs kann allein die ausschließliche Herrschaft Preußens über Deutschland noch verhindern."[202]

Der französische Außenminister Drouyn de Lhuys, ein kühler, konservativer Pragmatiker, reagierte wie erwartet: Er schlug seinem Kaiser vor, eine Armee zusammenzuziehen, Geld für eine zweite zu beschaffen und Bismarck wie Ferrero La Marmora die Zähne zu zeigen. Ihm war vollkommen klar, daß man ohne ein gewisses Drohpotential weder die siegestrunkenen Preußen noch die erhitzten Italiener beeindrucken konnte. Aber Napoleon zögerte; er war ängstlich und überdies sehr krank. Er nahm das österreichische Angebot zwar an und ließ seine Presse hinausposaunen, daß er zum Schiedsrichter Europas berufen sei (ganz Paris wurde beflaggt und festlich beleuchtet), er versprach den Österreichern sogar, eine Flotte in die Adria zu entsenden. Aber dann ließ er sich einreden, die Habsburgermonarchie sei ohnehin am Ende, werde den Krieg kaum überleben und jedes Bündnis mit ihr riskiere den Untergang Frankreichs. Sein Vetter, Prinz

Napoleon Jerome, warnte ihn, er würde sich an einem „Kadaver" infizieren.[203] Auch schien das französische Heer nicht kampfbereit zu sein, die überseeischen Unternehmungen, vor allem das mexikanische Abenteuer, kosteten viel Kraft und Geld, und schließlich dämpften noch die Nachrichten von der preußischen Wunderwaffe, dem Zündnadelgewehr, jeglichen Kampfgeist. Da half es auch nichts, daß Drouyn de Lhuys von der vollkommen entblößten preußischen Westgrenze sprach, und davon, daß es zu überhaupt keinem Kampf kommen werde, wenn Frankreich nur entschlossen genug auftrete. Umsonst war auch der Appell des Frhr. von Beust, der im Auftrag Kaiser Franz Josephs und des Königs von Sachsen nach Paris geeilt war: „Wenn Sie jetzt auf jede militärische Demonstration verzichten, dann haben Sie vielleicht in fünf bis sechs Jahren den Krieg gegen Preußen, und dann, das versichere ich Sie, marschiert ganz Deutschland gegen Sie."[204] Am Ende warf Napoleon keine Armee in die Waagschale, sondern das Federgewicht seiner Diplomatie. Zumindest in Italien sollte er damit eine der größten Blamagen seiner Laufbahn erleben. Gerade hier hatten die Österreicher auf Entlastung gehofft, gerade hier mußten sie nun einen weiteren militärischen Kraftakt leisten.

Winston Churchill hat die italienischen Staatsmänner von 1940 einmal mit Schakalen verglichen. Man kann darüber streiten, welcher Ausdruck für ihre

Die Seeschlacht bei Lissa am 20. Juli 1866. Untergang des italienischen Flaggschiffs „Re d'Italia"

Vorgänger des Jahres 1866 passend wäre, jedenfalls bewiesen sie für die in König-grätz geschlagenen Wunden eine durchaus feine Witterung. Venetien genügte ihnen längst nicht mehr, obwohl sie ja nicht einmal das erobert hatten. Napoleons Vermittlungsversuch lief daher ins Leere. Vom italienische Außenminister Visconti-Venosta bekam er zu hören, man habe ja schließlich Verpflichtungen „gegen die Österreich unterworfenen, in der administrativen Begrenzung Venetiens nicht einbegriffenen italienischen Bevölkerungen, deren Befreiung Gegenstand aller unserer Anstrengungen sein muß".[205]

Spätestens jetzt wurde allen klar, mit welchen Hintergedanken Garibaldis Freikorps an die Tiroler Grenze geschickt worden war. Es ging den Italienern eben nicht nur um Venetien, sondern auch um das Trentino und – wie wir gleich sehen werden – um Dalmatien. Wie jeder Nationalismus kannte auch der italienische kein Maß und kein Ziel. Er war 1866 so wenig durch Verträge zu bändigen wie 1915 oder 1940. Insofern hatten die Österreicher das in ihrer verfahrenen Situation einzig Richtige getan, als sie gleich hinter dem Mincino zur Schlacht aufmarschiert waren – Custoza war in der Tat nichts anders als eine vorgeschobene Stellung zur Verteidigung Tirols.

Dort kommandierte der in der k. k. Armee äußerst umstrittene GM Franz Frhr. von Kuhn. Zu Radetzkys Zeiten hatte er zu den hoffnungsvollsten Nachwuchstalenten gezählt, sein Militär-Maria-Theresienorden, die höchste Tapferkeitsauszeichnung des alten Österreich, erinnerte noch daran. Ihm war dann aber das Mißgeschick zugestoßen, als Stabschef jenem unbelehrbaren FZM Franz Graf Gyulai zuarbeiten zu müssen, der die kaiserliche Armee in den Krieg von 1859 geführt und zumindest die Niederlage von Magenta verursacht hatte. Ein Teil der Schuld wurde auf Kuhn abgewälzt, seine Karriere war seitdem so gut wie beendet. Bei Kriegsbeginn hatte man ihm nur ein Hilfskorps von 17.000 Mann – davon 4.500 irreguläre Tiroler „Landesschützen" – anvertraut.[206]

Kuhn schaffte es aber, bis zum Waffenstillstand Ende Juli eine doppelte und zuletzt fast dreifache italienische Übermacht in Schach zu halten. An Garibaldis 35.000 Freischärler[207] verlor er kaum mehr als ein kleines Grenzfort im Val d'Ampola. Ihm kam dabei zugute, daß sich die italienischsprachige Landbevölkerung des Trentino als vollkommen loyal erwies. Es gab zwar in der Stadt Trient eine fünfte Kolonne von italienischen Nationalisten, aber Kuhn sorgte dafür, daß sie unter sich blieb. Eine von Venetien heraufziehende reguläre Division der italienischen Armee brachte es jedenfalls nicht mehr fertig, Trient zu erobern. Stadt und Land blieben bis 1918 österreichisch.

Während Tirol verteidigt wurde, vollzog sich weiter südlich die planmäßige Räumung Venetiens. Am 10. Juli sprengten die Österreicher die Festungswerke von Rovigo in die Luft. Es heißt, man habe die Explosion noch im sechzig Kilometer entfernten Venedig hören können. Vier Tage später zogen sie aus Padua ab. Die Masse der italienischen Armee strömte nun ungehindert in die venezianischen Tiefebene hinein. Neuerdings leitete General Enrico Cialdini die

Operationen. Seinem alten Feldzugsplan gemäß hatte er den Weg über Po und Etsch gewählt. Aber auch Cialdinis Kriegsführung enttäuschte; die Preußen vielleicht noch mehr als die Italiener. Er bewegte die Armee langsam und nicht besonders geschickt. Er ließ das von Erzherzog Albrecht zurückgelassene VII. Korps in seine Stellungen am Isonzo entweichen und befahl auch den Vorstoß nach Trient zu spät. Die einzige bedeutende Tat, die den Italienern aus eigener Kraft gelang, war am 16. Juli die Eroberung der Bastion Borgoforte bei Mantua. Das Festungsviereck selbst und die Stadt Venedig blieben fest in österreichischer Hand.

Unterdessen versuchten die Italiener noch an einer anderen Stelle ihr Glück, teils aus ideologischen, teils aus strategischen Gründen. An der dalmatinischen Küste lebten Untertanen des Kaisers Franz Joseph, die italienisch sprachen, schon das rechtfertigte einen nationalistischen Kreuzzug. Außerdem schien es ungefährlich, in dieser entlegenen Ecke des Habsburgerreiches zu landen, ungefährlicher jedenfalls als ein Angriff auf Venedig oder auf den österreichischen Kriegshafen Pola. So nahm die italienische Kriegsflotte am 16. Juli Kurs auf die Insel Lissa (Vis), die etwa dreißig Seemeilen vor dem dalmatinischen Festland liegt. Sie beherrscht die Zufahrt nach Split, dem Zentrum Dalmatiens. Es gab kaum einen besseren Ausgangspunkt, um in der Küstenregion Fuß zu fassen. Auf alle Fälle versprach es ein kostbares Faustpfand für spätere Friedensverhandlungen zu werden.

Der junge italienische Nationalstaat pflegte seine Marine mit geradezu wilhelminischem Stolz. Aus einem beachtlichen Grundstock von sardinischen und neapolitanischen Schiffen war innerhalb von sechs Jahren eine der modernsten Kriegsflotten Europas entstanden, in deren Ausbau und Weiterentwicklung enorme Summen investiert wurden. Das galt besonders für die damals weltweit in Gang kommende Umrüstung von herkömmlichen Holz- auf moderne Panzerschiffe. Bei Kriegsbeginn besaßen die Italiener bereits ein rundes Dutzend dieser schwimmenden Festungen, die beinahe jedem Artilleriebeschuß standhielten. Die neueste Errungenschaft war die „Affondatore" („Versenker"), ein Wunderwerk englischer Werfttechnik, das wie ein Schlachtschiff des 20. Jahrhunderts schon über drehbare Geschütztürme verfügte.

Wesentlich bescheidener sah es bei den Österreichern aus. Die k. k. Kriegsmarine war nicht einmal halb so groß wie die italienische – Friedjung errechnete ein Verhältnis von 1 zu 2,64.[208] Zwei ihrer sieben Panzerschiffe – „Erzherzog Ferdinand Max" und „Habsburg" – befanden sich auf unfreiwilliger Jungfernfahrt; wegen des Krieges hatten sie die Werft in Triest vorzeitig verlassen müssen. Die österreichische Schiffsartillerie war der italienischen auf der ganzen Linie unterlegen. Es war eigentlich nur mit äußerstem Geschick und viel Glück möglich, die feindliche Panzerung zu durchschlagen. Und zu alledem dienten auf den österreichischen Kriegsschiffen zahlreiche italienische Matrosen, größtenteils Venezianer natürlich, denen im wahrsten Sinne des Wortes zugemutet werden mußte, gegen

Ein Fest- und Gedenkblatt
an die
Helden der Seeschlacht bei Lissa.

Maximilian Baron Sterneck,
k. k. Vice-Admiral.

Wilhelm von Tegetthoff,
k. k. Vice-Admiral.

Anton Freiherr von Petz,
k. k. Contre-Admiral.

*Wilhelm von Tegetthoff war der österreichische Flottenkommandant bei Lissa,
Maximilian Frhr. von Sterneck war der Kommandant des österreichischen Flaggschiffes
„Erzherzog Ferdinand Max", Anton Frhr. von Petz war Kommandant des Linienschiffes
„Kaiser"*

ihre eigenen Landsleute zu kämpfen. Venetien war offiziell ja schon kein österreichisches Territorium mehr, und als die k. k. Flotte am 19. Juli von Pola aus in
See stach, wurde sie im Grunde genommen schon von italienischen Staatsbürgern
unter Dampf gehalten. Das Problem war wenige Tage zuvor bei den Infanterie-
kämpfen um Aschaffenburg in drastischer Weise aufgetreten, wo venezianische
Rekruten mit Rufen wie „Es lebe Preußen" und „Eviva Italia" zum Feind über-
gelaufen waren. Angesichts chaotischer staatsrechtlicher Verhältnisse kann man
es ihnen kaum verübeln. Alles in allem besaß der österreichische Flottenchef: eine

unzuverlässige Mannschaft, zu wenige Schiffe, zu alte Schiffe und eine weitgehend wirkungslose Artillerie. Die Marinehistoriker hatten Mühe, sich an ein vergleichbares Himmelfahrtskommando zu erinnern.

Der k. k. Konteradmiral Wilhelm von Tegetthoff hielt sich mit derartigen Betrachtungen nicht auf. Seit dem Krieg gegen Dänemark, als er ein Geschwader von der Adria bis nach Helgoland geführt und die dänische Seeblockade durchbrochen hatte, galt er als einer der größten Seehelden Europas. Dabei war er noch keine neununddreißig Jahre alt. Man mußte ihn entweder bewundern oder fürchten; sein Charisma ließ jenen Nationalitätenkonflikt verblassen. Im Gegensatz zu den Generalen des Landheeres, die ihre waffentechnischen Probleme erst ignorierten und dann darunter zusammenbrachen, war er der erste, der Schwierigkeiten erkannte, und der erste, der sie löste. Wenn er den italienischen Panzerschiffen mit der Artillerie nicht beikommen konnte, dann wollte er sie einfach rammen. Zwischen Triest und Pola war nichts anderes mehr simuliert worden, als dieses riskante Manöver, bei dem es keineswegs damit getan ist, den Gegner

Friedrich Ferdinand Frhr. von Beust (rechts) war zuerst sächsischer Ministerpräsident und ab 1866 österreichischer Außenminister (mit dem in der Geschichte Österreichs einmaligen Titel eines Reichskanzlers versehen). Er war einer der Architekten des sg. „Ausgleichs" zwischen Österreich und Ungarn. Johann, König von Sachsen, (links) war 1866 der treueste Verbündete Österreichs

144

an der richtigen Stelle zu treffen. Die eigentliche Kunst besteht nämlich darin, sich aus der Verkeilung sofort wieder zu lösen, um nicht mit in die Tiefe gerissen zu werden. Die praktische Erprobung stand noch aus – Tegetthoff wollte sie nun vor Lissa durchführen.

Die k. k. Flotte verließ die Gewässer um Pola bereits in voller Schlachtordnung und fuhr Tag und Nacht hindurch. Am Morgen des 20. Juli kam Lissa in Sicht. Über dem Hafen wehte noch die österreichische Fahne, aber die Italiener waren eben dabei, ihre Landungstruppen auszuschiffen. Tegetthoff ging sofort zum Angriff über. Die langgezogene Linie der italienischen Kriegsschiffe wurde im ersten Anlauf durchbrochen. Die Österreicher suchten den Nahkampf; denn dort kam es weniger auf Geschützkaliber und Panzerplatten als auf seemännische und artilleristische Geschicklichkeit an. Tegetthoff befand sich auf der kaum fertiggestellten „Erzherzog Ferdinand Max", die als erste auf dem Kampfplatz erschienen war und ihn als letzte verlassen sollte. Um 11.15 Uhr rammte sie das italienische Flaggschiff „Re d'Italia", bohrte ein gut sechzehn Quadratmeter großes Loch hinein und fuhr rückwärts wieder heraus, eine bemerkenswerte Leistung ihres Kapitäns Maximilian von Sterneck. Die 5700 Tonnen schwere „Re d'Italia" sank innerhalb von drei Minuten. Zwei weitere italienische Panzerschiffe fielen gutgezielten österreichischen Granaten zum Opfer: Die „San Martino" schleppte sich nach einem Treffer am Heck nahezu manövrierunfähig davon, während die unglückliche „Palestro" in der Nähe ihrer Pulverkammer Feuer fing und nach stundenlangen verzweifelten Rettungsversuchen ihrer Mannschaft in die Luft flog. Auf österreichischer Seite wurde die hölzerne „Kaiser" von mehreren italienischen Panzerschiffen übel zugerichtet. Sie sank jedoch nicht, sondern rettete sich mit brennenden Aufbauten in den Hafen von Lissa, von dem Wunderschiff „Affondatore" mehr schlecht als recht verfolgt. Am Abend versammelte sich Tegetthoffs Flotte vollzählig vor der Hafenkulisse. In sicherer Entfernung bargen die Italiener noch letzte Überlebende der „Re d'Italia", dann kehrten sie nach Ancona zurück. Man kann sich den Empfang in ihrer Heimat vorstellen. Admiral Carlo Graf Persano, der Flottenchef, kam vor einem Kriegsgericht, wurde seines Postens enthoben und degradiert. Das war ungerecht, zumindest, solange der General und Ministerpräsident Ferrero La Marmora, der bei Custoza so kläglich versagt hatte, ungeschoren blieb. Zugegeben: dem Admiral waren Fehler unterlaufen, er scheute das Risiko und behielt in kritischen Situationen nur mühsam die Übersicht, aber vor allem hatte er Pech gehabt. Italiens daheimgebliebene Patrioten machten ihn dafür zum Sündenbock. Ihr Traum von Dalmatien war für mehr als fünfzig Jahre begraben.

So erfolglos die italienischen Militäroperationen auch waren: Sie banden österreichische Kräfte und verhinderten deren Konzentrierung an der Nordfront. Da Frankreich die Italiener nicht mehr unter Kontrolle hatte, mußte Erzherzog Albrecht einen erheblichen Teil seiner Südarmee an Ort und Stelle lassen: 38.000 Soldaten im Festungsviereck und in Venedig, knapp 9.000 in Dalmatien, Kuhns

17.000 Mann in Südtirol sowie das gesamte VII. Korps unter FML Joseph von Maroicic zur Verteidigung der Isonzolinie. Österreich blieb also weiterhin zum Zweifrontenkrieg verdammt. Der Erzherzog konnte nur zwei Korps und eine Kavalleriebrigade nach Norden schicken, insgesamt nicht mehr als 57.000 Mann,[209] für eine Gegenoffensive zu wenig. Außerdem war die geschlagene Nordarmee noch nicht in Sicherheit. Benedek hatte sich mit dem größten Teil seines Heeres nach Olmütz geflüchtet. Seine direkte Rückzugslinie nach Wien wurde bald von preußischen Truppen blockiert, die Eisenbahnverbindung nach Wien unterbrochen. Die Österreicher brauchten zunächst einmal Zeit, um ihre Streitkräfte neu zu formieren, Zeit, die ihnen begreiflicherweise nicht gewährt wurde. Ihr Bitte um eine Feuerpause – als Gegenleistung sollten drei böhmische Festungen übergeben werden – wurde von den Preußen aus guten Gründen abgelehnt. An eine Revanche für Königgrätz, eine vollständige militärische Wende war unter diesen Umständen nicht mehr zu denken. Jetzt ging es nur nur noch darum: die Großmacht Österreich vor dem Zusammenbruch zu bewahren und Preußen den günstigsten Friedensvertrag abzutrotzen. Kaiser Franz Joseph erklärte am 10. Juli in einer Proklamation „An meine Völker", er sei zum Frieden „unter ehrenvollen Bedingungen bereit, um dem Blutvergießen und den Verheerungen des Krieges ein Ziel zu setzen". Aber: „Nie werde Ich in den Abschluß willigen, durch welchen die Grundbedingungen der Machtstellung des Reiches erschüttert würden."[210]

Am gleichen Tag ernannte er Erzherzog Albrecht zum Oberkommandierenden aller österreichischen Streitkräfte und Frhr. von John zum Generalstabschef. Sämtliche verfügbaren Truppen wurden hinter der Donau in Niederösterreich konzentriert, Benedek – gegen den bereits ein kriegsgerichtliches Untersuchungsverfahren lief – mußte sich auf Umwegen über Ungarn dorthin durchschlagen. Rund um Wien wurden Schanzen aufgeworfen, Schatzreserven und Hofarchiv donauabwärts nach Komorn in Sicherheit gebracht, Kaiserin Elisabeth ging mit ihren Kindern nach Budapest. Die österreichische Monarchie bereitete sich auf einen Kampf um Leben und Tod vor.

Wilhelm von Tegetthoff auf der Brücke des Flaggschiffes „Erzherzog Ferdinand Max" in der Seeschlacht bei Lissa, links von ihm Maximilian Frhr. von Sterneck, der Kommandant des Schiffes

Die Verwandlung Mitteleuropas

Es wird oft behauptet, Bismarck habe bei den Friedensverhandlungen mit Österreich eine bewundernswerte Zurückhaltung an den Tag gelegt. Kaum eine Darstellung verzichtet auf lobende Beiworte wie „weise", „weitblickend", „maßvoll". Lothar Gall etwa spricht von einer „der ganz großen Leistungen Bismarcks", von einem „Akt weiser Mäßigung, der alles weitere, vor allem den erfolgreichen Abschluß der kleindeutschen Nationalstaatsbildung, erst ermöglicht habe".[211] Auch Marion Gräfin Dönhoff will „weise Zurückhaltung" erkennen.[212] Die Wahrheit ist, daß Bismarck wenig anderes übrig blieb. In einer Situation, in der Österreich zu einem erbitterten Widerstandskampf rüstete, im preußischen Heer sich die Cholera ausbreitete und mehr Opfer forderte als die Schlacht von Königgrätz, die italienischen Verbündeten auf der ganzen Linie versagten, Frankreich auf eine schnelle Friedenslösung drängte und schließlich auch Rußland dazwischenzutreten drohte, war es weniger ein Ausdruck staatsmännischer Weisheit als ein Gebot der praktischen Vernunft, das Spiel zu beenden, solange es für Preußen noch günstig lief.

Es ist nicht etwa so gewesen, daß Bismarck die österreichische Monarchie aus einem inneren Bedürfnis oder aus höherer Einsicht heraus schonen wollte. Sein von Gräfin Dönhoff zitierter Ausspruch, „Die Streitfrage ist entschieden; jetzt gilt es, die alte Freundschaft mit Österreich wiederzugewinnen", mag am Abend von Königgrätz zwar gefallen sein,[213] aber messen wir Bismarck wie jeden anderen Politiker lieber an seinen Taten als seinen Worten: Gleich am nächsten Tag sorgte er für die Aufstellung der „Legion Klapka", einer ungarischen Freischärlertruppe, für die der bereits erwähnte Revolutionsgeneral György Klapka magyarische Kriegsgefangene anwerben sollte. Das war ein Spiel mit dem Feuer, zumal wenig später noch ein weiterer prominenter Exilungar, der ehemalige Freikorpsführer und *Times*-Mitarbeiter Eber, nach Rumänien geschickt wurde, um auch von dort aus antihabsburgische Unruhen zu schüren. Gleichzeitig wurde die tschechische Bevölkerung in Böhmen und Mähren per offizieller Proklamation ermuntert, „ihre nationalen Wünsche" zu äußern.[214] Durch das Bündnis mit Italien unterstützte Bismarck indirekt auch die Losreißung italienischsprachiger Gebiete von der Monarchie. Unter anderem war preußischerseits ja vorgeschlagen worden, Garibaldi auf Dalmatien loszulassen, und überhaupt einen „Stoß ins Herz" der österreichischen Monarchie zu führen. Daß der nationale Funke dann nirgendwo zündete, sondern die Einheit des Vielvölkerstaates über

1866 hinaus gewahrt blieb, zählte damals also eher zu Bismarcks Fehlschlägen als zu seinen Verdiensten. Viel später war er natürlich froh darüber.

Der preußische Ministerpräsident mußte sich vom 5. Juli an die Vermittlungsvorschläge und Friedenspläne Frankreichs anhören. Das Dazwischentreten Napoleons hatte ihn zunächst verärgert und beunruhigt, aber dann wurde ihm schnell klar, daß der kranke Kaiser in Paris keine allzu großen Schwierigkeiten machen, sondern die wesentlichen preußischen Kriegsziele akzeptieren würde: Annexion Schleswig-Holsteins, freie Hand in Norddeutschland und Ausschluß Österreichs aus der deutschen Staatengemeinschaft. Mehr zu verlangen wäre nach Lage der Dinge unklug gewesen, mehr interessierte Bismarck zunächst auch nicht. Was Napoleon mit Rücksicht auf den letzten Rest französischer Machtinteressen verweigern mußte, war die Kontrolle über den ganzen Deutschen Bund, also auch über Süddeutschland. Bismarck war geschickt genug, eine solche Forderung erst gar nicht zu stellen. Früher oder später, so dachte er sich, würden Bayern, Württemberg, Baden und Hessen-Darmstadt ohnehin in den Sog der preußisch-deutschen Nationalidee geraten. An Österreich sollten sie sich dann jedenfalls nicht mehr klammern können. Zunächst ging es Bismarck um direkte Gebietsgewinne für Preußen. Und die wollte der französische Kaiser ihm zugestehen: Am 22. Juli bestätigte Robert von der Goltz, der vorzügliche preußische Vertreter in Paris, Napoleon sei mit Annexionen in einer Größenordnung von vier Millionen Seelen einverstanden, allerdings müßten Sachsen und Österreich in ihren bisherigen Grenzen erhalten bleiben. Eine fünftägige Waffenruhe war für den österreichischen Kriegsschauplatz bereits vereinbart. Sie trat am gleichen Tag, um 12 Uhr, in Kraft. Buchstäblich bis zu dieser Minute wurde noch um die österreichischen Stellungen bei Blumenau gekämpft, die den Zugang nach Preßburg und zur Donau beherrschten. Es gelang den Preußen nicht mehr, diesen strategischen Knotenpunkt in ihre Gewalt zu bekommen, so daß Erzherzog Albrecht die Vereinigung seiner Truppen mit Benedeks Nordarmee noch ungestört abschließen konnte. Für Benedek sollte dies die letzte Operation sein; er trug schon den „allerhöchsten Befehl" in der Tasche, „sich hernach zu der in Wiener Neustadt tagenden Untersuchungskommission zu begeben", die über sein weiteres Schicksal zu befinden hatte.[215]

Österreich trat alles andere als wehrlos in die Friedensverhandlungen ein. Während sich im mährischen Nikolsburg die Diplomaten trafen, versammelten Erzherzog Albrecht und sein Stabschef John zwischen Donau und Neusiedler See eine Armee aus 214.000 Mann Infanterie, 20.900 Reitern und achthundert Geschützen – mehr, als die cholerageschwächten Preußen aufzubieten hatten. Anders als Benedek, der von Anfang an unsicher und pessimistisch gewesen war, brannte der Sieger von Custoza darauf, den Kampf an der Donau weiterzuführen. Jede Verzagtheit, jede Sentimentalität, jede Rücksichtnahme auf sich und seine Truppe war ihm fremd. Albrecht hätte nichts unversucht gelassen, um Moltke in derselben Gegend zu schlagen, in der sein Vater, Erzherzog Karl, im

Jahre 1809 Napoleon geschlagen hatte. Es wäre, wie Friedjung schreibt, „ein gewaltiges Ringen im Übergange über den Fluß gewesen".[216]

Es spricht für die Vernunft aller beteiligten Staatsmänner, daß die große Donauschlacht Theorie blieb. In Nikolsburg einigten sich Bismarck und der österreichische Hauptunterhändler Aloys Graf Karolyi auf die Annahme des französischen Friedensplanes: Rückzug der preußischen Truppen gegen Kriegsentschädigung (es lief am Ende auf die erträgliche Summe von 20 Millionen Talern hinaus), keine Gebietsabtretungen Österreichs (außer dem ohnehin schon ausgesprochenen Verzicht auf Venetien und Holstein), formelle Eigenständigkeit der süddeutschen Staaten, dafür aber eine Umgestaltung Norddeutschlands frei nach preußischen Wünschen, wobei die Annexion Schleswig-Holsteins natürlich inbegriffen war. Der Deutsche Bund und damit jede staatsrechtliche Verbindung Österreichs zu Deutschland wurde endgültig aufgelöst. Der Restbundestag in Augsburg ging am 24. August still auseinander. Kaiser Franz Joseph stimmte zu, nachdem er sich die territoriale Unversehrtheit Sachsens ausbedungen hatte. Es war das letzte, was er für seinen alten Verbündeten tun konnte, bevor zwischen Österreich und den Ländern Nord- und Mitteldeutschlands der Vorhang niederging. Die anderen Staaten im preußischen Machtbereich mußte er ihrem Schicksal überlassen: Hannover und Hessen-Kassel, dessen Kurfürst immer noch als „Kriegsgefangener" in Stettin saß, Nassau, das Großherzogtum Hessen-Darmstadt und das mißhandelte Frankfurt, die süddeutschen Länder, die größtenteils ihren eigenen Krieg geführt hatten und ihn nun auch selbst beenden mußten.

Schwierigkeiten machte noch Wilhelm I., der davon träumte, hoch zu Roß in Wien einzuziehen und den Österreichern einen harten Friedensvertrag zu diktieren. Er begriff weder die politische noch die militärische Situation (übrigens taten das auch andere nicht: In preußischen Offizierskreisen wurde ernsthaft diskutiert, den Prinzen Friedrich Karl zum König von Ungarn zu proklamieren). Bismarck geriet zeitweilig an den Rand des Nervenzusammenbruchs. Schließlich gelang es dem Kronprinzen – mit der Autorität des erfolgreichen Heerführers –, seinen Vater zum Nachgeben zu bewegen. Am 26. Juni, vier Tage Tage nach Beginn der Waffenruhe, konnten Bismarck und Karolyi den Vorvertrag, die sogenannten „Friedenspräliminarien" unterzeichnen. Der Krieg endete so, wie er begonnen hatte: nicht mit dem nationalistischen Vorschlaghammer, sondern mit dem Skalpell der Kabinettsdiplomatie.

Zurück blieben Handlanger, Werkzeuge und Statisten. Da waren die Italiener. Weil Bismarck nicht im Traum daran dachte, ihre chaotischen Unternehmungen weiterhin zu unterstützen, mußten sie den Kampf um Trient am 25. Juni einstellen. Es fand sich niemand, der ihnen auch nur das geringste in ihrer Gewalt befindliche Südtiroler Grenzdorf zuerkennen wollte. Als Österreich auf die vollständige Räumung des Trentino bestand und per Bahn innerhalb kurzer Zeit 156.000 Soldaten in die Region schickte,[217] gab die italienische Regierung nach. Garibaldis Freiheitskämpfer mußten Hals über Kopf abziehen; ihre enormen

Weinvorräte – eine Spende italienischer Patrioten – blieben zur Freude der nachrückenden Kaiserjäger auf Tiroler Gebiet zurück. Guiseppe Garibaldi brachte der ganze Feldzug nicht mehr ein als ein Schuß ins Bein, den einer seiner Leute versehentlich auf ihn abgefeuert hatte.

Für die Italiener folgte auf die militärische nun die politische Demütigung. Sie bekamen nur das, was ihnen schon vor dem Krieg angeboten worden war, nämlich Venetien. Und sie erhielten es nicht aus österreichischer, sondern aus französischer Hand. Österreich ließ sich am 3. Oktober lediglich zu einem Vertrag herbei, der die Weiterreichung der Provinz an das Königreich Italien zur Kenntnis nahm und einige Details regelte. Erst danach verließ die k. k. Armee ihre letzten venezianischen Stützpunkte: zuerst das Festungsviereck Peschiera, Legnano, Mantua, Verona, dann, am 17. Oktober, Venedig selbst. Ein französischer Sonderbevollmächtigter durfte die Stadt schließlich an König Viktor Emanuel übergeben.

Frankreich ging leer aus. Es gehört zu den großen Geheimnissen des Kaisers Napoleon, warum er seine eigenen Gebietsansprüche erst dann anmeldete als das Nikolsberger Geschäft schon gelaufen war und niemand ihn mehr brauchte. Am 5. August erschien sein Botschafter in Berlin, Vincent Graf Benedetti, mit einer Liste von Territorialforderungen bei Bismarck: ein preußischer Grenzstreifen an der Saar, die Pfalz, Rheinhessen, die Bundesfestung Mainz. Es seien gerechtfertigte Kompensationen, Entschädigungen für Frankreichs großzügige Neutralität. Benedetti wurde um einiges höflicher abgefertigt als vier Jahre später in der Affäre um die Emser Depesche, in der Sache biß er natürlich auf Granit. Es half den Franzosen auch nichts, daß sie ihre Wünsche immer weiter herunterschraubten: Es war zu spät dafür. Der preußische Militärattaché in Paris sagte einem französischen General damals ganz treuherzig ins Gesicht, er verstehe gar nicht, auf welchen Rechtstitel sich Kompensationen gründen sollten. Er habe weder bei Königgrätz noch sonst irgendwo auf dem Kriegsschauplatz französischen Hilfstruppen bemerkt, dort sei alles zwischen den Österreichern, Sachsen und Preußen allein abgemacht worden.[218]

Als am 23. August in Prag der endgültige Friedensvertrag unterzeichnet wurde, da erhielt Frankreich genausoviel zugesprochen, wie zuvor schon in Nikolsburg: nichts. Mit Rücksicht auf Napoleons verschwommene Weltordnungsträume war jetzt nur die Rede von einem souveränen Bund der süddeutschen Staaten (der niemals zustande kam) und – noch uninteressanter – vom Selbstbestimmungsrecht der dänischsprachigen Einwohner Nordschleswigs (für das Bismarck natürlich keinen Finger rührte).

Es nützte auch nicht viel, daß Napoleon sich das Ergebnis schönredete und der Welt mitteilen ließ, er sehe, „das wahre Gleichgewicht nur in den befriedigten Wünschen der Völker Europas".[219] Jeder realistisch denkende Franzose begriff, daß man mit Preußen keinen harmlosen Nachbarn, sondern einen mächtigen Rivalen hatte großwerden lassen. Ein angebliches Wort des Kriegsministers Randon machte die Runde: „Wir sind es, die bei Sadowa geschlagen wurden."[220] Sadowa – mit dem Namen dieses Dorfes an der Bistritz bezeichnete man die für französische Zungen unaussprechliche Schlacht von Königgrätz. Aber mehr noch als Frankreichs Machtstellung war Autorität des Kaisers Napoleon getroffen. Ihm blieben noch vier Jahre auf dem Thron.

Die Schicksale der Mittelstaaten

Napoleons Kompensationsforderungen hatten noch ein bemerkenswertes Nach-spiel. Es lag ja auch eine gewisse Unlogik darin, daß der französische Kaiser einerseits die Unabhängigkeit der süddeutschen Staaten hegen und pflegen woll-te, anderseits aber versuchte, ihnen Land wegzunehmen: Die Rheinpfalz gehörte schließlich zu Bayern, Rheinhessen mit Mainz zum Großherzogtum Hessen-Darmstadt. Da bot es sich an, sämtliche Beteiligten gegeneinander auszuspielen – eine Spezialität Bismarcks.

Die süddeutschen Ministerpräsidenten waren Ende Juli nacheinander und je-der für sich ins preußischen Hauptquartier nach Nikolsburg gekommen. Man hatte ihnen einen Waffenstillstand bewilligt – gültig ab dem 2. August – und sie zu weiteren Verhandlungen nach Berlin bestellt. Bismarck hatte leichtes Spiel mit ihnen. Von einem süddeutschen Bund konnte keine Rede sein: Die flexiblen Badenser segelten wieder ganz im preußischen Fahrwasser, die Hessen sorgten sich um ihren Besitz nördlich des Mains und die Württemberger dachten nicht im Traum daran, sich mit den übriggebliebenen Bayern allein einzulassen. Nach dem blutigen Fiasko der süddeutschen Bundestruppen war die Stimmung im Lager der Besiegten ohnehin gereizt. Die sechswöchige Kriegsallianz, so die vorherr-schende Meinung, sei Südbund genug gewesen.

Nun kam Bismarck und wedelte mit großzügigen Friedensverträgen. Daß ihm mit Rücksicht auf Frankreich ohnehin nichts anders übrig blieb, beeinträchtigte seinen Auftritt nur unwesentlich. Die Süddeutschen unterschrieben dankbar. Zuerst, am 13. August, die Württemberger. Bismarck ließ sie ohne die geringste Gebietsabtretung davonkommen, hängte ihnen dafür aber ein geheimes „Schutz- und Trutzbündnis" um. Diese gegenseitige Beistandsverpflichtung sollte angeb-lich vor Napoleons Annexionsgelüsten schützen, bedeutete aber vor allem, daß Württemberg im Kriegsfall mit Preußen gehen mußte. Die Badenser schlossen sich natürlich an, damit war schon einmal der ganze Südwesten fest an die preußische Kette gelegt.

Nun kamen die Bayern an die Reihe. Bismarck schilderte ihnen schreckliche Gefahren, beschrieb die Bosheit der Welt, erwähnte Napoleons Gier nach der Rheinpfalz und vergaß auch die hohenzollerischen Ansprüche auf Bayreuth und Nürnberg nicht; allerdings könne man aber über alles reden. Die Bayern waren am Ende froh, nur einige Gebietsfetzen abtreten zu müssen und unterschrieben am 22. August bereitwillig das „Schutz- und Trutzbündnis" mit Preußen. Die kleindeutsche Kriegskoalition gegen Frankreich stand nun, und es sollten keine vier Jahre vergehen, bis sie von Bismarck aktiviert wurde.

Für das allein zurückbleibende Großherzogtum Hessen dachte Bismarck sich etwas ganz Besonders aus: Es durfte sein Gebiet nördlich des Mains – mit einigen schmerzhaften Abstrichen – behalten, mußte sich aber verpflichten, für diesen Landesteil in den preußisch-norddeutschen Bund einzutreten. Das Post- und Telegraphenwesen ging insgesamt an Preußen über, ebenso die Kontrolle über die auf (süd-)hessischem Gebiet liegende Bundesfestung Mainz. Die von Napoleon hochgehaltene Mainlinie wurde damit zur Farce. Das Großherzogtum Hessen verwandelte sich mehr und mehr in einen preußischen Brückenkopf. Auf den Friedensvertrag folgte im Jahr darauf eine Militärkonvention, die natürlich nicht nur die nordhessischen Truppenteile, sondern das gesamte Kontingent des Großherzogs unter preußischen Oberbefehl stellte. Preußens Arm reichte damit schon bis an den Neckar. Doch zurück zu den Tagen, in denen Napoleon noch vom preußenfreien Südbund träumte.

Als der Prager Friedensvertrag mitsamt dem von Frankreich gewünschten Passus (Art. 4) am 23. August 1866 unterzeichnet wurde, hatte Bismarck seine geheimen Schutz- und Trutzbündnisse bereits unter Dach und Fach. Der sächsische Ministerpräsident Beust bemerkte später, Bismarck habe damit die einzigartige Leistung vollbracht, einen Vertrag schon vor dessen Abschluß zu brechen. Wie dem auch sei, der Südbund war ein totgeborenes Kind, und die Selbständigkeit Süddeutschlands existierte nach 1866 mehr auf dem Papier als in der Wirklichkeit. An der militärischen wie wirtschaftlichen Dominanz des Nordens war jedenfalls nicht mehr zu rütteln. Was sich Napoleon von einer Allianz Bayerns, Württembergs, Badens und Hessens eigentlich versprach, blieb unklar, vermutlich wußte er es selbst nicht genau. Die ganze Konstruktion war nichts weiter als eine Verlegenheitslösung, die am Ende nur dem kleindeutschen Nationalstaat auf die Sprünge half. Es hätte den Interessen Frankreichs (und der Laufbahn des Kaisers Napoleon) zweifellos mehr genutzt, die Kontrolle über Süddeutschland den Österreichern zu überlassen, ähnlich wie es vor dem Krieg von Anton Frhr. von Gablenz vorgeschlagen und noch über Königgrätz hinaus von Bismarck selbst erwogen worden war. Die Teilung Deutschlands wäre dann für längere Zeit erhalten geblieben, die Ruhe Frankreichs auch.

Wenden wir uns nun dem Norden zu, wo Preußen ungeniert schalten und walten konnte. Mit einer Ausnahme allerdings: die territoriale Integrität Sachsens mußte gemäß Artikel 6 des Prager Vertrages respektiert werden. Das ärgerte Bismarck natürlich, denn ursprünglich hatte er ja vorgehabt, das ganze Land zu annektieren. Entsprechend ungemütlich verliefen die beiderseitigen Friedensverhandlungen. Bismarck stellte sich auf den Standpunkt, er habe immer noch das Recht, Sachsen zu einer Art Vasallenstaat herabzudrücken und die sächsische Armee mehr oder weniger mit der preußischen zu verschmelzen; er drohte sogar, die angestammte Dynastie durch eine andere, ihm genehmere zu ersetzen, etwa durch die mit den Hohenzollern eng verwandte Familie des Großherzogs von Sachen-Weimar-Eisenach. Es dauerte eine Weile, bis er begriff, daß solche Schikanen der Sache Preußens eher schaden als nützen würden. Am Ende beließ er es dabei, Sachsen in das am 10. Juni skizzierte preußische Bündnissystem einzugliedern. Das bedeutete, daß Sachsen seine inneren Angelegenheiten weitgehend selbst regeln durfte, seine eigene Armee behielt, sich militärisch wie außenpolitisch aber immer an Preußen halten mußte. Näheres sollte in einer Konferenz aller norddeutschen Staaten geregelt werden. Daß die ohnehin schon engen Wirtschaftsbeziehungen weiter ausgebaut wurden, verstand sich von selbst. Bismarck hat diese Lösung niemals bereut. Der sächsische König Johann hielt die einmal getroffenen Vereinbarungen mit Preußen so gewissenhaft ein, wie vordem die deutsche Bundesakte – obwohl es ihm schwer genug fiel. Er trennte sich auch von seinem alten Regierungchef Beust – der prompt in österreichische Dienste übertrat – und berief den bisherigen Finanzminister Richard Frhr. von Friesen zum Außenminister, einen soliden, weithin respektierten Fachbeamten. So entwickelte sich Sachsen keineswegs zu einem „Nest von feindlichen Intrigen", wie König Wilhelm von Preußen vermutet hatte,[221] sondern zu einem mustergültigen Bundesstaat, dessen Loyalität bald von niemanden mehr in Frage gestellt wurde.

Hannover, Kurhessen, Nassau und Frankfurt, die im Gegensatz zu Sachsen nicht durch den Prager Friedensvertrag geschützt waren, erging es schlechter. An ihnen ließ Bismarck aus, was er sich vor Dresden und Wien hatten verkneifen müssen. Vom Schicksal Frankfurts ist schon die Rede gewesen, die Freie Stadt wurde von Preußen erst schikaniert und dann annektiert. Der alte Krönungsort des Heiligen Römischen Reiches Deutscher Nation, der Sitz des Deutschen Bundes und der ersten deutschen Nationalversammlung, die Banken- und Handelsmetropole an der Nahtstelle zwischen Nord- und Süddeutschland degenerierte für lange Zeit zur preußischen Provinzstadt.

Auch das benachbarte Herzogtum Nassau wurde aus der Liste der europäischen Staaten gestrichen. Herzog Adolf hatte gegen den Willen der Wiesbadener Landtagsmehrheit zum Deutschen Bund gehalten und sich mit seinem Truppenkontingent dem 8. Bundesarmeekorps angeschlossen. Als er ebenso wie seine süddeutschen Verbündeten in Nikolsburg um Frieden bitten wollte, wurden seine Unterhändler erst gar nicht vorgelassen. Es gab nichts mehr zu verhandeln, höchstens noch die Details seiner eigenen Abwicklung. Seine Soldaten kehrten ohne ihn nach Hause zurück. Der nassauischen Geschäftswelt war es ganz recht so, sie hatte sich mit den neuen Herren schnell arrangiert. Der Herzog blieb im Exil. Ihm war das eigenartige Schicksal beschieden, vierundzwanzig Jahre später, als die oranische Linie des Hauses Nassau im Mannesstamm ausstarb, noch Großherzog von Luxemburg zu werden. Seine Nachkommen hatten 1914 wiederum mit einer preußischen Invasion zu kämpfen, überstanden den Ersten Weltkrieg, sahen die Hohenzollern sicher nicht ohne Genugtuung untergehen, mußten vor Hitlers Wehrmacht das Feld räumen, kamen wieder und regieren noch heute in Luxemburg. Die Weltgeschichte kann auch gerecht sein.

Ebenso wie Nassau wurde 1866 auch Kurhessen dem Königreich Preußen einverleibt. Die kurfürstliche Armee, die als letzte Einheit des Deutschen Bundes noch bis weit in den August hinein die Festung Mainz besetzt hielt, mußte sich schließlich ergeben, nachdem nicht nur ihr Landesherr, sondern auch ihr ganzer Staat von der Bildfläche verschwunden war. Die Mannschaften wurden nach Hause geschickt, die Offiziere konnten sich aussuchen, ob sie in die preußische Armee übertreten oder pensioniert werden wollten. Ein einzelner Kavallerieleutnant, Frhr. Schenk von Schweinsberg, wies es von sich, den König von Preußen um das eine oder das andere zu bitten. Er schickte ihm kommentarlos seinen Degen zu, was man in Berlin als unglaubliche Frechheit empfand. Schweinsberg hatte später das Glück, als Zivilist in die Dienste des Großherzogs von Hessen-Darmstadt eintreten zu können; er wurde in einem Archiv untergebracht. In Kurhessen selbst, das bald nur noch Regierungsbezirk Kassel hieß, hing kaum jemand an der alten Ordnung. Bauern und Landpfarrer vielleicht, aber wer fragte die. Der lutherische Theologe August Villmar prangerte zwar noch lange den „Schurkismus" der Großmächte an, aber mit seinen teilweise skurrilen antipreußischen Schriften kam er über einen engeren Kreis konservativer Regionalpatrioten nicht hinaus.[222] Der zänkische Kurfürst Friedrich Wilhelm hatte die sprichwörtliche hessische Treue eben doch zu sehr strapaziert. Man bemitleidete ihn, als er drei Monate lang in einer choleraverseuchten Ecke Preußens gefangengehalten wurde, anschließend gönnte man ihm aber auch sein komfortables Exil im Palais Windischgrätz in Prag und auf seinem böhmischen Schloß Horzowitz. Die bürgerliche Elite Kurhessens, die Fabrik-, Manufaktur- und Druckereibesitzer, die überregionalen Großhändler, die ehrgeizigen Kaufleute und die liberalen Akademiker waren im großen und ganzen froh, ihn los zu sein. Sie profitierten von den preußische Reformen, von der Einführung der Gewerbefreiheit etwa. Nur hin und wieder fragten sie sich, warum eigentlich jahrzehntelang um die demokratische kurhessische Verfassung von 1831 gekämpft worden war, wenn ihnen die Preußen nunmehr ihr eigenes konservatives Ständesystem überstülpten. Und weshalb sie höhere Steuern und größere Militärlasten als früher zu tragen hatten. Aber dann ließen sie sich beruhigen, dies sei eben der Preis des Fortschritts.

In Hannover war die Stimmung anders, obwohl auch die Welfen und speziell König Georg nicht gerade zu den verträglichsten deutschen Fürsten gehört hatten. Als die preußische Regierung am 15. August offiziell bekanntgab, daß auch das Land Hannover mit seinen knapp 2 Millionen Einwohnern annektiert werden würde, brach unter den biederen Niedersachsen ein Sturm der Entrüstung los. Es klang auch mehr als befremdlich, wenn der König von Preußen erklären ließ: „Nicht im Verlangen nach Ländererwerb, sondern in der Pflicht, Unsere ererbten Staaten vor wiederholten Gefahren zu schützen und der nationalen

Neugestaltung Deutschlands eine breitere und sichere Grundlage zu geben, liegt für Uns die Notwendigkeit, das Königreich Hannover, das Kurfürstentum Hessen, das Herzogtum Nassau, sowie die Freie Stadt Frankfurt für immer mit Unserer Monarchie zu vereinigen."[223] In Wahrheit war das wehrlose, besetzte und entwaffnete Hannover im Gegensatz zu Österreich und Sachsen einfach nur leichte Beute. Bismarck brachte die Sache wieder einmal auf den Punkt: Es sei billig, gab er in einem vertraulichen Brief an seinen Sohn zu, „aber in der Politik muß man, wenn man viele Gegner hat, zunächst den stärksten außer Spiel setzen und die schwächeren schröpfen, was im Privatleben eine sehr unritterliche Gemeinheit wäre".[224]

König Georgs einziges Vergehen war, daß er bis zuletzt auf die Bundesakte, auf das Völkerrecht und auf so etwas wie ein monarchisches Ehrgefühl gebaut hatte. Nun saß er in einer Villa in Wien-Hietzing und verfaßte feierliche Proteste an die Höfe Europas. Golo Mann schrieb hundert Jahre später: „1866 schlug der Blitz des Unrechtes in eine bis dahin vom Recht behütete deutsche Welt und traf jemanden, der das Recht auf das genaueste festgehalten hatte."[225]

Die große Mehrheit der hannoverschen Bevölkerung wollte sich damit nicht abfinden. Mehr als eine halbe Million Niedersachsen unterzeichnete im September 1866 einen Hilferuf an die Großmächte und erklärte, daß für sie auch weiterhin Georg V. „unser alleiniger rechtmäßiger König und Herr" sei.[226] Natürlich umsonst. Weder der Zar in Sankt Petersburg – den die Absetzung der Welfen ehrlich entrüstete –, noch Georgs britische Cousine Viktoria oder Kaiser Franz Joseph konnten ernsthaft daran denken, für das kleine Hannover einen neuerlichen Krieg vom Zaun zu brechen. Am 3. Oktober wurde die Annexion amtlich, und der König von Preußen verkündete seinen neuen Untertanen: „Wenn Ihr Euch nicht ohne Schmerz von den früheren Euch liebgewordenen Verhältnissen lossagt, so ehre ich diesen Schmerz und würdige denselben als eine Bürgschaft, daß Ihr und Euere Kinder auch Mir und Meinem Hause mit Treue angehören werdet . . . Nur Deutschland hat gewonnen, was Preußen erworben. Dieses werdet Ihr mit Ernst erwägen, und so vertraue Ich Euerem deutschen und redlichen Sinne, daß Ihr mir Euere Treue so aufrichtig geloben werdet, wie Ich zu Meinen Untertanen Euch aufnehme."[227]

Die Wunden der Annexion sind nie ganz vernarbt. Obwohl sich das Hannoveraner Bürgertum allmählich beruhigte, blieb die Landbevölkerung noch lange welfisch gesinnt, feierte den Geburtstag des rechtmäßigen Königs Georg, legte immer wieder die alten gelb-weißen Farben an und wählte noch 1912 einige legitimistische Abgeordnete in den Deutschen Reichstag. Dahinter steckte ein zäher Oppositionsgeist. In der neugeschaffenen preußischen Provinz Hannover kam es ständig zu Reibereien, manchmal zu ernsthaften Konflikten: Pfarrer, die das vorgeschriebene Gebet für den hohenzollerischen Landesherrn zu umgehen suchten, wurden bespitzelt und schikaniert, Briefe geöffnet, die Redefreiheit eingeschränkt. Der altliberale Religionswissenschaftler Heinrich Ewald – einer der legendären „Göttinger Sieben", die im Jahre 1837 mit König Georgs Vater Ernst August aneinandergeraten waren – verweigerte den Huldigungseid auf Wilhelm I. und verlor sein Professorenamt, gegen andere Welfenanhänger verhängten die preußischen Behörden Geld- oder Gefängnisstrafen. König Georg selbst hielt wie später auch sein Sohn Ernst August vom österreichischen Exil aus an seinen Ansprüchen fest. Zeitweilig unterhielt er sogar eine kleine Armee, die sogenannte Welfenlegion, obwohl Bismarck den größten Teil seines im Lande verbliebenen Privatvermögens beschlagnahmen ließ.

Die preußische Annexionspolitik stellte das überkommene Gottesgnadentum, die monarchische Idee, vor allem aber das Völkerrecht selbst in Frage. An heftigen Reaktionen hat es auch außerhalb der betroffenen Länder nicht gefehlt. Der alte österreichische Feldmarschall Frhr. von Heß schrieb damals an seinen ehemaligen Kollegen Wrangel in Berlin: „Nun ist die Revolution von oben durch Euch in Mode gekommen. Wehe Euch doppelt, wenn sie Euch, nach weggespültem Rechtsgefühl in der Flut der Zeiten einmal selbst ergreift. Dann seid ihr verloren!"[228] Aber es gab nicht nur konservative und legitimistische Bedenken. Vom linksliberalen, demokratischen Standpunkt aus verstießen die Annexionen gegen das Prinzip des Selbstbestimmungsrechtes – zumindest in Hannover und in Schleswig-Holstein, wo Plebiszite nach westeuropäischem Muster mit größter Wahrscheinlichkeit antipreußisch ausgegangen wären. Es versteht sich von selbst, daß Bismarck einen derartigen Schritt niemals erwogen hat.

Die moralische, weltanschauliche, emotionale Verurteilung der Annexionen (wie auch des ganzen preußischen Angriffskrieges) ist eine Sache, die sachliche Bewertung eine andere. Man könnte sich an den alten Zyniker Talleyrand anlehnen und sagen, daß die preußische Friedensordnung nach 1866 mehr war als eine Ungerechtigkeit: Sie war ein Fehler. Aus zwei Gründen: Erstens, weil in ihr eine spezifisch altpreußische Eroberungstradition weiterlebte, eine archaische Ignoranz gegenüber geschriebenen Verträgen und historischen Rechten, die vielleicht noch in das Zeitalter Friedrichs II. gepaßt hatte, bei Bismarck und Moltke ein letztes Mal gut gegangen sein mochte, 1914 aber nur in den Abgrund führen konnte. Die naive Dreistigkeit, mit der zu Beginn des Ersten Weltkrieges das neutrale Belgien überfallen und immer wieder als Kriegsbeute beansprucht wurde, die Unfähigkeit, oder besser: der schlichte Unwille der Berliner Führung, Völkerrecht, Weltöffentlichkeit und den eigenen Vorteil in einen praktischen Zusammenhang zu bringen, ist ohne das falsche Vorbild 1866 nicht denkbar. Zweitens hat die massive Vergrößerung Preußens 1866 für lange Zeit jede föderalistische Entwicklung in Deutschland verhindert. Der Föderalismus des Norddeutschen Bundes und später des Deutschen Reiches war nur Fassade. Selbst nach dem Anschluß Süddeutschlands und Elsaß-Lothringens im Jahre 1871 blieb Preußen größer und bevölkerungsreicher als alle anderen Bundesstaaten zusammen. Mit der Folge, daß zumindest bis zum Zusammenbruch der Hohenzollernmonarchie 1918 anstelle föderalistischer Vielfalt auf weiten Strecken nur eine preußisch-militaristische Monokultur existierte, mochte der Verfassungstext auch noch so viel verheißen. Allerdings wäre es unfair, dies dem preußischen Urheber allein anzukreiden. Viele Deutsche wollten es gar nicht anders. Den meisten Liberalen beispielsweise konnte das neue Deutschland gar nicht einheitlich und zentralistisch genug sein. Wer das nicht einsah, der galt als engstirniger, egoistischer Quertreiber, als „Partikularist" eben. Das mochte in einzelnen Fällen sogar zutreffen, war aber selbst dann nicht annähernd so bedeutend wie der Umstand, daß sich die Vertreter der reinen Nationallehre bald anschickten, Engstirnigkeit und Egoismus in viel größerem Maßstab zu betreiben, weltweit nämlich und mit fast allen Mitteln.

Bismarcks innenpolitischer Triumph

Die Annexionsvorlage, die am 17. August 1866 in den preußischen Landtag eingebracht wurde, hätte eigentlich sämtliche Konservativen auf die Barrikaden treiben müssen. Die Auslöschung souveräner Staaten, die Absetzung, „Depossedierung" legitimer Monarchen, eines Königs sogar, die Degradierung altehrwürdiger europäischer Herrscherhäuser zu Rentnerfamilien, eine Revolution von oben, ein Gewaltakt á la Napoleon: das war ein Schlag ins Gesicht jedes grundsatztreuen konservativen Politikers. Aber es gab ja noch andere Prinzipien: die Macht Preußens, die Autorität des preußischen Königs, der Ruhm der preußischen Armee. So etwas hinterfragte man nicht, jedenfalls nicht oft, noch weniger öffentlich. Die schlichteren Gemüter hielten sich ohnehin an die Bismarcksche Devise, daß man nur seinem eigenem Monarchen verpflichtet sei, die übrigen und darüber hinaus das ganze System bekümmere einen nicht. Ganz Spitzfindige bemühten den antiken „titulus occupationis bellicae", zu deutsch: das Recht der Eroberung, das angeblich jede monarchische Erbfolge und noch einiges mehr außer Kraft setze. Gerne berief man sich auch auf höhere Gewalten. Von überirdischen „Segnungen" war die Rede, von einem „vor Gott gerechten Krieg", der göttlichem Ratschluß gemäß „die bisherige Gestalt Deutschlands zerschlagen" habe.[229] In dem in protestantischen Kirchenkreisen weitverbreiteten *Halleschen Volksblatt für Stadt und Land* stand zu lesen, der Sieg sei „ein überwältigender Ausdruck von der moralischen Gesamtüberlegenheit Preußens über Österreich",[230] ein Gottesurteil sozusagen.

Damals konnte man die preußischen Konservativen in zwei Typen unterteilen: Es gab einerseits die Anhänger, andererseits die Verehrer Bismarcks. Die Anhänger Bismarcks rekrutierten sich aus denjenigen seiner alten Standes- und Weggenossen, die durch dick und dünn mit ihm gingen, solange er ihre Privilegien nicht antastete. Das tat Bismarck auch nicht, jedenfalls noch nicht. Dafür schluckten sie sämtliche Annexionen und – was schon ein wenig schwerer fiel – den kleindeutschen Verfassungsentwurf samt allgemeinem Wahlrecht. Aber das Dreiklassenwahlrecht für den preußischen Landtag und die kommunalpolitischen Vorrechte der ostelbischen Junker blieben ihnen ja erhalten, das war die Hauptsache. Im Gegensatz zu den Anhängern zeichneten sich die Verehrer Bismarcks dadurch aus, daß sie grundsätzlich immer an der Seite ihres Idols zu finden waren (zumindest, solange es an der Macht war), egal wohin die Reise ging. Sie nannten sich „Freikonservative" und galten ihrer Flexibilität wegen fast schon als liberal,

was nicht zuletzt damit zusammenhing, daß sie neben agrarischen auch indu-
strielle Interessen vertraten. Aber egal, ob frei- oder altkonservativ, industrie-
freundlich oder hausbacken-junkerlich, beide konservativen Flügel unterstützten
Bismarcks Annexionskurs mit überwältigender Mehrheit.

Eine kleine Gruppe um den alten Gerichtspräsidenten Ernst Ludwig von
Gerlach erhob Einspruch. Gerlach gehörte zu den Gründungsvätern des preußischen Konservativismus, er hatte das legendäre Parteiblatt *Kreuzzeitung* ins Leben gerufen und den aufstrebenden Bismarck lange Zeit protegiert. Nun bekämpfte er dessen „ungerechte Vergrößerungspolitik", dessen „wurzelfaule"
Rechtsauffassung, den „Rückfall in den Friederizianismus".[231] Die kompromiß-
los verfochtene christlich-konservative Rechtsstaatsidee Gerlachs wirkte auf die
meisten Zeitgenossen weltfremd, man begriff ihn ebensowenig wie seine publizi-
stischen Mitstreiter Heinrich Eugen Marcard und Hermann von Gauvain („Ich
schreibe als Preuße gegen Preußen für Preußen"[232]). Der tiefgläubige Protestant
Gerlach fand schließlich in der katholisch geprägten Zentrumspartei seine politische Heimat – ebenso wie viele welfentreue Hannoveraner, für die eine Zusammenarbeit mit den preußischen Konservativen auf Jahrzehnte hinaus nicht in
Frage kam. Konsequent handelte im Sommer 1866 auch der sauerländische Ka-
tholik Clemens August Graf von Westphalen auf Schloß Laer bei Meschede, der
aus dem preußischen Herrenhaus austrat und erklärte, sein Huldigungseid auf
König Wilhelm sei mit dessen Völkerrechtsbruch hinfällig geworden.

Der rigorose Wertkonservativismus eines Gerlach oder Westphalen berührte
sich mehr oder weniger unfreiwillig mit den Bürgerrechtsidealen der demokratischen Linken. Wenn man von der damals noch unbedeutenden Arbeiterbewe-
gung absieht, waren es dort vor allem die süddeutschen Demokraten, die alten
Revolutionäre von 1848, die Bismarcks Machtpolitik entschieden bekämpften.
Natürlich trauerten diese zumeist hartgesottenen Republikaner nicht gerade dem
König Georg von Hannover nach, aber sie empfanden das ganze preußische
Vorgehen als brutal, willkürlich, unrechtmäßig, Bismarcks nationale Anwandlungen als pharisäerhaft. Vor allem schmerzte sie der Ausschluß der Deutschösterreicher. Sie waren – in ganz harmlosen Sinne – Großdeutsche, die sich mit
der preußischen Teilungspolitik nicht abfinden wollten. Sie erkannten auch, welchen Stempel der preußische Staat dem übrigen Deutschland aufdrücken würde.
Ein neues Wort machte damals in Süddeutschland die Runde: „Militarismus".

Bismarck konnte mit solchen Vorwürfen leben, mit der Kritik seines ehemaligen Gönners Gerlach ebenso wie mit der Skepsis manch katholischer Rheinlän-
der und Westfalen, erst recht mit den Demokraten jenseits des Mains – auch mit
deren Erfolgen bei einigen süddeutschen Landtagswahlen. Es waren trotz allem
nur Außenseiter, deren Blick in die Zukunft nicht ernst genommen wurde, Rand-
erscheinungen abseits des großpreußischen Zeitgeistes. Es gehört zu den Meilen-
steinen von Bismarcks Karriere, daß die liberale Opposition in Preußen spätestens nach Königgrätz mundtot gemacht war. Von dem patriotischen Stim-

mungsumschwung der Bevölkerung und der vernichtenden Wahlniederlage der Liberalen Anfang Juli ist bereits die Rede gewesen. Auch davon, daß Bismarck beabsichtigte, von der Position der Stärke aus die „Indemnität", also die nachträgliche Billigung aller verfassungswidrigen Staatsausgaben durch das Abgeordnetenhaus, zu beantragen. Der schlichte Verstand des Königs Wilhelm begriff zunächst die Zusammenhänge nicht: Warum denn überhaupt noch auf die Liberalen eingehen, jetzt, wo sie endlich am Boden lagen? Bismarck erklärte ihm, daß man gerade diese Situation ausnützen müsse und eine solche Gelegenheit nie wieder käme. Das sah der König ein, und als am 5. August in Berlin der neugewählte preußische Landtag zusammentrat, da verlas er selbst die Thronrede mit dem Passus von der „Indemnität, um welche die Landesvertretung angegangen werden soll".[233] Das Wort „Bitten" wurde sorgfältig vermieden, denn König wie Ministerpräsident fühlten sich natürlich nach wie vor im Recht. Bismarck ließ den Monarchen auch ausdrücklich betonen, die Regierung habe die ganze Konfliktzeit hindurch „nach gewissenhafter Prüfung und in der pflichtmäßigen Überzeugung" gehandelt, ihr Verhalten sei „eine der unabweisbaren Notwendigkeiten" gewesen, „denen sich eine Regierung im Interesse des Landes nicht entziehen kann und darf".[234]

Vielen Liberalen war die Lust am Widerspruch gründlich vergangen. Sie gaben sich damit zufrieden, daß der „Heldengreis" – wie Wilhelm I. neuerdings schon genannt wurde – das Budgetrecht des Parlamentes überhaupt erwähnte. Am 3. September wurde die Indemnitätsvorlage mit 230 gegen 75 Stimmen angenommen, die Regierung Bismarck vom Verfassungsbruch freigesprochen. Zahlreiche Oppositionsabgeordnete stimmten bereitwillig mit, darunter so prominente wie Max von Forckenbeck – der im voraus mit dem Präsidium des Abgeordnetenhauses belohnt worden war –, Eduard Lasker, Hans-Viktor von Unruh, sogar das Justizopfer Karl Twesten. Man könne eben, so rechtfertigten sie sich, die Grundsätze des Liberalismus nicht immer hochhalten: „In dem großen Moment des erstarkten und sich verwirklichenden Einheitsdranges halten wir keine Partei und keine Maßregel berechtigt, welche der deutschen Entwicklung Hindernisse bereitet oder die möglichen Förderungsmittel versagt."[235] Der rechte Flügel spaltete sich bald ganz von der alten Fortschrittspartei ab. Es entstand eine neue, „Nationalliberale Partei", die bis weit über die Reichsgründung hinaus mit Bismarck zusammenarbeitete und bis 1918 zu den Säulen des wilhelminischen Kaiserreichsa gehören sollte. Insofern bezeichnet die Abstimmung über die Indemnitätsvorlage tatsächlich „eine entscheidende Stunde in der Geschichte des preußischen und des deutschen Liberalismus" (Erich Eyck).[236]

Der harte Kern der Fortschrittspartei, der die Indemnität ablehnte, geriet natürlich schnell in den Ruf der Weltfremdheit. Der nationalliberale Historiker Heinrich von Treitschke spottete damals über die „erhabene Einsamkeit seines theoretischen Traumlebens".[237] Man kann jedoch darüber streiten, welche der beiden liberalen Gruppierungen naiver zu Werke ging. Den Nationalliberalen ist ihre Kompromißbereitschaft schlecht gedankt worden. Einen grundlegenden Wandel im System Bismarck gab es im Herbst 1866 jedenfalls nicht, noch nicht einmal einen Ausdruck des guten Willens. Sämtliche Minister blieben im Amt, sogar der umstrittene Justizminister Graf zur Lippe, der das Strafverfahren gegen Karl Twesten auch ungeniert weiterbetrieb. Daß Twesten seinen Frieden mit der Regierung gemacht hatte, bedeutete eben noch lange nicht, daß die Regierung auch ihren Frieden mit ihm machen wollte. Und König Wilhelm sagte dem Landtagspräsidenten Forckenbeck ins Gesicht, er bereue den Verfassungskampf nicht und würde, wenn nötig, wieder so handeln. Vielleicht war der erfahrene Fortschrittsmann Friedrich Harkort der bessere Realpolitiker, als er die Indemnitätsvorlage ablehnte und in der entscheidenden Debatte den Nationalliberalen zurief: „Seien sie doch nicht gar zu vertrauensselig, wenn ich bitten darf!"[238]

Kurz vor Jahresende wurde noch eine weitere liberale Forderung still zu Grabe getragen, das Selbstbestimmungsrecht der Schleswig-Holsteiner. Die vom Prager Frieden gedeckte Annexion des Landes wurde amtlich, das preußische Abgeordnetenhaus stimmte wiederum mit großer Mehrheit zu. In der auseinanderfallenden Fortschrittspartei gab es noch einige Gewissenskämpfe quer durch alle Fraktionen. Twesten erklärte sogar, man solle „nicht verdrehen und verlästern, was man einst für recht gehalten hat",[239] die Ansprüche des populären Augustenburger Herzogs nämlich, aber dann überwog doch „das ewige Recht der Zukunft des deutschen Volkes"[240] und auch die letzte Annexionsvorlage nahm problemlos alle parlamentarischen Hürden.

Mit diesem Parlament konnte Bismarck wirklich zufrieden sein. Es enthob ihn nicht nur seiner politischen, sondern sogar auch sämtlicher materieller Sorgen. Von Hause aus war Bismarck nicht reich. Sein bescheidener Landbesitz gab nicht viel her. Ohne seine Dienstgehälter – zuerst als Gesandter, dann als Ministerpräsident – kam er kaum über die Runden. Da verfiel das neue Abgeordnetenhaus auf die Idee, nicht nur die siegreichen Heerführer mit den traditionellen Sonderzuwendungen aus der Staatskasse, den sogenannten „Dotationen", zu belohnen, sondern auch den Ministerpräsidenten. Bismarck erhielt die enorme Summe von 400.000 Talern. Er konnte sich nun das pommerische Rittergut Varzin mit 22.500 Morgen Land und sieben Dörfern leisten, einen selbst für ostelbische Verhältnisse respektablen Besitz, der ihn ein für allemal unabhängig machte.[241]

Der Norddeutsche Bund

Wenn die Nationalliberalen gehofft hatten, Bismarck würde seinen norddeutschen Machtbereich in einen modernen Einheitsstaat verwandeln, so täuschten sie sich. Die Verfassung, die er im Herbst 1866 ausarbeitete, nahm sich aus wie eine preußische Übersetzung der alten deutschen Bundesakte. Statt eines Bundesstaates sollte es weiterhin nur einen Staatenbund geben, eine Allianz deutscher Fürsten und Senate unter dem Vorsitz des Königs von Preußen, faktisch natürlich unter dessen Kommando. Das im Frühjahr versprochene Bundesparlament sollte noch weniger Rechte erhalten als das preußische Abgeordnetenhaus, also gar keine. Vor dem Krieg hatte Bismarck noch von einem „mit der Nationalvertretung zu vereinbarende[n] Militärbudget"[242] gesprochen, davon war nun keine Rede mehr.

Der Reihe nach: Durch den Prager Frieden war Preußen berechtigt, ganz Norddeutschland nach eigenem Gutdünken zu organisieren. Der radikalste Ausdruck dieser Machtvollkommenheit war die Annexion der Länder Hannover, Kurhessen, Nassau, Frankfurt und Schleswig-Holstein. Was mit den restlichen Ländern nördlich des Mains geschehen sollte, darüber herrschte noch keineswegs Klarheit. Preußen konnte sich ja nicht alle einverleiben, zumal sich die meisten Kleinstaaten frühzeitig unterworfen und sogar ihr Militär zur Verfügung gestellt hatten. (Trotzdem beklagte sich im September 1866 im preußischen Abgeordnetenhaus ein Hinterbänkler namens Kirchmann: „Wir haben den kleinen Staaten, die mit uns an dem Krieg teilnehmen wollten, viel zu voreilig ihren Territorialbestand zugesichert . . . für Preußens Macht wäre es gewiß besser, wenn ganz Norddeutschland einschließlich Sachsens zu einem preußischen Staate erhoben werden könnte."[243]) Bismarck zog es vor, ein Bündnis- und Sicherheitssystem mit ihnen aufzubauen, den „Norddeutschen Bund". Dazu mußte er den Schein ihrer Souveränität überhaupt nicht antasten; eine elegantere Methode, um die preußische Vorherrschaft zu sichern, gab es nicht. Während eines langen Herbsturlaubs auf der Insel Rügen – das letzte Mal, daß er sich mangels eigener Ferienimmobilien bei einem reichen Standesgenossen einquartieren mußte – skizzierte er die schon erwähnte Bundesverfassung. Danach blieben alle Mitgliedsländer völkerrechtlich souveräne Staaten. Es sollte lediglich eine gemeinsame Außen- und Sicherheitspolitik geben, ein einheitliches Maß-, Gewichts- und Währungssystem, einen norddeutschen Binnenmarkt (der durch den Zollverein ohnehin schon vorgegeben war), gleiche Grundzüge des Zivilrechts, eine allgemeine Post-,

Telegraphen- und Eisenbahnorganisation. Das war ein Minimum an Zentralismus, nicht mehr als eine Reform des alten Deutschen Bundes gebracht hätte.

In die inneren Angelegenheiten der Mitgliedsstaaten durfte der Bund praktisch nicht hereinreden, regionale Besonderheiten blieben im vollen Umfang erhalten – etwa das mittelalterliche Kommunalrecht in Mecklenburg. Es war auch keine Zentralregierung vorgesehen, sondern wiederum nur ein „Bundestag", bestehend aus den diplomatischen Vertretern der Einzelstaaten. Um nicht allzu penetrant an die alten Frankfurter Zeiten zu erinnern, benannte Bismarck den Bundestag schließlich in Bundesrat um, und so hieß er dann bis 1918. Mit der Länderkammer der Bundesrepublik Deutschland hat er nur den Namen gemein. Es war auch kein Senat oder Oberhaus nach englischem oder amerikanischem Vorbild, es war überhaupt keine parlamentarische Institution, sondern eine Botschafterkonferenz, nicht mehr und nicht weniger. Der Vorsitzende dieser Konferenz sollte Bundeskanzler heißen. Der Titel schien zunächst das einzig Neue zu sein, denn genauso wie ehedem der österreichische „Präsidialgesandte" beim Deutschen Bund sollte der norddeutsche „Bundeskanzler" ein weisungsgebundener Beamter bleiben. Der preußische Diplomat Karl Friedrich von Savigny war für diesen Posten vorgesehen, just derselbe, der wenige Monate zuvor in der Großen Eschenheimer Straße zu Frankfurt am Main den Austritt Preußens aus dem Bund verkündet hatte. Die Sitzverteilung im Bundesrat entsprach exakt derjenigen in der alten Frankfurter Vollversammlung: Preußen führte 17 Stimmen – die der annektieren Länder inbegriffen –, Sachsen drei, Mecklenburg-Schwerin und Braunschweig zwei, alle übrigen jeweils eine, was zusammen 43 ergab. Daß Preußen nicht über die absolute Mehrheit verfügte, hatte nichts zu sagen: Die Geschäfte wurden ohnehin vom Bundeskanzler allein geführt, und den ernannte natürlich der König von Preußen, „das Bundespräsidium", wie es in der Verfassung hieß. Und daß es dabei blieb, dafür sorgte die preußische Sperrminorität, gegen die keine Verfassungsänderung möglich war. An eine antipreußische Oppositionsfront im Bundesrat war ohnehin nicht zu denken. Schon die Tatsache, daß sämtliche Bundestruppen – von der sächsischen Armee bis zur Fürstlich Schaumburg-Lippischen Schloßwache in Bückeburg – dem preußischen König in dessen Eigenschaft als „Bundesfeldherr" unterstellt wurden, sprach für sich. Preußen verfügte damit über ein perfektes Druckmittel, das je nach Bedarf dosiert werden konnte. Die Skala reichte von der Auflösung einzelner Garnisonen über die Verlegung ganzer Kontingente bis hin zu Bundesexekution und Kriegsrecht.

Bismarck bestellte die Unterhändler der übrigen norddeutschen Staaten nach Berlin, um den Verfassungsentwurf gemeinsam durchzugehen – verhandeln wäre zuviel gesagt. Es erschienen in der preußischen und zukünftigen norddeutschen Hauptstadt lauter hochkarätige Regierungsvertreter, fast ausnahmslos Minister und Senatoren. Nur das Großherzogtum Hessen schickte einen einfachen Diplomaten, da der dortige Ministerpräsident Dalwigk, immer noch im Amt, in Berlin also absolut unerwünscht war. Bismarck selbst nahm die ganze Angelegenheit weniger wichtig, er ließ sich die meiste Zeit durch Savigny vertreten. Natürlich erschien er zur Begrüßung, und er ließ sich auch nicht nehmen, den Bevollmächtigten zu erläutern, warum sie hier seien und weshalb ein neuer Bund gegründet werden müßte: „Der frühere Deutsche Bund ... gewährte seinen Mitgliedern die versprochene Sicherheit nicht.“[244] Er mußte es schließlich wissen.

Im Anschluß an seine Rede wurden die ersten Exemplare des Verfassungsentwurfes verteilt. Sie kamen frisch aus der Druckerei, da der Text erst am Vortage abschließend redigiert worden war. Die Neugierde der Bevollmächtigten wich bald einer Mischung aus Staunen und Entsetzen. Das sollte eine moderne Bundesverfassung sein? Ein Modell zur Neugestaltung Deutschlands? Der Lübecker Senator Curtius meldete nach Hause, alle Anwesenden seien gleichermaßen erschrocken, und sein hamburgischer Kollege Kirchenpauer schrieb in einem Anflug von Galgenhumor: „Seitdem die Bombe geplatzt ist, habe ich nur erst wenige der Verwundeten gesprochen. Ich denke mir aber, der Entwurf wird einen Schrei des Entsetzens hervorgerufen haben. Im Hotel Royal, wo außer mir noch sechs andere Herren wohnen, geht er, wie es scheint, durch alle Zimmer.“[245] Einige Delegierte versuchten sich damit zu trösten, daß der Entwurf „nicht als ernst gemeint“ und nur als etwas Provisorisches aufgefaßt werden dürfe.[246]

Um kein Mißverständnis aufkommen zu lassen: Die Norddeutschen waren nicht so sehr über die Einschränkung ihrer Freiheiten aufgebracht – damit hatten sie schließlich rechnen müssen, obwohl es hier und da gewaltig schmerzte. Aber sie hatten geglaubt, ihre Eigenständigkeit wenigstens für die nationale Sache zu opfern (wenn auch in klein- oder kleinstdeutscher Form), nun sahen sie aber, daß es nur um Großpreußen ging, preußisches Militär, preußische Außenpolitik, preußische Wirtschaftsinteressen. Selbst der dezentrale, konföderative Charakter der Bundesverfassung kam am Ende nur dem Egoismus Preußens zugute, denn wer sollte davon profitieren, wenn nicht der größte Mitgliedsstaat? Und dann der sogenannte Reichstag. Wozu ein solches Parlament, wenn es noch nicht einmal über das Budget entscheiden durfte? Wie der Öffentlichkeit, der Volksvertretung zu Hause, so etwas plausibel machen?

Insbesondere Oldenburg, Sachsen-Weimar-Eisenach und Sachsen-Coburg und Gotha wünschten klare Verhältnisse: eine verantwortliche Bundesregierung, ein Oberhaus als föderatives Gegengewicht, eine Volksvertretung mit den üblichen parlamentarischen Rechten. Die preußische Konferenzleitung ließ sich davon wenig beeindrucken. Bismarck behauptete, einen echten Bundesstaat dürfe es nicht geben, es müsse alles nach einem losen Staatenbund aussehen, sonst würden man die Süddeutschen vor den Kopf stoßen. Dabei blieb es auch, zumindest im Grundsatz. Aber eine Idee griff Bismarck doch auf: Der hessische Unterhändler Karl Hofmann hatte vorgeschlagen, wenn es schon keine reguläre Bundesregierung geben dürfe, dann sollte das Bundespräsidium – der König von Preußen also – wenigstens verpflichtet sein, Anordnungen und Gesetze vom

Vorsitzenden des Bundesrates, dem „Bundeskanzler", gegenzeichnen zu lassen. Das war ein verfassungsrechtliches Detail mit höchst weitreichenden Folgen. Dadurch rückte nämlich der Bundeskanzler, der ursprünglich ja nur als ein dem preußischen Außenministerium untergeordneter Beamter gedacht war, zu einer zentralen Figur der Bundesverfassung auf, zum einzigen und alleinigen verantwortlichen Minister auf Bundesebene. Bismarck fand, ein solcher Posten sei genau das Richtige für ihn. Er nahm die Anregung des hessischen Gesandten dankend zur Kenntnis und brachte sie im Artikel 17 der Bundesverfassung unter. (Den findigen Hessen machte er Jahre später zu seinem Staatssekretär.)

Nun konnte von einer Kanzlerschaft Savignys natürlich keine Rede mehr sein. Bismarck selbst übernahm zusätzlich zu seinen Ämtern als preußischer Ministerpräsident und Außenminister auch dasjenige des norddeutschen Bundeskanzlers. Er sorgte auch dafür, daß die einzigartige Stellung des Kanzlers über die Reichsgründung hinaus erhalten blieb und duldete keinen Bundes- oder Reichsminister neben sich. So hielten es bis 1918 auch seine Nachfolger Caprivi, Hohenlohe-Schillingsfürst, Bülow, Bethmann Hollweg, Michaelis und Hertling.

Ehe die Verfassung am 1. Juli 1867 in Kraft trat, revidierte Bismarck sie noch in einem anderen wesentlichen Punkt. Er gestand dem Reichstag nun doch das elementare konstitutionelle Recht zu, über das Militärbudget mitzuentscheiden. Erst dadurch ist das ganze System einigermaßen lebensfähig geworden. So hielt es sich – manchmal mehr schlecht als recht – einundfünfzig Jahre lang bis zum Ende des Ersten Weltkrieges, denn das Kaiserreich von 1871 hat es – von einigen Sonderrechten für Bayern und Württemberg abgesehen – im Grunde unverändert übernommen. Zwischenzeitlich mußten lediglich Begriffe ausgetauscht werden: Norddeutscher Bund durch Deutsches Reich, Bundeskanzler durch Reichskanzler, Bundespräsidium durch Kaiser.

Bismarcks kalkulierte Zugeständnisse an die verbündeten Regierungen, an die Liberalen im Reichstag und später an die Süddeutschen änderten selbstverständlich nichts an der überragenden Stellung Preußens. Wie bereits im Zusammenhang mit den Annexionen bemerkt, war jede föderative Entwicklung allein schon aus quantitativen Gründen unmöglich geworden. Der Bundesrat lief im großen und ganzen als preußische Abstimmungsmaschinerie, gelegentliche Kontroversen waren aus kosmetischen Gründen inbegriffen. Und da der Hohenzollernstaat nicht nur seine Masse in den Bund einbrachte, sondern auch seinen Geist, kam auch kein Demokratisierungsprozeß in Gang: Die „Parlamentsherrschaft", die Bismarck in Preußen so erbittert bekämpft hatte, sie konnte sich natürlich auch im preußisch-deutschen Reich nicht durchsetzen. Der Reichstag in Berlin blieb so kraftlos wie einige Straßen weiter das preußische Abgeordnetenhaus.

Österreichs Erneuerung

Als Kaiser Franz Joseph den bei Königgrätz verwundeten FML Anton Frhr. von Mollinary am Krankenbett besuchte, stellte er die unvermeidliche Frage nach dem Grund des Mißerfolges. Mollinary (dessen blindwütiger Sturm auf den Swiepwald einiges dazu beigetragen hatte) fiel nur ein: „Majestät, einer mußte eben unterliegen", worauf der Kaiser entgegnete: „Ja, aber warum gerade wir?"[247]

Die meisten Österreicher glaubten es zu wissen. In Wien ging ein Vierzeiler von Mund zu Mund, der angeblich bei Nacht und Nebel an die Hofburg angeschlagen worden war:

> *„Die Freiwilligen haben kein' Knopf,*
> *Die Generäle haben kein' Kopf.*
> *Die Minister haben kein Hirn –*
> *So müssen wir alles verliern."*[248]

In einer anderen Version wurde auch schon einmal des Monarchen selbst gedacht: „Ein Kaiser ohne Hirn" hieß es dann, wenn auch hinter vorgehaltener Hand.[249] Franz Josephs Popularität war im Hochsommer 1866 jedenfalls auf dem Nullpunkt angelangt. Es kam vor, daß man ihm dem Namen seines Bruders Maximilian hinterherrief, der als Kaiser von Mexiko zwar auch keine glückliche Figur abgab, aber wenigstens als liberal und reformfreundlich galt. Das alte konservative Regierungssystem hatte man jedenfalls gründlich satt, ihm wurde die Hauptschuld an der Niederlage gegeben. Dementsprechend lau nahm die Bevölkerung auch bis zum Kriegsende sämtliche Proklamationen auf, die von Opferbereitschaft, von Spenden und freiwilligem Militärdienst handelten. Die Ungarn waren damit ohnehin nicht zu locken, sie wollten zu allererst die Wiedereinführung ihrer alten Verfassungsrechte. Aber auch die Deutschen hielten sich auffallend zurück – außer mit Kritik. Der Gemeinderat von Wien etwa erklärte am 17. Juli in einer Resolution an den Kaiser, „daß die tiefernste Lage des Reiches weniger durch die letzten Mißerfolge im Feld, als durch die unglückliche Politik herbeigeführt worden sei, welche die Ratgeber der Krone zum Teil schon seit einer längeren Reihe von Jahren sowohl im Inneren als nach Außen verfolgt hätten".[250] Eine solche Sprache war in Österreich schon lange nicht mehr geführt worden. Daß die k. k. Armeeführung dabei noch so glimpflich wegkam, hatte

CARL v. TEGETTHOFF
WILHELM v. TEGETTHOFF
ALBRECHT v. TEGETTHOFF
CARL v. TEGETTHOFF
LEOPOLDINE v. TEGETTHOFF

LUDWIG
VON
BENEDEK
FELDZEUGMEISTER
GEBOREN DEN 12. JULI 1804,
GESTORBEN DEN 27. APRIL 1881.

JULIE
VON
BENEDEK
GEB. FREIIN VON
KRIEG-HOCHFELDE
GEHEIMRATHS-UND
FELDZEUGMEISTERS-WITWE
GESTORBEN DEN 15. SEPTBR. 1895.

*Der Zufall will es, daß Tegetthoff und Benedek auf dem selben Friedhof begraben liegen
(Graz, Leonhardfriedhof)*

durchaus politische Gründe: Der Oberbefehlshaber bei Königgrätz, Benedek, war vor der Schlacht schließlich sehr beliebt gewesen und in der Wiener Presse enthusiastisch gefeiert worden. Die liberalen Zeitungskommentatoren hatten sich allein schon deshalb für ihn begeistert, weil er aus bescheideneren Verhältnissen

169

stammt, als in der k. k. Generalität vielfach üblich. Benedeks unglaubliche Popularität hatte ihm schließlich das Kommando über die Nordarmee eingetragen – mehr oder weniger gegen sein eigenen Willen. Das alles machte es nun schwer, sich von ihm zu distanzieren. In bürgerlichen Kreisen wurde lieber die Legende verbreitet, Benedeks Berufung sei schon in Ordnung gewesen, versagt hätten einzig seine verwähnten erzherzoglichen und gräflichen Korpskommandanten. Schon am 13. Juli berichtete ein Korrespondent der *Augsburger Allgemeine Zeitung* aus der österreichischen Hauptstadt: „Man flüstert hier, man sagte es laut, daß die hocharistokratischen Generale nur murrend und widerwillig den Befehl des bürgerlichen Armeeoberkommandanten ertrugen."[251]

Benedek selbst lehnte es ab, die Verantwortung für die Niederlage auf irgend jemanden abzuwälzen. Vor der Untersuchungskommission in Wiener Neustadt erklärte er lakonisch, „keinem seiner Untergebenen wolle er die geringste Schuld zur Last legen; er könne und wolle auch, weil sein Gedächtnis gelitten, im Einzelnen nicht Antwort geben".[252] Dadurch machte er es den konservativen Hof- und Militärkreisen um Erzherzog Albrecht allerdings nur allzu leicht. Hier war man natürlich weit davon entfernt, den Volkshelden Benedek zu schonen, im Gegenteil: Er wurde zum alleinigen Sündenbock gemacht, um von der kaiserlichen Personalpolitik im ganzen abzulenken. Offiziell schlug man sämtliche kriegsgerichtlichen Verfahren zwar nach einigen Monaten nieder, aber es war bezeichnend, daß ein so umstrittener Korpskommandant wie Eduard Graf Clam-Gallas nunmehr ein äußerst gnädiges Handschreiben des Kaisers erhielt („Lieber General der Kavallerie Graf Clam-Gallas . . . ich spreche Ihnen . . . meine volle Befriedigung darüber aus, daß . . . Meiner Armee und dem Staate den Ruf und Namen eines tapferen Generals, der mir und Meinem Hause lange Jahre mit wahrer Hingebung diente, makellos erhalten [worden ist]"[253]), andererseits der unglückliche Benedek aber auf häßliche Weise in Pension geschickt wurde: Die amtliche *Wiener Zeitung* attestierte ihm am 8. Dezember einen „Mangel höchster geistiger Begabung" und befand schließlich: „Der Verlust des Vertrauens seines kaiserlichen Kriegsherrn, die Vernichtung seines militärischen Rufes vor Mit- und Nachwelt, die Erkenntnis des unermeßlichen Unglücks, das unter seiner Führung die Armee und durch deren Niederlage die ganze Monarchie getroffen hat, müssen übrigens für den ehrliebenden und hochsinnigen Mann, als der Benedek sich stets bewährte, eine schwerere Sühne sein, als jede Strafe, die ihn bei einer Fortsetzung des gerichtlichen Verfahrens etwa hätten treffen können."[254]

Benedeks Schicksal läßt einiges von der Nachkriegsatmosphäre des Jahres 1866 erahnen. Wo immer man sich in Österreich mit dem Krieg und seinen Folgen beschäftigte – in der Presse, im k. k. Ministerrat, in den Landtagen der Kronländer, in Parteiversammlungen –, wurde polemisiert und nach Schuldigen gesucht, gab es Rechthaberei und persönliche Interessen, ernsthafte Analysen waren selten. Fast jeder Landtag forderte eine Reichsverfassung, nur wußte niemand genau zu sagen, wie sie aussehen sollte. Die Rückkehr zum zentralistischen „Februarpatent" von 1861 kam für viele nicht in Frage, für die Polen im großen Kronland Galizien nicht, und schon gar nicht für die Ungarn. Der merkwürdigste Diskussionsbeitrag kam aus Tirol, wo die ultrakonservative Landtagsmehrheit überhaupt keine Verfassung, sondern wieder einmal die „Aufrechterhaltung der Glaubenseinheit" forderte und die „die Eigentümlichkeiten Tirols" pries: „Frommer Glaube und die reine Sitte der Väter und die Wehrkraft des Volkes",[255] woraufhin die liberale Minderheit die Versammlung verließ und Beschlußunfähigkeit herbeiführte.

Österreichs Liberale hatten es überhaupt schwer. Nach dem verlorenen Krieg wollten sie am liebsten eine Art Standgericht über das bisherige System und seine aristokratischen Vertreter abhalten. Zu ihrem Leidwesen hatte ausgerechnet der hochkonservative Erzherzog Albrecht die größten militärischen Erfolge vorzuweisen, er übte nun größeren Einfluß aus als jemals zuvor. Die Konservativen mauerten sich ein und murrten über mangelnden Pariotismus in der Bevölkerung, als ob dadurch der Krieg entschieden worden wäre. Der Kaiser fühlte sich von der öffentlichen Meinung mißverstanden und ungerecht behandelt – immerhin war der Friedensvertrag so schlecht nicht. Resigniert schrieb Franz Joseph damals an seine Mutter: „Wenn man alle Welt gegen sich und gar keinen Freund hat, so ist wenig Aussicht auf Erfolg, aber man muß sich so lange wehren, als es geht, seine Pflicht bis zuletzt tun und endlich mit Ehre zu Grunde gehen."[256] Der hilflose Fatalismus von 1866 begleitete ihn bis an sein Lebensende.

Auf dem militärischen Sektor verließ sich der Kaiser jetzt ganz auf seinen Onkel Albrecht. Der Sieger von Custoza blieb auch nach Friedensschluß und Demobilisierung Oberbefehlshaber sämtlicher österreichischer Truppen. FML Frhr. von John übernahm die Leitung des Kriegsministeriums. Es war eine nicht überall populäre, aber zweifellos gute Wahl. Das bewährte Gespann Albrecht und John leitete sofort eine umfassende Militärreform ein. Die allgemeine Wehrpflicht wurde durchgesetzt, die Infanterie reorganisiert und besser bewaffnet, die Divisionsgliederung wieder eingeführt, das marode Sanitätswesen endlich modernisiert. Österreich trat nun auch der Genfer Konvention vom Roten Kreuz bei, ein längst überfälliger Schritt.

Politisch bewegte sich zunächst noch wenig. Der von vielen erhoffte Kurswechsel ließ auf sich warten. Kaiser Franz Joseph tauschte noch nicht einmal den Staatsminister Belcredi aus, sondern begnügte sich damit, Außenminister Mensdorff-Pouilly und die Graue Eminenz Moritz Graf Esterházy zu verabschieden, den letzteren immerhin „ohne besondere Anerkennung".[257] Mensdorffs Nachfolge war allerdings eine echte Sensation: Mit Wirkung vom 30. Oktober übernahm Friedrich Ferdinand Frhr. von Beust die Geschäfte am Ballhausplatz, der erklärter Feind Bismarcks, auf dessen Druck hin er zuletzt seinen Posten als sächsischer Ministerpräsident verloren hatte. Der Mann aus Dresden war bald der wichtigste Mann im österreichischen Kabinett, noch ehe ein halbes Jahr vorüber war, hatte er Belcredi verdrängt und dessen Funktion als Vorsitzender des Ministerrates mitübernommen. Beust galt zwar genau wie Erzherzog Albrecht als Revanchist, war aber ebenso wie dieser zu intelligent, um irgend einem antipreußischen Gefühl freien Lauf zu lassen. Beide hätten die Ergebnisse von Königgrätz liebend gern korrigiert, beide räumten aber den unumgänglichen Reformen im Inneren absoluten Vorrang ein. Neben der Sanierung der Staatsfinanzen und der Armeereform drängte vor allem die Verständigung mit Ungarn. Beusts Name sollte damit auf engste verknüpft werden.

Mit dem Königreich Ungarn verhielt es sich so: Seiner Geschichte nach war es das größte und bedeutendste Land unter habsburgischer Herrschaft, das einzige von wirklich europäischem Rang. Weder das künstlich geschaffene Königreich Galizien, noch das kleine Böhmen, (das ja eigentlich nur ein deutsches Reichsfürstentum, später ein Teil des Deutschen Bundes gewesen war), schon gar nicht irgend ein anderes Kronland konnte sich damit messen. Die ungarische Sonderstellung hatte im Revolutionsjahr 1848 darin gegipfelt, daß Kaiser Ferdinand, Franz Josephs Vorgänger, ein vollkommen eigenständiges Ministerium und sogar eine eigene Armee zugestanden hatte, faktisch also die Unabhängigkeit. Es folgten nacheinander ein Widerruf der kaiserlichen Zentralregierung, ein ungari-

Julius Graf Andrássy (links) und Franz Deák (rechts) waren die Exponenten der ungarischen Interessen 1866/67. Andrássy wurde nach Beust k. u. k. Minister des Äußeren

scher Volksaufstand, dessen blutige Niederschlagung durch österreichische und verbündete russische Truppen, die Abschaffung sämtlicher historischer Rechte Ungarns und die Zerstückelung des Landes, ein ebenso primitives wie unkluges Strafgericht. Es dauerte ein Jahrzehnt, bis man in Wien begriff, daß die ungarische Frage mit Gewalt allein nicht zu lösen war. Auf die Dauer konnte nicht ohne die Magyaren regiert werden, noch weniger gegen sie. Im Lande selbst waren gemäßigte Kräfte zu einem Kompromiß bereit: Von dem ehemaligen Justizminister Franz Deák, einem der angesehensten Männer Ungarns, lag ein Programm vor, das die radikalsten Forderungen von 1848 zurücknahm, ohne dabei auf den Grundsatz der Eigenstaatlichkeit zu verzichten. Ungarn sollte seine historischen Provinzen und Länder zurückerhalten, seinen Reichstag und seine eigene Regierung, militärisch, außen- und wirtschaftspolitisch jedoch mit dem österreichischen Kaiserstaat verwachsen bleiben. Der unvoreingenommene Beust setzte sich bei Kaiser Franz Joseph für dieses Angebot ein, und er handelte mit Deák und dem aristokratischen Exrevolutionär Julius Graf Andrássy d. Ä., einem einflußreichen Vertrauten der Kaiserin Elisabeth, die Details aus. Das alles ging plötzlich sehr schnell, wahrscheinlich zu schnell. Schon im Februar 1867 war der „Ausgleich" unter Dach und Fach, und Graf Andrássy, der sechzehn Jahre zuvor noch als Hochverräter zum Tode verurteilt und in effigie gehängt worden worden war, erhielt die Ernennung zum ungarischen Ministerpräsidenten. Wenige Monate später, am 8. Juni, holte Kaiser Franz Joseph in Budapest seine Krönung zum König von Ungarn nach und legte den Eid auf die neue Verfassung ab.

Die anderen Völker der Monarchie sahen die österreich-ungarische Lösung mit durchaus gemischten Gefühlen. Die Tschechen mit Neid, denn sie fanden, ihnen stünden mindestens dieselben Sonderrechte zu wie den Magyaren. Die Deutschen mit Sorge, weil sie ihre traditionelle Führungsrolle gefährdet sahen, zumal Österreich nach Nikolsburg und Prag nicht mehr ohne weiteres als deutscher Staat bezeichnet werden konnte. Die Kroaten und siebenbürgischen Rumänen mit größter Unruhe, da die Wiederherstellung der historischen Grenzen Ungarns für sie die Unterordnung unter die neue Regierung in Budapest bedeutete. Tatsächlich ist der Ausgleich von 1867 keine gerechte Lösung gewesen. Etwas anderes ist allerdings kaum jemals behauptet worden. Der Kaiser selbst – der in Ungarn jetzt nur noch König Ferenc Joszef hieß – stellte illusionslos fest „daß die slawischen Völkergemeinschaften der Monarchie die neue Politik mit Mißtrauen ansehen werden, allein nie wird es die Regierung allen Nationen recht machen können. Daher muß man sich auf diejenigen stützen, die am meisten Lebenskraft besitzen . . ., und das sind die Deutschen und die Ungarn."[258] Beust drückte es noch ein wenig direkter aus: „Wenn ich jene beiden Nationen für mich habe, brauche ich die Opposition und Feindschaft der übrigen nicht mehr zu fürchten."[259]

So entstand Österreich-Ungarn, die Doppelmonarchie. Die Frage der Reichsverfassung stellte sich nun nicht mehr, Ungarn hatte nun seine eigene, und die Gruppe der übriggebliebenen Königreiche und Länder erhielt die ihre, eine Überarbeitung des einstigen Februarpatentes. Es gab fortan zwei Ministerpräsidenten – in Wien und in Budapest –, zwei Ministerräte, zwei überregionale Parlamente, ja: zwei Vielvölkerstaaten. Gemeinsam blieb nur der Monarch, die Armee, ein Außenminister, ein Kriegsminister, ein Finanzminister. Zweifellos war die Sonderrolle Ungarns historisch gerechtfertigt und im Jahre 1867 auch tagespolitisch opportun. Langfristig bestand allerdings die Gefahr eines magyarischen Sonderweges bis hin zu einer Nationalstaatlichkeit, die weder mit dem Gedanken der Reichseinheit noch mit den Interessen der ethnischen Minderheiten in Ungarn vereinbar sein konnte. Die Regierung in Budapest konnte durchaus in diese Richtung arbeiten, vor allem dadurch, daß die Grundzüge der gemeinsamen Finanz- und Wirtschaftspolitik alle zehn Jahre neu verhandelt werden mußten. Diese im Grunde unmögliche Vertragsklausel sollte Beusts Nachfolgern noch erheblich Probleme bereiten.

Betrachtungen

Das Ende des Deutschen Bundes ist 1866 von wenigen Zeitgenossen bedauert worden, aber es betraf doch alle. Genaugenommen betrifft es uns noch heute. Es war zunächst die Dreiteilung der Nation: in eine preußisch-norddeutsche, eine süddeutsche, eine habsburgische Staatengruppe. Es blieb dauerhaft die Trennung Österreichs vom übrigen Deutschland, ein jahrzehntelanges österreichisches Trauma.

Die Erinnerung an den Deutschen Bund ist in dieser Zeit aber nicht besser und nicht freundlicher geworden. Bismarcks zynischer Nachruf vom Dezember 1866: „Der frühere Deutsche Bund . . . gewährte seinen Mitgliedern die versprochene Sicherheit nicht, und er befreite die Entwicklung der nationalen Wohlfahrt des deutschen Volkes nicht von den Fesseln, welche die historische Gestaltung der inneren Grenzen Deutschlands ihr anlegten",[260] dieser Nachruf ist von der kleindeutschen Geschichtsschreibung allenfalls variiert worden – unverdrossen durch zwei Weltkriege hindurch.

Man kann die Krankheitssymptome des Deutschen Bundes aber nicht beschreiben, ohne deren wichtigste Ursache zu benennen: Preußens imperialistische Machtpolitik. Diese Machtpolitik, das Bestreben, den politischen, wirtschaftlichen und militärischen Einflußbereich Preußens auf gesamtdeutsche Kosten auszuweiten, ist nicht etwa eine Idee Bismarcks gewesen. Bismarck war nur ihr erfolgreichster Interpret. Schon seine Vorgänger hatten den Deutschen Bund systematisch torpediert – nachdem es ihnen im Jahre 1850 nicht gelungen war, seine Wiederherstellung zu verhindern. Sämtliche Reformvorschläge, die Anfang der sechziger Jahre vor allem aus dem mittelstaatlichen Lager kamen, wurden vor wie nach Bismarcks Amtsantritt erfolgreich zu Fall gebracht. Der Historiker Willy Real stellte fest: „Es sollte eben nichts zustandekommen, was die Lähmung des Bundes behob, und doch sollte seiner Inaktivität alles politische Elend zugeschrieben werden können."[261]

Man kann kaum bestreiten, daß der Deutsche Bund das Recht und auch die Fähigkeit zu Leben besaß. Er hat immerhin fünfzig Jahre hindurch existiert, und er hat den Deutschen weitaus friedlichere Zeiten beschert, als es das Machtsystem der Hohenzollern zwischen 1866 und 1918 vermochte. Natürlich: Die Bundesakte von 1815 war dürftig; sie war eigentlich schon veraltet, als sie vom Wiener Kongreß in die Welt gesetzt wurde. Aber es gab ja den breiten Willen und durchaus auch die Möglichkeit, sie zu modernisieren. Wobei die von den Kritikern hauptsächlich bemängelte Sicherheitspolitik noch zu den geringeren Problemen zählte. Die herkömmliche Bundeskriegsverfassung war so schlecht nicht. Sie bot ein organisatorisches Grundmuster, einen gemeinsamen Mobilmachungsmechanismus – der im Bürgerkrieg zwar nicht funktionierte, die für den Bürgerkrieg auch nicht angelegt war –, es gab Bundesfestungen, es gab auch gemeinschaftliche Manöver und gegenseitige Inspektionsbesuche, für den Kriegsfall war ein zentrales Oberkommando vorgesehen. Was fehlte: Einheitliche Bewaffnung, vergleichbare Uniformierung und Truppengliederung, alles das konnte durchaus nachgeholt werden, und zwar – wie die süddeutschen Staaten Bayern, Württemberg und Baden in den Jahren 1867 bis 1870 bewiesen – auch außerhalb eines zentralistischen Systems.

Ökonomisch war die kleindeutsche Lösung á la Bismarck ebenso entbehrlich. Die wirtschaftliche Integration schritt auch so voran; dafür sorgte schon der Zollverein. Der Zollverein blieb nur insofern unvollständig, als Preußen den Beitritt Österreichs immer wieder abblockte.

Auch der politische Zusammenschluß war auf den Weg gebracht. Früher oder später – wahrscheinlich früher – hätte es in Frankfurt am Main eine gesamtdeutsche Volksvertretung gegeben, so wie sie von den Mittelstaaten energisch gefordert und von Österreich schon längst nicht mehr abgelehnt wurde. Sicher nicht auf der Basis des allgemeinen Wahlrechts; aber mit zumindest denselben parlamentarischen Rechten wie sie auch der Bismarcksche Reichstag besitzen sollte. Übrigens auch mit einem starken Liberalismus, dem der Bruch von 1866 erspart geblieben wäre.

Es blieb die heikle Frage nach der Zentralgewalt. Hier gab es seit Beginn der sechziger Jahre eine Reihe von Lösungsmodellen; das des hessischen Diplomaten Karl Hofmann zum Beispiel: Es sah ein dreiköpfiges Direktorium („Bundesrat") mit Sitz in Frankfurt vor, zusammengesetzt aus je einem Vertreter Österreichs, Preußens und der Mittel- und Kleinstaaten. Vorsitz und Ressortverteilung (Auswärtiges, Inneres, Militärangelegenheiten) sollten in regelmäßigen Abständen wechseln.

Man könnte einwenden, daß eine solche Kompromißlösung nicht jedem und nicht allem gerecht geworden wäre. Daß auch ein erneuerter, mit parlamentarischen und zentralistischen Elementen renovierter Deutscher Bund niemals den Grad an Geschlossenheit erreicht hätte, den das System Bismarck aufwies. Man müßte dann allerdings auch erklären, wem diese Geschlossenheit eigentlich genützt und wohin sie am Ende geführt hat.

Ein anderer Einspruch führt in die entgegengesetzte Richtung: Der Deutsche Bund, so wird manchmal behauptet, wäre nach geglückter Modernisierung nicht zu schwach, sondern im Gegenteil: zu stark geworden. Eine Gefahr für das europäische Gleichgewicht also. Thomas Nipperdey beispielsweise gab zu bedenken, ob „Europa eine wenn auch lockere Zusammenfassung der mitteleuropäischen Kräfte, bei der doch aus zwei Großmächten eine geworden wäre, hingenommen hätte".[262] Das ist leicht auszuräumen: Europa hat diese Machtkonzentration ja hingenommen; mehr noch, es hat sie auf dem Wiener Kongreß selbst beschlossen. Österreich, Preußen und die übrigen deutschen Staaten waren ja bereits seit 1815 völkerrechtlich – und wie man daher glaubte, untrennbar – miteinander verbunden; der Deutsche Bund war in sicherheitspolitischer Hinsicht ja nichts anderes als ein unkündbares Militärbündnis zwischen drei Dutzend mitteleuropäischen Staaten, darunter zwei Großmächten. Und als der juristisch-diplomatische Aspekt in den sechziger Jahren an Bedeutung verlor – dank Bismarck –, da wirkte die nationale Komponente um so stärker: Eine dauerhafte Entfremdung zwischen Preußen-Deutschland und der österreichisch-ungarischen Monarchie, ein möglicher Krieg zwischen „Reichsdeutschen" und Deutschösterreichern, war nach 1871 kein Thema mehr. Der Nationalstaat der Hohenzollern – nunmehr endgültig etabliert – galt nun fast als so etwas wie das Mutterland der deutschsprachigen Österreicher; Kaiser Franz Joseph selbst fühlte sich immer noch als ein deutscher Fürst. So war der weitere Weg vorgegeben. Schon mit Rücksicht auf die Nationalgefühle der Deutschösterreicher blieb Wien auf die Zusammenarbeit mit dem Bismarckreich festgelegt. Eine Zusammenheit, die von Bismarck gönnerhaft gepflegt wurde. Das großdeutsch-mitteleuropäische Kräftesystem von 1815 existierte also im Grunde genommen bis 1918 weiter. Nur mit einem erheblichen Unterschied: die Gewichte waren seit 1866 einseitig verschoben; Österreich geschwächt und Preußen-Deutschland bis zur Unkenntlichkeit gestärkt. Preußen, die jüngste und aggressivste europäische Großmacht, ein Staat mit atemberaubenden imperialistischen Anwandlungen – 1740 wie 1866 – übernahm nun die Führungsrolle. Das ging nicht gut.

Die altpreußisch-militaristische Eroberungstradition – ergänzt durch den naiven Chauvinismus des deutschen Bürgerums – schlug 1914 wieder voll durch: Vertragsbruch, Ultimatum, Blitzkrieg im Westen – alles auf eine Karte; nur diesmal ohne Erfolg. Österreich-Ungarn degenerierte zum Juniorpartner des Deutschen Reiches (das zum Schlag gegen Serbien ausdrücklich ermuntert hatte); nach der Bündnisfreiheit verlor die Habsburgermonarchie mehr und mehr auch ihre Handlungsfreiheit. In den Jahren 1917 und 1918 war die Wiener Regierung schon nicht mehr in der Lage, gegen den Willen Deutschlands in Friedensverhandlungen einzutreten; der kompromißwillige Kaiser Karl mußte den Weltkrieg bis zum bitteren Ende mitmachen. Bis sein ganzes Reich, die multikulturelle Ordnungsmacht Österreich-Ungarn, von der Landkarte verschwunden war.

Übersicht über die gegnerischen Landheere und Flotten

(Stand Ende Juni/Anfang Juli 1866)

Vorbemerkung: Brigaden ohne nähere Bezeichnung sind als Infanterieeinheiten zu verstehen (ggf. mit Jäger- u. Artillerieverstärkung). Der Zusatz „Kombiniert" weist auf Kavallerieverstärkung hin. Divisionen ohne nähere Bezeichnung sind in der Regel gemischte Verbände, jedoch immer mit überwiegendem Infanterieanteil. Gleiches gilt für die im preußischen Heer vorübergehend formierten und daher nicht numerierten „Zusammengestellten Divisionen". Bei reinen Kavallerieverbänden wird die Waffengattung ausdrücklich genannt („Schwere Kavalleriebrigade"; „Reiterdivision" etc.).

ÖSTERREICHISCHES FELDHEER
(Grundeinteilung)

Oberster Befehlshaber: Kaiser Franz Joseph I.
Generalstabschef: FML Frhr. von Henikstein (zur Nordarmee abkommandiert)
Generaladjutant: FML Graf Crenneville

A. NORDARMEE

Oberkommandant: FZM Ritter von Benedek
Generalstabschef: FML Frhr. von Henikstein
Chef der Operationskanzlei: GM Ritter von Krismanić (ab 3.7.: GM von Baumgarten)

I. Korps: GdK Graf Clam-Gallas (ab 2.7.: GM Graf Gondrecourt)
Brigade GM Graf Leiningen
Brigade GM Frhr. von Ringelsheim
Brigade GM von Poschacher
Brigade GM Frhr. von Piret
Kombinierte Brigade GM Ritter von Abele
Korps-Geschützreserve

II. Korps: FML Graf Thun-Hohenstein
Brigade GM Ritter von Henriquez
Brigade GM Herzog Wilhelm von Württemberg
Brigade Oberst Ritter von Thom
Brigade GM Baron Saffran

ein Ulanenregiment als Korpskavallerie
Korps-Geschützreserve

III. Korps: FML Erzherzog Ernst
Brigade Oberst Benedek
Brigade GM Ritter von Appiano
Brigade Oberst Frhr. von Prochaska
Brigade Oberst Manger von Kirchsberg
zwei Eskadronen Ulanen als Korpskavallerie
Korps-Geschützreserve

IV. Korps: FML Graf Festetics de Tolna
(ab 3. 7. vormittags FML Frhr. von Mollinary, 3. 7. spätnachmittags GM Erzherzog Joseph)
Brigade Oberst Fleischhacker
Brigade GM Erzherzog Joseph
Brigade GM von Brandenstein
Brigade Oberst Pöckh
ein Husarenregiment als Korpskavallerie
Korps-Geschützreserve

VI. Korps: FML Frhr. von Ramming
Brigade GM von Hertweck
Brigade Oberst Frhr. von Waldstätten
Brigade Oberst von Jonak
Brigade GM von Rosenzweig
ein Ulanenregiment als Korpskavallerie
Korps-Geschützreserve

VIII. Korps: FML Erzherzog Leopold (ab 29.6.: GM von Weber)
Brigade GM Schulz
Brigade GM Graf Rothkirch
Brigade GM Fragnern
Brigade Oberst von Kreysern
ein Ulanenregiment als Korpskavallerie
Korps-Geschützreserve

X. Korps: FML Frhr. von Gablenz
Brigade Oberst Grivicic
Brigade Oberst Mondel
Brigade GM Frhr. von Wimpffen
Brigade GM von Knebel
drei Eskadronen Ulanen als Korpskavallerie
Korps-Geschützreserve

1. Leichte Kavalleriedivision GM Frhr. von Edelsheim
2. Leichte Kavalleriedivision GM Prinz von Thurn und Taxis
1. Schwere Kavalleriedivision FML Prinz von Schleswig-Holstein-Sonderburg-Glücksburg
2. Schwere Kavalleriedivision GM von Zaitschek
3. Schwere Kavalleriedivision GM Graf Coudenhove

Armee-Geschützreserve Oberst von Tiller
Technische Truppen Oberst von Pidoll

Kgl. Sächsische Armee

Sächsisches Korps: GdI Kronprinz Albert von Sachsen
1. Division GLt von Schimpff
2. Division GLt von Stieglitz
Reiterdivision GLt Frhr. von Fritsch
Reserveartillerie

B. SÜDARMEE

Oberkommandant: FM Erzherzog Albrecht
Generalstabschef: GM Frhr. von John
Chef der Operationskanzlei: Oberst von Stubenrauch

V. Korps: GM Frhr. von Rodich
Brigade Oberst Bauer
Brigade GM Möring
Kombinierte Brigade GM Frhr. von Piret
Korps-Geschützreserve

VII. Korps: FML Frhr. von Maroicic
Brigade Oberst von Töply
Brigade GM Frhr. von Scudier
Kombinierte Brigade Oberst Graf Welsersheimb
Korps-Geschützreserve

IX. Korps: FML Hartung
Kombinierte Brigade GM von Kirchsberg
Brigade Ritter von Weckbecker
Brigade Oberst Böck
Korps-Geschützreserve

Reservedivision GM von Rupprecht
Armee-Reservekavallerie Oberst Pulz
Technische Truppen GM von Radó
Mobile Streifbrigade (= Kombinierte Brigade) Oberst Zastavnikovic

Truppen in Tirol: GM Frhr. von Kuhn
Truppen in Istrien: FML Frhr. von Wezlar

HANNOVERSCHE ARMEE

Oberkommando: GLt von Arentschildt
Generalstabschef: Oberst Cordemann

1. (kombinierte) Brigade GM von dem Knesebeck
2. (kombinierte) Brigade Oberst de Baux
3. (kombinierte) Brigade Oberst von Bülow-Stolle
4. (kombinierte) Brigade GM von Bothmer
eine schwere Kavalleriebrigade als Reservekavallerie
Reserveartillerie

BAYERISCHE ARMEE (7. BUNDESARMEEKORPS)

Oberkommando: FM Prinz Karl von Bayern
Generalstabschef: GLt Frhr. von der Tann

1. Division GM von Stephan
2. Division GLt von Feder
3. Division GLt von Zoller
4. Division GLt von Hartmann
Reservekavalleriekorps GdK Fürst von Thurn und Taxis
Reserveartillerie GM Graf Bothmer

8. BUNDESARMEEKORPS

Oberkommando: GdI Prinz Alexander von Hessen
Generalstabschef: GLt von Baur

1. (württembergische) Division GLt von Hardegg
2. (badische) Division GLt Prinz Wilhelm von Baden
3. (großherzoglich hessische) Division GLt von Perglas
4. (österreichisch-nassauische) Division FML Graf Neipperg
Reservekavalleriedivision GLt von Entreß-Fürsteneck
Reserveartillerie Oberst Seederer

PREUSSISCHES FELDHEER
(Grundeinteilung)

Oberster Befehlshaber: König Wilhelm I.
Generalstabschef: GdI Frhr. von Moltke
Generalquartiermeister: GM von Podbielski

BÖHMISCHER KRIEGSSCHAUPLATZ

A. Erste Armee

Oberbefehlshaber: GdK Prinz Friedrich Karl von Preußen
Generalstabschef: GLt von Voigts-Rhetz

III. Armeekorps
(Divisionen sind für die Dauer des Feldzuges dem Armeeoberkommando direkt unterstellt)
5. Division GLt von Tümpling
6. Division GLt von Manstein

IV. Armeekorps
(Divisionen sind für die Dauer des Feldzuges dem Armeeoberkommando direkt unterstellt)
7. Division GLt von Fransecky
8. Division GLt von Horn

II. Armeekorps: GLt von Schmidt
3. Division GLt von Werder

4. Division GLt Herwarth von Bittenfeld
eine schwere Kavalleriebrigade als Korpskavallerie
Korps-Reserveartillerie

Kavalleriekorps: GdK Prinz Albrecht von Preußen
1. Kavalleriedivision GM von Alvensleben
2. Kavalleriedivision GM Hann von Weyern
Korps-Reserveartillerie

Armee-Reserveartillerie GM von Schwarz

B. Zweite Armee

Oberbefehlshaber: GdI Kronprinz Friedrich Wilhelm von Preußen Generalstabschef: GM von Blumenthal

Gardekorps: GdK Prinz August von Württemberg
1. Garde-Division GLt Frhr. Hiller von Gaertringen
2. Garde-Division GLt von Plonski
eine schwere Kavalleriebrigade als Korpskavallerie
Korps-Reserveartillerie

I. Armeekorps: GdI von Bonin
1. Division GLt von Großmann
2. Division GLt von Clausewitz
eine Schwere Kavalleriebrigade als Korpskavallerie
Korps-Reserveartillerie

V. Armeekorps: GdI von Steinmetz
9. Division GM von Loewenfeld
10. Division GLt von Kirchbach
Korps-Reserveartillerie

VI. Armeekorps: GdK von Mutius
11. Division GLt von Zastrow
12. Division GLt von Prondzynski
ein Husarenregiment als Korpskavallerie
Korps-Artilleriereserve

Kavalleriedivision GM von Hartmann als Armee-Reservekavallerie

C. Elbarmee

Oberbefehlshaber: GdI Herwarth von Bittenfeld
Generalstabschef: Oberst von Schlotheim

14. Division GLt Graf zu Münster-Meinhövel
15. Division GLt Frhr. von Canstein
16. Division GLt von Etzel
zwei Kavalleriebrigaden als Armee-Reservekavallerie
Armee-Reserveartillerie

WESTARMEE (MAINARMEE)

Oberbefehlshaber: GdI Vogel von Falckenstein
Generalstabschef: Oberst von Kraatz-Koschlau

13. Division GLt von Goeben
„Korps Manteuffel" (= zusammengestellte Division) GLt Frhr. von Manteuffel
Zusammengestellte Division GM von Beyer

ITALIENISCHE ARMEE

Oberbefehlshaber: König Viktor Emanuel II.
Generalstabschef: Gen Ferrero La Marmora
Stellv. Generalstabschef: Oberst Bariola

A. Hauptarmee am Mincino

I. Korps: Gen Durando
1. Division Cerale
2. Division Pianell
3. Division Brignone
5. Division Sirtori
drei Reiterregimenter als Korpskavallerie
Korps-Geschützreserve

II. Korps: GLt Cucchiari
4. Division Mignano
6. Division Cosenz
10. Division Angioletti
19. Division Longoni
zwei Reiterregimenter als Korpskavallerie
Korps-Geschützreserve

III. Korps: Gen Della Rocca
7. Division Bixio
8. Division Cugia
9. Division Govone
16. Division Kronprinz Umberto von Italien
drei Reiterregimenter als Korpskavallerie
Korps-Geschützreserve

Reservekavalleriedivision GLt de Sonnaz
Armee-Geschützreserve Oberst Mattei

B. Armee am unteren Po

IV. Korps: Gen Cialdini
11. Division Casanova
12. Division Ricotti
13. Division Mezzacapo
14. Division Chiabrera

15. Division Medici
17. Division Cadorna
18. Division Della Chiesa
20. Division Franzini
zwei Reiterbrigaden als Korpskavallerie
Korps-Geschützreserve

ITALIENISCHE FLOTTE

Kommandant: Admiral Graf Persano

Flaggschiffe: „Re d'Italia" (bis 20. Juli vormittags), dann „Affondatore"

A. Gepanzertes Turmschiff (4000 t): „Affondatore"

B. Panzerfregatten

Re d'Italia-Klasse (5700 t): „Re d'Italia", „Re di Portogallo" Ancona-Klasse (4250 t): „Ancona", „Castelfidero", „Maria Pia" San Martino Carignano-Klasse (4000 t): „Principe di Carignano"

C. Panzerkorvetten

Formidable-Klasse (2700 t): „Formidabile", „Terrible"

D. Gepanzerte Kanonenboote Palestro-Klasse (2000 t): „Palestro", „Varese"

E. Ungepanzerte Kriegsschiffe: 18 Fregatten, Korvetten und Kanonenboote

F. Hilfsfahrzeuge: Proviantschiff, Spitalsschiff, div. kleinere Fahrzeuge

ÖSTERREICHISCHE FLOTTE

Kommandant: Konteradmiral von Tegetthoff

Flaggschiff: „Erzherzog Ferdinand Max"

A. Gepanzertes Turmschiff (nicht vorhanden)

B. Panzerfregatten

Habsburg-Klasse (5100 t): „Erzherzog Ferdinand Max", „Habsburg" Kaiser Max-Klasse (3600 t): „Kaiser Max", „Prinz Eugen", „Don Juan d'Austria" Salamander-Klasse (3000 t): „Drache", „Salamander"

C. Panzerkorvetten (nicht vorhanden)

D. Gepanzerte Kanonenboote

Aviso Raddampfer (1500 t): „Kaiserin Elisabeth"

E. Ungepanzerte Kriegsschiffe

Linienschiff „Kaiser" (5200 t)
5 Fregatten
1 Korvette
12 größtenteils kleinere Kanonenboote

Abkürzungsverzeichnis

FM	Feldmarschall
FML	Feldmarschalleutnant (österr., dem Generalleutnant vergleichbar)
Frhr.	Freiherr
FZM	Feldzeugmeister (österr., dem General vergleichbar)
GdI	General der Infanterie
GdK	General der Kavallerie
Gen	General
GFM	Generalfeldmarschall
GLt	Generalleutnant
GM	Generalmajor
k. k.	kaiserlich-königlich (österr.)

Quellen- und Literaturverzeichnis

A. Quellen

Heinrich ABEKEN, Ein schlichtes Leben in bewegter Zeit. Aus Briefen zusammengestellt, Berlin 1898.
ALICE Großherzogin von Hessen und bei Rhein, Prinzessin von Großbritanien und Irland, Mittheilungen aus ihrem Leben und ihren Briefen, Darmstadt 1883 (Neudruck 1983).
R. von ARNIM, Erinnerungen aus dem Feldzug von 1866, Hannover 1868.
DIE AUSWÄRTIGE POLITIK PREUSSENS 1858–1871 [APP]. Diplomatische Aktenstücke. Hrsg. vom Reichsinstitut für die Geschichte des neuen Deutschlands unter Leitung von Arnold Oskar Meyer und von der Historischen Reichskommission unter Leitung von Erich Brandenburg, Otto Hoetzsch und Hermann Oncken, Bde. 6 und 8, Oldenburg 1934 und 1939.
BENEDEKS nachgelassene Papiere. Hrsg. von Heinrich Friedjung, Leipzig 1901.
Ernst BERNER (Hrsg.), Kaiser Wilhelms des Großen Briefe, Reden und Schriften, 2 Bde., Berlin 1906.
Friedrich Ferdinand Graf von BEUST, Aus drei Vierteljahrhunderten. Erinnerungen und Aufzeichnungen, 2 Bde. Stuttgart 1887.
Otto von BISMARCK, Dokumente seines Lebens 1815–1898. Hrsg. von Heinz Wolter, Leipzig 1986.
(Otto von) BISMARCK, Die Gesammelten Werke, Bde. 5, 7, 14,2 und 15, Berlin 1924–1933.
BRIEFE DES GENERALS DER INFANTERIE VON VOIGTS-RHETZ aus den Kriegsjahren 1866 und 1870/71. Hrsg. von A von Voigts-Rhetz, Berlin 1906.
BRIEFE KAISER FRANZ JOSEPHS AN KAISERIN ELISABETH 1859–1898. Hrsg. von Georg Nostiz-Rieneck, 2 Bde. Wien 1966.
BRIEFE KAISER FRANZ JOSEPHS I. AN SEINE MUTTER 1838–1872. Hrsg. und eingeleitet von Franz Schnürer, München 1930.
DENKWÜRDIGKEITEN DES PREUSSISCHEN GENERALS DER INFANTERIE EDUARD VON FRANSECKY. Hrsg. von Walter von Bremen, 2 Bde., Berlin 1913.
(Prinz Alexander von Hessen) FELDZUGS-JOURNAL des Oberbefehlshabers des 8ten deutschen Bundes-Armee-Corps im Feldzuge des Jahres 1866 in Westdeutschland, Darmstadt 1867.
Hans FENSKE, Der Weg zur Reichsgründung 1850–1870, Darmstadt 1977 (= Quellen zum politischen Denken der Deutschen im 19. und 20. Jahrhundert 5).
Richard Freiherr von FRIESEN, Erinnerungen aus meinem Leben, 3 Bde. Dresden 1882–1910 (Bd. 3 aus dem Nachlaß hrsg. von Heinrich Frhr. von Friesen).
Ernst Ludwig von GERLACH, Die Annexionen und der Norddeutsche Bund, Berlin 1866.
Ders., Krieg und Bundesreform, Berlin 1866.
Wilhelm Ritter GRÜNDORF von Zebegény, Memoiren eines österreichischen Generalstäblers 1832–1866, Stuttgart 2. Aufl. 1913.
Generalfeldmarschall (Paul) von HINDENBURG, Aus meinem Leben, Leipzig 1934
Prinz Kraft zu HOHENLOHE-INGELFINGEN, Aus meinem Leben, 4 Bde., Berlin 1897–1907.
IM RING DER GEGNER BISMARCKS. Denkschriften und politischer Briefwechsel Franz von Roggenbachs mit Kaiserin Augusta und Albrecht von Stosch 1865–1896. Bearb. und hrsg. von Julius Heyderhoff, Leipzig 1943 (= Deutsche Geschichtsquellen des 19. Jahrhunderts 35).

Le prince de JOINVILLE, Encore un mot sur Sadowa, Brüssel 1868.

Robert von KEUDELL, Fürst und Fürstin Bismarck. Erinnerungen aus den Jahren 1864–1871, Berlin 1901.

Ingeborg KÖPKE, Bismarck-Museum Friedrichsruh, Neumünster 3. Aufl. 1989 (= Führer zu schleswig-holsteinischen Museen 2).

LEOPOLD Prinz von Bayern (1846–1930). Aus seinen Lebenserinnerungen. Hrsg. von Hans-Michael und Ingrid Körne, Regensburg 1983.

Die LETZTEN HABSBURGER in Augenzeugenberichten, Hrsg. und eingeleitet von Hans Flesch-Brunningen, München 1982.

(Walther) Freiherr von LOE, Erinnerungen aus meinem Berufsleben, Stuttgart 1906.

LUDWIG II. von Bayern in Augenzeugenberichten. Hrsg. und eingeleitet von Rupert Hacker, München 2. Aufl. 1980.

Alphons (Ferrero) LA MARMORA, Etwas mehr Licht. Enthüllungen über die politischen und militärischen Ereignisse des Jahres 1866, Mainz 1873.

H. O. MEISNER (Hrsg.), Friedrich III., Tagebücher 1848–1866, Leipzig 1929.

Robert von MOHL, Lebenserinnerungen 1799–1875, 2 Bde. Stuttgart 1902.

Anton Freiherr von MOLLINARY, Sechsundvierzig Jahre im österreich-ungarischen Heere 1833–1879, 2 Bde. Zürich 1905.

Graf zu MÜNSTER, Mein Antheil an den Ereignissen des Jahres 1866 in Hannover, Hannover 2. Aufl. 1868.

ÖSTERREICHS KÄMPFE im Jahr 1866. Nach Feldakten bearbeitet durch das k. k. Generalstabsbureau für Kriegsgeschichte, 6 Bde., Wien 1867–1868.

Hermann ONCKEN, Rudolf von Bennigsen. Ein deutscher liberaler Politiker. Nach seinen Briefen und hinterlassenen Papieren, 2 Bde., Stuttgart 1910.

Ders., Großherzog Friedrich I. von Baden und die deutsche Politik von 1854–1871. Briefwechsel-Denkschriften-Tagebücher. Hsg. von der Badischen Historischen Kommission. Bearb. von Hermann Oncke, Bd. 1–2 Stuttgart 1927 (Nachdruck Osnabrück 1966) (= Deutsche Geschichtsquellen des 19. Jahrhunderts 22–23).

Ders., Die Rheinpolitik Kaiser Napoleons III. von 1863 bis 1870 und der Ursprung des Krieges von 1870/71. Nach den Staatsakten von Österreich, Preußen und den süddeutschen Mittelstaaten, Bd. 1–3 Berlin 1926 (= Deutsche Geschichtsquellen des 19. Jahrhunderts 19–21).

Werner PÖLS (Hrsg.), Deutsche Sozialgeschichte 1815–1870. Ein historisches Lesebuch, München 4. Aufl. 1988.

DIE PROTOKOLLE DES ÖSTERREICHISCHEN MINISTERRATES 1848–1867. Hrsg. von Österreichischen Komitee für die Veröffentlichung der Ministerratsprotokolle, Abt. VI, Bde. 1–2, Wien 1971–1973.

QUELLEN ZUR DEUTSCHEN POLITIK ÖSTERREICHS 1859–1866. Unter Mitwirkung von Oskar Schmid hrsg. von Heinrich Ritter von Srbik, Bd. 1–5 Oldenburg 934–1938 (= Deutsche Geschichtsquellen des 19. Jahrhunderts 29–33).

Karl Friedrich von SAVIGNY 1814–1875. Briefe, Akten, Aufzeichnungen aus dem Nachlaß eines preußischen Diplomaten der Reichsgründungszeit. Ausgewählt von Willy Real, 2 Bde. Boppard 1981 (= Deutsche Geschichtsquellen des 19. und 20. Jahrhunderts 53).

H. SCHULTHESS (Hsg.), Europäischer Geschichtskalender, 7. Jg. 1866. Nördlingen 1867.

Admiral Max Freiherr von STERNECK, Erinnerungen aus den Jahren 1847–1897, Wien 1901.

Baron STOFFEL, Militärische Berichte. Erstattet aus Berlin 1866–1870, Berlin 1872.

Ulrich von STOSCH (Hrsg.), Albrecht von Stosch. Denkwürdigkeiten, Stuttgart 1904.

Das TAGEBUCH DER BARONIN SPITZEMBERG geb. Freiin von Varnbühler. Aufzeichnungen aus der Hofgesellschaft des Hohenzollernreiches. Ausgewählt und hrsg. von Rudolf Vierhaus. Mit einem Vorwort von Peter Rassow, Göttingen 1960 (= Deutsche Geschichtsquellen des 19. und 20. Jahrhunderts 43).

TAGEBÜCHER DES GENERALFELDMARSCHALLS GRAF VON BLUMENTHAL aus den Jahren 1866 und 1870/71. Hrsg. von Albrecht Graf von Blumenthal, Stuttgart 1902.

Die TAGEBÜCHER DES FREIHERRN REINHARD VON DALWIGK ZU LICHTENFELS aus den Jahren 1860–1871. Hrsg. von Wilhelm Schüssler, Stuttgart–Berlin 1920 (= Deutsche Geschichtsquellen des 19. Jahrhunderts 2).

J. von VERDY DU VERNOIS, Im Hauptquartier der Zweiten Armee 1866, Berlin 1900.

(Elisabeth Gräfin von Wartensleben) Hermann Graf von WARTENSLEBEN-CAROW, Ein Lebensbild 1826–1921, Berlin 1923.

(Clemens August) Graf von WESTPHALEN, Meine Stellung zur Politik Bismarcks, Mainz 1867.

G. WOLFRAM (Hrsg.), Die hannoversche Armee und ihre Schicksale in und nach der Katastrophe von 1866. Aufzeichnungen und Akten des hannoverschen Generalstabschefs Oberst Cordemann, Hannover 1904 (= Quellen und Darstellungen zur Geschichte Niedersachsens 15).

N. N., Notizen über die preußische Armee, Wien 1866.

B. Literatur

Johann Christoph ALLMAYER-BECK, Der Feldzug der österreichischen Nord-Armee nach Königgrätz, in: Groote/Gersorff, Entscheidung 1866, SS. 105–141.

Renate BASCH-RITTER, Österreich auf allen Meeren. Geschichte der k. (und) k. Kriegsmarine 1382 bis 1918, Graz 1987.

Rolf BAUER, Österreich. Ein Jahrtausend Geschichte im Herzen Europas, Berlin 1970.

Hermann BAUMGARTEN/Ludwig JOLLY, Staatsminister Jolly. Ein Lebensbild, Tübingen 1897.

Otto BECKER, Bismarcks Ringen um Deutschlands Gestaltung. Hrsg. und ergänzt von Alexander SCHARFF, Heidelberg 1958.

Friedrich BEICHE, Bismarck und Italien. Ein Beitrag zur Vorgeschichte des Krieges von 1866, Berlin 1931.

Heinrich BENEDIKT, Die Monarchie des Hauses Österreich. Ein historischer Essay, München 1968.

Viktor BIBL, Der Zerfall Österreichs. Bd. 2: Von Revolution zu Revolution, Wien 1924.

Andreas BIEFANG, Politisches Bürgertum in Deutschland 1857–1868. Nationale Organisationen und Eliten, Düsseldorf 1994.

Rüdiger Freiherr von BIEGELEBEN, Ludwig Freiherr von Biegeleben. Ein Vorkämpfer des großdeutschen Gedankens, Zürich 1930.

Jean Paul BLED, Franz Joseph. "Der letzte Monarch der alten Schule", Wien 1988.

Carl BLEIBTREU, Königgrätz, o. O., o. J.

Thomas von BOGYAY, Grundzüge der Geschichte Ungarns, Darmstadt 4. Aufl. 1990.

F. R. BRIGDE, The Habsburg Monarchy among the Great Powers, New York 1990.

Ernst BUCHFINK, Feldmarschall Graf von Haeseler, Berlin 1929.

Francis L. CARSTEN, Geschichte der preußischen Junker, Frankfurt/M. 1988 (= edition suhrkamp NF 273. Neue Historische Bibliothek).

W. H. CHALONER/W. O. HENDERSON, Engels as Military Critic, Manchester 1959.

Chester Wells CLARK, Franz Joseph and Bismarck. The Diplomacy of Austria before the War of 1866, Cambrigde/Mass. 1934 (= Harvard Historical Studies 36).

Egon Caesar Conte CORTI, Unter Zaren und gekrönten Frauen. Schicksal und Tragik europäischer Kaiserreiche an Hand von Briefen, Tagebüchern und Geheimdokumenten der Zarin Marie von Rußland und des Prinzen Alexander von Hessen, Salzburg 6. Aufl. 1936.

Egon Caesar Conte CORTI/Hans SOKOL, Franz Joseph. Im Abendglanz einer Epoche, Graz 6. Aufl. 1990.

Gordon A. CRAIG, Königgrätz, Wien 1966.

Michael DERNDARSKY, Das Klischee von "Ces Messieurs de Vienne". Der österreichisch-französische Geheimvertrag vom 12. Juni 1866 – Symptom für die Unfähigkeit der österreichischen Außenpolitik?, in: Historische Zeitschrift 235 (1982), SS. 289–353.

Richard DIETRICH, Das Jahr 1866 und das Dritte Deutschland, in: Europa und der Norddeutsche Bund. Hrsg. von Richard Dietrich, Berlin o. J., SS. 85–108.

Marion Gräfin DÖNHOFF, Preußen. Maß und Maßlosigkeit, o. O. 1992.

Richard B. ELROD, Bernhard von Rechberg and the Metternichian Tradition. The Dilemma of conservative Statescraft, in: Journal of Modern History 56 (1984), SS. 430–455.

Ernst ENGELBERG, Bismarck. Urpreuße und Reichsgründer, Berlin 1985.

Erich EYCK, Bismarck. Leben und Werk, Bd. 2, Erlenbach 1943.

Ders., Bismarck und das Deutsche Reich, München 5. Aufl. 1981. Wolfgang FÖRSTER, Friedrich Karl Prinz von Preußen. Denkwürdigkeiten aus seinem Leben, 2 Bde., Stuttgart 1910.

Hans FRANCK, Mecklenburg, in: Deutschland. Ein Hausbuch, Gütersloh 5. Aufl. 1960, SS. 434–450.

Eugen FRANZ, Der Entscheidungskampf um die wirtschaftspolitische Führung Deutschlands (1856–1867), München 1933 (= Schriftenreihe zur bayerischen Landesgeschichte 12).

Ders., Ludwig Freiherr von der Pfordten, München 1938 (= Schriftenreihe zur bayerischen Landesgeschichte 29).

Emil FRANZEL, 1866. Il Mondo casca. Das Ende des alten Europa, 2 Bde. Wien 1968.

Werner FRAUENDIENST, Das Jahr 1866. Preußens Sieg – die Vorstufe des Deutschen Reiches, Göttingen 1966 (= Historisch-Politische Hefte der Ranke-Gesellschaft 20).

Heinrich FRIEDJUNG, Custoza und Lissa, Leipzig 1915 (= Österreichische Bibliothek 3).

Ders., Der Kampf um die Vorherrschaft in Deutschland 1859 bis 1866, 2 Bde. Stuttgart 1897–1898.

Rupert FURNEAUX, The Breakfast War, New York 1958.

Lothar GALL, Bismarck, Der weiße Revolutionär, Frankfurt/M. 1980.

Ders., Gall, Der Liberalismus als regierende Partei. Das Großherzogtum Baden zwischen Restauration und Reichsgründung, Wiesbaden 1968 (= Veröffentlichungen des Instituts für Europäische Geschichte Mainz 47).

Herbert GEUSS, Bismarck und Napoleon III. Ein Bismarck zur Geschichte der preußisch-französischen Beziehungen 1851–1871, Köln 1959 (= Kölner Historische Abhandlungen 1).

Edmund von GLAISE-HORSTENAU, Franz Josephs Weggefährte. Das Leben des Generalstabschefs Grafen Beck, Zürich 1930.

Wolfgang von GROOTE/Ursula von GERSDORFF (Hrsg.), ENTSCHEIDUNG 1866. Der Krieg zwischen Österreich und Preußen, Stuttgart 1966.

Sebastian HAFFNER, Von Bismarck zu Hitler, München 1987.

Brigitte HAMANN (Hsg.), Die Habsburger. Ein biographisches Lexikon, München 1988.

Paul HASSEL, Aus dem Leben des Königs Albert von Sachsen, Bd. 2: König Albert als Kronprinz, Berlin 1900.

Franz HERRE, Kaiser Friedrich III. Deutschlands liberale Hoffnung, Stuttgart 1987.

Ders., Kaiser Wilhelm I. Der letzte Preuße, Köln 1980.

Ders., Napoleon III. Glanz und Elend des Zweiten Kaiserreichs, München 1990.

Adalbert HESS, Das Parlament, das Bismarck widerstrebte. Zur Politik und sozialen Zusammensetzung des preußischen Abgeordnetenhauses der Konfliktszeit (1862–1866) (= Politische Forschungen 6), Köln 1964.

Karl Heinrich HÖFELE, Königgrätz und die Deutschen von 1866, in: Geschichte in Wissenschaft und Unterricht 17 (1966), SS. 393–416.

Ernst Rudolf HUBER, Die Bismarcksche Bundesverfassung im Zusammenhang mit der deutschen Verfassungsgeschichte, in: Theodor SCHIEDER/Ernst DEUERLEIN (Hrsg.), Reichsgründung 1870/71. Tatsachen-Kontroversen-Interpretationen, Stuttgart 1970, SS. 164–196

Rolf HÜBNER, Das Weltbad Bad Ems und seine berühmten Kurgäste, in: Der Rhein-Lahn-Kreis.

Landschaft – Geschichte – Kultur unserer Heimat. Hrsg. von der Kreisverwaltung des Rhein-Lahn-Kreises, Oberwesel/Rhein 1987, SS. 42–58.

Ludwig JEDLICKA, Vom Kaisertm Österreich zur Doppelmonarchie Österreich-Ungarn, in: Groote/Gersdorff, Entscheidung 1866, SS. 243–271.

C. JUNCK, Aus dem Leben des k. k. Generals der Kavallerie Ludwig Freiherrn von Gablenz, Wien 1874.

Robert A. KANN, Geschichte des Habsburgerreiches 1526–1918, Wien 1982 (= Forschungen zur Geschichte des Donauraumes 4).

Eberhard KAULBACH, Königgrätz, in: Groote/Gersdorff, Entscheidung 1866, SS. 142–195.

Eberhard KESSEL, Moltke, Stuttgart 1957.

Christian Graf von KROCKOW, Preußen. Eine Bilanz, Stuttgart 1992.

Wolf Arno KROPAT, Das Ende des Herzogtums (1850–1866), in: Herzogtum Nassau 1806–1866, Wiesbaden 1981, SS. 37–52.

Oscar von LETTOW-VORBECK, Geschichte des Krieges von 1866 in Deutschland, 3 Bde., Berlin 1896–1902.

Rudolf LILL, Beobachtungen zur preußisch-italienischen Allianz (1866), in: Quellen und Forschungen aus italienischen Archiven und Bibliotheken 44 (1964), SS. 467–527.

Ders., Geschichte Italiens in der Neuzeit, Darmstadt 4. Aufl. 1988.

Ders., Die Vorgeschichte der preußisch-italienischen Allianz (1866), in: Quellen und Forschungen aus italienischen Archiven und Bibliotheken 42/43 (1963), S. 505–570.

Ottokar LORENZ, Kaiser Wilhelm und die Begründung des Reiches 1866–1871. Nach Schriften und Mitteilungen beteiligter Fürsten und Staatsmänner, Jena 1902.

Philipp LOSCH, Der letzte deutsche Kurfürst Friedrich Wilhelm I. von Hessen, Marburg/L. 1937.

Heinrich LUTZ, Zwischen Habsburg und Preußen. Deutschland 1815–1866, Berlin 1985 (= Die Deutschen und ihre Nation 2).

Anton MAYR-HARTING, Der Untergang. Österreich-Ungarn 1848–1922, Wien 1988.

Alfred MEYER, Der Zollverein und die deutsche Politik Bismarcks. Eine Studie über das Verhältnis von Wirtschaft und Politik im Zeitalter der Reichsgründung, Frankfurt/M. 1986 (= Europäische Hochschulschriften III/288).

Hanns L. MIKOLETZKY, Österreich. Das entscheidende 19. Jahrhundert. Geschichte – Kultur – Wirtschaft, Wien 1972.

Hermann MISSENHARTER, Baden-Württemberg, in: Deutschland. Ein Hausbuch, Gütersloh 5. Aufl. 1960, SS. 92–136.

Klaus MÜLLER, Tegetthoffs Marsch in die Nordsee. Oeversee, Düppeler Schanzen, Helgoland im deutsch-dänischen Krieg 1864, Graz 1991.

Folkert NANNINGA, Zur "deutschen Politik" des württembergischen Außenministers von Varnbühler in den Jahren 1864–1870, in: Zeitschrift für württembergische Landesgeschichte 32 (1973), SS. 113–149.

Eberhard NAUJOKS, Bismarcks auswärtige Pressepolitik und die Reichsgründung (1865–1871), Wiesbaden 1968.

NEUES KONVERSATIONS-LEXIKON. Ein Wörterbuch des allgemeinen Wissens. Unter der Redaktion von H. Krause hsg. von Hermann J. Meyer, Bde. 2, 6, 8 und 12, Hildburghausen 2. Aufl. 1871.

Thomas NIPPERDEY, Deutsche Geschichte 1800–1866. Bürgerwelt und starker Staat, München 6. Aufl. 1993.

Günter OGGER, Die Gründerjahre. Als der Kapitalismus jung und verwegen war, München 1982.

Willi PAETZER, Das Herzogtum Nassau (1815–1866), in: Der Rhein-Lahn-Kreis. Landschaft-Geschichte-Kultur unserer Heimat. Hrsg. von der Kreisverwaltung des Rhein-Lahn-Kreises, Oberwesel/Rh. 1987, SS. 207–218.

Volquart PAULS. Geschichtliches Recht und nationales Recht in der Schleswig-Frag, in: Schleswig-Holstein zwischen Nord und Süd, Neumünster 1950, SS. 27–48.

E. Anne POTTINGER, Napoleon III. and the German Crisis 1865–1866, Cambrigde/Mass. 1966 (= Harvard Historical Studies 75).

Friedrich PRINZ, Geschichte Böhmens 1848–1948, München 1988.

Willy REAL, Der Deutsche Reformverein. Großdeutsche Stimmen und Kräfte zwischen Villafranca und Königgrätz, Lübeck 1966 (= Historische Studien 395).

Ders., Preußen und österreich im Vorfeld des Frankfurter Fürstentages. Ein Beitrag zur Geschichte der Bundesreform, in: Historisches Jahrbuch 86 (1966), SS. 339–393.

Josef REDLICH, Kaiser Franz Joseph von Österreich. Eine Biographie, New York 1929.

Oskar REGELE, Feldzeugmeister Benedek. Der Weg nach Königgrätz, Wien 1960.

Helmut REICHOLD, Bismarcks Zaunkönige. Duodez im 20. Jahrhundert. Eine Studie zum Föderalismus im Bismarckreich, Paderborn 1977 (= Sammlung Schöningh zur Geschichte und Gegenwart).

Werner RICHTER, Bismarck, Frankfurt/M. 1962.

Gerhard RITTER, Die preußischen Konservativen und Bismarcks deutsche Politik 1858–1876, Heidelberg 1913 (= Heidelberger Abhandlungen zur Mittleren und Neueren Geschichte 43).

Ders., Staatskunst und Kriegshandwerk. Das Problem des "Militarismus" in Deutschland, Bd. 1, München 1954.

Walter ROSENWALD, Prinz Alexander von Hessen als militärischer Führer im österreichisch-preußischen Krieg von 1866, in: Archiv für hessische Geschichte und Altertumskunde NF 42 (1984), SS. 207–227.

Hermann SCHÄFER (Hsg.), Ploetz Wirtschaftsgeschichte der deutschsprachigen Länder vom frühen Mittelalter bis zur Gegenwart, Freiburg/Br. 1989.

Elisabeth SCHEEBEN, Ernst II., Herzog von Sachsen-Coburg und Gotha. Studien zu Biographie und Weltbild eines liberalen deutschen Bundesfürsten zur Reichsgründungszeit, Frankfurt/M. 1987 (= Europäische Hochschulschriften III/342).

Franz SCHNABEL, Deutsche Geschichte im 19. Jahrhundert. Bd. 1–8, Freiburg/Br. 1970.

Klaus Schröter, Heinrich Mann, Reinbek 1967 (rowohlts monographien).

Hans-Joachim SCHOEPS, Der Weg ins deutsche Kaiserreich Frankfurt/M. 1970.

Hans-Peter SCHWARZ, Adenauer. Der Aufstieg. 1876–1952, Stuttgart 1986.

E. von SEYDLITZ, Kleines Lehrbuch der Geographie, Breslau 1905.

Alan SKED, Der Fall des Hauses Habsburg. Der unzeitige Tod eines Kaiserreiches, Berlin 1993.

Heinrich von SRBIK, Deutsche Einheit. Idee und Wirklichkeit vom Heiligen Reich bis Königgrätz, 4 Bde. München 1935–1942.

Ders., Der Geheimvertrag Österreichs und Frankreichs vom 12. Juni 1866, in: Historisches Jahrbuch 57 (1937), SS. 454–507.

Fritz STERN, Gold und Eisen. Bismarck und sein Bankier Bleichröder, Frankfurt/M. 1978.

Otto Graf zu STOLBERG-WERNIGERODE, Robert Heinrich Graf von der Goltz. Botschafter in Paris 1863–1869, Oldenburg 1941 (= Deutsche Geschichtsquellen des 19. Jahrhunderts 34).

Dietmar STÜBLER, Geschichte Italiens 1789 bis zur Gegenwart, Berlin 1987.

Michael STÜRMER, Bismarck. Die Grenzen der Politik, München 1987.

Heinrich von SYBEL, Die Begründung des deutschen Reiches durch Wilhelm I. Vornehmlich nach preußischen Staatsakten, Bd. 1–7, München 3. Aufl 1913.

Heinrich von TREITSCHKE, Deutsche Geschichte im 19. Jahrhundert, Bd. 1–5, 8.–11. Aufl. Leipzig 1923–1925.

Franco VALSECCHI, 1866. Ein Wendepunkt der italienischen Geschichte, Wiesbaden 1967 (= Institut für europäische Geschichte Mainz – Vorträge 47).

Ekkehard VERCHAU, Otto von Bismarck, München 1982.

Adam WANDRUSZKA, Schicksalsjahr 1866, Graz 1966.

Stanley WEINTRAUB, Queen Victoria. Eine Biographie, Zürich 2. Aufl. 1993.

Frederick WILKINSON, Alles über Handfeuerwaffen, Zollikon 1977.

Heinrich August WINKLER, 1866 und 1878: Der Machtverzicht des Bürgertums, in: Carola Stern/Heinrich August Winkler (Hrsg.), Wendepunkte deutscher Geschichte 1848–1945, Frankfurt 3. Aufl. 1982.

Ders., Preußischer Liberalismus und deutscher Nationalstaat.

800–1866. Bürgerwelt und starker Staat, München 6. Aufl. 1993, Studien zur Geschichte der deutschen Fortschrittspartei 1861–1866, Tübingen 1964.

Frank ZIMMER, „An dem guten Willen des Volkes fehlt es nicht . . . aber die Gelegenheit fehlt zur Tat". Ein Promemoria des Ministers von Dalwigk vom 10. Mai 1866, in: Archiv für hessische Geschichte und Altertumskunde NF 53 (1995), S. 285–292.

Ders., Karl von Hofmann und die Deutsche Frage. Zur hessen-darmstädtischen Politik in der Reichsgründungszeit, Phil. Diss. Mainz 1992.

Erich ZÖLLNER, Geschichte Österreichs. Von den Anfängen bis zur Gegenwart, Wien 8. Aufl. 1990.

Alvise ZORZI, Österreichs Venedig. Das letzte Kapitel der Fremdherrschaft 1798–1866, Düsseldorf 1990.

Anmerkungen

(1) Neues Konversations-Lexikon, Bd. 8, S. 569.

(2) Franck, Mecklenburg, S. 435.

(3) Vgl. Schröter, Heinrich Mann, S. 8.

(4) Neues Konversations-Lexikon, Bd. 8, S. 569.

(5) Vgl. Reichold, Bismarcks Zaunkönige, S. 60.

(6) Neues Konversations-Lexikon, Bd. 6, S. 1020.

(7) Ebenda.

(8) Vgl. Hübner, Das Weltbad Bad Ems, S. 42.

(9) Neues Konversations-Lexikon, Bd. 2, S. 618.

(10) Gall, Liberalismus.

(11) Missenharter, Baden-Württemberg, S. 136.

(12) Lutz, Zwischen Habsburg, S. 371.

(13) Ludwig II. von Bayern in Augenzeugenberichten, S. 109.

(14) Neues Konversations-Lexikon, Bd. 12, S. 207.

(15) Wochenschrift des Nationalvereins vom 3. 10. 1862. Vgl. Bismarck, Dokumente, Nr. 122.

(16) Europäischer Geschichtskalender. 7. Jg. 1866. Hrsg. von A. Schulthess, Nördlingen 1867, S. 157.

(17) Ebenda, S. 158.

(18) Hans Fenske, Der Weg zur Reichsgründung 1850–1870, Darmstadt 1977 (= Quellen zum politischen Denken der Deutschen im 19. und 20. Jahrhundert 5)., Nr. 86.

(19) Ebenda Nr. 86 Anm. 1.

(20) Ebenda Nr. 86

(21) Bismarck, Gesammelte Werke, Bd. 10, S. 140.

(22) Pauls, Geschichtliches Recht, S. 29.

(23) Friedjung, Der Kampf, Bd. 2, S. 519f.

(24) Europäischer Geschichtskalender. 7. Jg. 1866, S. 36.

(25) Ebenda S. 36f.

(26) Ebenda S. 37.

(27) Friedjung, Der Kampf, Bd. 1, S. 99.

(28) Ebenda S.117.

(29) Beust, Aus drei Vierteljahrhunderten, Bd 2, S. 15.

(30) Europäischer Geschichtskalender. 7. Jg. 1866, S. 235.

(31) Fenske, Der Weg, Nr. 87.

(32) Ebenda.

(33) Ebenda.

(34) Bismarck, Dokumente, Nr. 159.

(35) Eyck, Bismarck, Bd. 2, S. 116.

(36) Vgl. Stern, Gold und Eisen, S. 102.

(37) Eyck, Bismarck, Bd. 2, S. 116.

(38) Europäischer Geschichtskalender. 7. Jg. 1866, S. 166.

(39) Ebenda.

(40) Vgl. Eyck, Bismarck, Bd. 2, S. 122; Die Auswärtige Politik Preußens 1858–1871 [APP], Bd. 6, Nr. 457.

(41) Meisner, Friedrich III., S. 412.

(42) APP, Bd. 6, Nr. 457.

(43) Ebenda.

(44) Ebenda.

(45) Ebenda.

(46) Ebenda.

(47) Oncken, Die Rheinpolitik Kaiser Napoleons III., Bd. 1, Nr. 37.

(48) Ebenda.

(49) Ebenda Nr 41.

(50) Vgl. Friedjung, Der Kampf, Bd. 1, S. 138.

(51) Vgl. Eyck, Bismarck, Bd. 2, S. 131; Meisner, Kaiser Friedrich III., S. 414.

(52) Bismarck, Gesammelten Werke, Bd. 7, Nr. 95.

(53) Ebenda Nr. 94.

(54) Vgl. Friedjung, Der Kampf, Bd. 1, S. 163.

(55) Vgl. Eyck, Bismarck, Bd. 2, S. 141.

(56) Meisner, Kaiser Friedrich III., S. 415.

(57) Ebenda S. 417.

(58) Vgl. Eyck, Bismarck, Bd. 2, S. 139.

(59) Europäischer Geschichtskalender. 7. Jg. 1866, S. 51.

(60) APP, Bd. 6, Nr. 526.

(61) Vgl. Eyck, Bismarck, Bd. 2, S. 137.

(62) Vgl. Eyck, Bismarck und das Deutsche Reich, S. 109.

(63) Quellen zur deutschen Politik Österreichs 1859–1866 [QdPÖ], Nr. 2542.

(64) Bismarck, Dokumente, Nr. 161.

(65) Vgl. Eyck, Bismarck, Bd. 2, S.160.

(66) Bismarck, Gesammelte Werke, Bd. 7, Nr. 98, Anm. 2.

(67) Vgl. Friedjung, Der Kampf, Bd. 1, S. 181.

(68) Ebenda S. 182.

(69) Bismarck, Gesammelte Werke, Bd. 5, Nr. 310.

(70) Europäischer Geschichtskalender. 7. Jg. 1866, S. 54.

(71) Ebenda. S. 55.

(72) Ebenda. S. 54.

(73) Bismarck, Gesammelte Werke, Bd. 5, Nr. 314.

(74) Vgl. Eyck, Bismarck, Bd. 2, S. 168.

(75) Vgl. Lettow-Vorbeck, Geschichte, Bd. 1, S. 36f.

(76) Europäischer Geschichtskalender. 7. Jg. 1866, S. 360.

(77) Bismarck, Gesammelte Werke, Bd. 5, Nr. 316.

(78) Ebenda. Nr. 319.

(79) Vgl. Friedjung, Der Kampf, Bd. 1, S. 208.

(80) Ebenda. S. 239f.

(81) Lettow-Vorbeck, Geschichte, Bd. 2, S. 1.

(82) Vgl. Craig, Königgrätz, S. 39.

(83) Fenske, Der Weg, Nr. 89.

(84) Vgl. Herre, Wilhelm I., S. 332.

(85) Wartensleben-Carow, Ein Lebensbild, S. 44.

(86) Lettow-Vorbeck, Geschichte, Bd. 2, S. 6.

(87) Craig, Königgrätz, S. 46.

(88) Ebenda. S. 26.

(89) Vgl. Hohenlohe-Ingelfingen, Aus meinem Leben, Bd. 3, S. 222.
(90) QdPÖ, Bd. V, 1, Nr. 2576.
(91) Tagebücher Dalwigk, S. 206.
(92) Eyck, Bismarck, Bd. 2, S. 174.
(93) Ebenda.
(94) Ebenda. S. 179.
(95) Europäischer Geschichtskalender. 7. Jg. 1866, S. 341.
(96) Ebenda. S. 341f.
(97) Ebenda S. 69.
(98) Vgl. Gall, Bismarck, S. 356.
(99) Briefe Kaiser Franz Josephs, Nr. 244.
(100) Europäischer Geschichtskalender. 7. Jg. 1866, S. 71.
(101) Bismarck, Dokumente, S. 210.
(102) Ebenda S. 209.
(103) Köpke, Bismarck-Museum, S. 36f.
(104) Vgl. Eyck, Bismarck, Bd. 2, S. 189.
(105) Ebenda S. 201.
(106) Ebenda S. 202.
(107) Europäischer Geschichtskalender. 7. Jg. 1866, S. 77.
(108) Ebenda S. 78.
(109) Vgl. Lettow-Vorbeck, Geschichte, Bd. 1, S. 86.
(110) Gall, Bismarck, S. 363.
(111) Europäischer Geschichtskalender. 7. Jg. 1866, S. 85.
(112) Vgl. Eyck, Bismarck, Bd. 2, S. 109.
(113) Ebenda S. 228f.
(114) Europäischer Geschichtskalender. 7. Jg. 1866, S. 86.
(115) Ebenda S. 82.
(116) Vgl. Eyck, Bismarck, Bd. 2, S. 209.
(117) Ebenda, S. 223.
(118) Vgl. Derndarsky, Klischee, S. 328.
(119) Europäischer Geschichtskalender. 7. Jg. 1866, S. 88.
(120) Eyck, Bismarck, Bd. 2, S. 236.
(121) Ebenda.
(122) Europäischer Geschichtskalender. 7. Jg. 1866, S. 91.
(123) Ebenda.
(124) Zimmer, Willen, S. 285 ff.
(125) Europäischer Geschichtskalender. 7. Jg. 1866, S. 88.
(126) Ebenda S. 94.
(127) Ebenda S. 94f.
(128) Vgl. Lettow-Vorbeck, Krieg, Bd. 2, S. 61, Anm. *.
(129) Europäischer Geschichtskalender. 7. Jg. 1866, S. 99.
(130) Ebenda S. 109f.
(131) Tagebücher Dalwigk, S. 227.
(132) Lorsch, Kurfürst Friedrich Wilhelm I., S. 126.
(133) Ebenda S. 127.
(134) Münster, Anteil, S. 7.
(135) Lettow-Vorbeck, Geschichte, Bd. 1, S. 362.
(136) Europäischer Geschichtskalender. 7. Jg. 1866, S. 97.
(137) Ebenda S. 100.
(138) Lettow-Vorbeck, Geschichte, Bd. 1, S. 139f.

(139) Ebenda S. 140.
(140) Vgl. Schoeps, Der Weg, S. 155f.
(141) Feldzugs-Journal, S. 2.
(142) Lettow-Vorebeck, Geschichte, Bd. 1, S. XIV.
(143) Ebenda S. 235f.
(144) Ebenda S. 336.
(145) Jedlicka, Vom Kaisertum Österreich, S. 252.
(146) Ebenda.
(147) Friedjung, Der Kampf, Bd. 1, S. 354.
(148) Europäischer Geschichtskalender. 7. Jg. 1866, S. 363.
(149) Sked, Der Fall, S. 226.
(150) Vgl. Friedjung, Der Kampf, Bd. 1, S. 371.
(151) Ebenda S. 372.
(152) Ebenda S. 374, Anm. 1.
(153) Ebenda S. 390, Anm. 1.
(154) Ebenda S. 388, Anm. 1.
(155) Vgl. Allmayer-Beck, Feldzug, S. 123.
(156) Ebenda S. 125.
(157) Vgl. Lettow-Vorbeck, Geschichte, Bd. 2, S. 115.
(158) Vgl. Craig, Königgrätz, S. 84.
(159) General von Schlichting. Vgl. Benedeks nachgelassene Papiere, S. 366.
(160) Vgl. Allmayer-Beck, Feldzug, S. 111.
(161) Hindenburg, Leben, S. 19.
(162) Vgl. Lettow-Vorbeck, Geschichte, Bd. 2, S. 294f.
(163) Vgl. Craig, Königgrätz, S. 130.
(164) Ebenda S. 133.
(165) Briefe Voigts-Rhetz. S. 7.
(166) Benedeks nachgelassene Papiere, S. 371f.
(167) Ebenda S. 373.
(168) Ebenda S. 374.
(169) Ebenda.
(170) Vgl. Stern, Gold und Eisen, S. 123.
(171) Vgl. Craig, Königgrätz, S. 150. Die österreichisch-sächsische Ordre de Bataille nach Lettow-Vorbeck, Geschichte, Bd. 1, S. 384–390, gibt für den 15. 6. 1866 insgesamt 794 Geschütze an.
(172) Benedeks nachgelassene Papiere, S. 376f.
(173) Vgl. Craig, Königgrätz, S. 148–150.
(174) Vgl. Kaulbach, Königgrätz, S. 158.
(175) Vgl. Stern, Gold und Eisen, S. 123.
(176) Vgl. Lettow-Vorbeck, Geschichte, Bd. 2, S. 467f.; Loë, Erinnerungen, S. 105.
(177) Vgl. Herre, Wilhelm I., S. 350.
(178) Benedeks nachgelassene Papiere, S. 379; Friedjung, Der Kampf, Bd. 2, S. 273 und 572; Craig, Königgrätz, S. 224.
(179) Benedeks nachgelassene Papiere, S. 379.
(180) Mollinary, Sechsundvierzig Jahre, Bd. 2, S. 171.
(181) Bendeks nachgelassene Papiere, S. 382f.
(182) Vgl. Mollinary, Sechsundviertzog Jahre, Bd. 2, S. 171.
(183) Keudell, Bismarck, S. 292.
(184) Wartensleben-Carow, Ein Lebensbild, S. 32.
(185) Loë, Erinnerungen, S. 90.
(186) Schoeps, Der Weg, S. 127.

(187) Ebenda S. 149.
(188) Ebenda S. 135.
(189) Ebenda S. 137.
(190) Ebenda S. 145.
(191) Ebenda S. 127.
(192) Feldzugs-Journal, S. 40; Lettow-Vorbeck, Geschichte, Bd. 2, S. 449–453.
(193) Vgl. Zimmer, Hofmann, S. 103.
(194) Tagebücher Dalwigk, 241.
(195) Europäischer Geschichtskalender. 7. Jg. 1866, S. 124.
(196) Ebenda S. 135.
(197) Ebenda S. 137.
(198) Vgl. Lettow-Vorbeck, Geschichte, Bd. 3, S. 255.
(199) Vgl. Craig, Königgrätz, S. 264.
(200) 1861 betrugen die Einnahmen des Stadtstaates genau 2,576.485 fl. Davon standen 520.749 fl. für Militär- und Polizeiausgaben zur Verfügung. Vgl. Neues Konversations-Lexikon, Bd. 6, S. 1021.
(201) Vgl. Beust, Aus drei Vierteljahrhunderten, Bd. 1, S. 446.
(202) Vgl. Corti/Sokol, Franz Joseph, S. 129.
(203) Vgl. Friedjung, Der Kampf, Bd. 2, S. 327.
(204) Vgl. Eyck, Bismarck, Bd. 2, S. 257.
(205) Europäischer Geschichtskalender. 7. Jg. 1866, S. 364.
(206) Friedjung, Der Kampf, Bd. 2, S. 401.
(207) Ebenda S. 406.
(208) Ebenda S. 414.
(209) Ebenda S. 358.
(210) Europäischer Geschichtskalender. 7. Jg. 1866, S. 131f.
(211) Gall, Bismarck, S. 373.
(212) Dönhoff, Preußen, S. 58.
(213) Ebenda S. 56.
(214) Vgl. Eyck, Bismarck, Bd. 2, S. 254.
(215) Benedeks nachgelassene Papiere, S. 394f.
(216) Vgl. Friedjung, Der Kampf, Bd. 2, S. 480.
(217) Ebenda S. 483.
(218) Loë, Erinnerungen, S. 123.
(219) Europäischer Geschichtskalender. 7. Jg. 1866, S. 349.
(220) Friedjung, Der Kampf, Bd. 2, S. 316.
(221) Vgl. Becker, Bismarcks Ringen, S. 207.
(222) Vgl. Schoeps, Der Weg, S. 166.
(223) Europäischer Geschichtskalender. 7. Jg. 1866, S. 177.
(224) Bismarck, Dokumente, S. 213.
(225) Vgl. Schoeps, Der Weg, S. 160.
(226) Ebenda S. 162f.
(227) Europäischer Geschichtskalender. 7. Jg. 1866, S. 200.
(228) Vgl. Schoeps, Der Weg, S. 147f.
(229) Ebenda S. 129.
(230) Ebenda.
(231) Ebenda S. 177 und 179.
(232) Ebenda S. 181.
(233) Europäischer Geschichtskalender. 7. Jg. 1866, S. 175.
(234) Ebenda.
(235) Fenske, Der Weg, Nr. 98.

(236) Eyck, Bismarck und das Deutsche Reich, S. 133.

(237) Eyck, Bismarck, Bd. 2, S. 301.

(238) Fenske, Der Weg, Nr. 97c.

(239) Vgl. Eyck, Bismarck, Bd. 2, S. 308.

(240) Ebenda.

(241) Stern, Gold und Eisen, S. 138.

(242) Europäischer Geschichtskalender. 7. Jg. 1866, S. 84.

(243) Ebenda S. 192.

(244) Ebenda S. 212.

(245) Vgl. Becker, Bismarcks Ringen, S. 291.

(246) Ebenda.

(247) Mollinary, Sechsundvierzig Jahre, Bd. 2, S. 178.

(248) Friedjung, Der Kampf, Bd. 2, S. 343.

(249) Vgl. Bled, Franz Joseph, S. 254.

(250) Europäischer Geschichtskalender. 7. Jg. 1866, S. 258.

(251) Vgl. Allmayer-Beck, Feldzug, S. 106.

(252) Benedeks nachgelassene Papiere, S. 396.

(253) Friedjung, Der Kampf, Bd. 2, S. 546.

(254) Ebenda S. 548f.

(255) Europäischer Geschichtskalender. 7. Jg. 1866, S. 275.

(256) Briefe Kaiser Franz Josephs, 246.

(257) Europäischer Geschichtskalender. 7. Jg. 1866, S. 263.

(258) Vgl. Bled, Franz Joseph, S. 267.

(259) Vgl. Mikoletzky, Österreich, S. 407.

(260) Europäischer Geschichtskalender. 7. Jg. 1866, S. 212.

(261) Real, Preußen, S. 384.

(262) Nipperdey, Deutsche Geschichte, S. 791.

Personenregister